1 MONTH OF
FREE
READING

at
www.ForgottenBooks.com

By purchasing this book you are eligible for one month membership to ForgottenBooks.com, giving you unlimited access to our entire collection of over 1,000,000 titles via our web site and mobile apps.

To claim your free month visit:
www.forgottenbooks.com/free1249423

ISBN 978-0-428-61745-5
PIBN 11249423

Latinska čitanka

za

drugi gimnazijalni razred,

kano

priprava za čitanje Kornelija Nepota po Mavri Schinnaglu

i po

svojoj latinskoj slovnici izradio

Adolfo Weber.

U Beču 1867.

Troškom ces. kralj. prodavaonice školskih knjigah.

Odsěk pèrvi.

Iznimke iz obćenitih i posebnih pravilah o spolu. Nepra-
vilno sklanjanje, uz slaganje predikata sa subjektom.

§. 1.

Sapiens nunquam irascitur. Beatus esse sine vir-
tute nemo potest. Bonum omne laudabile est. Non frustra
ab imperatoribus antiquĭtus institutum est, ut in proelio
signa undiqne concinerent, clamoremque universi tolle-
rent. Ars est difficilis recte rempublicam regere. Tu
me amas, ego te amo. Tu, Micythe, argentum huic
redde ; nisi id confestim facis, ego te tradam magistratui.

Pametni se ljudi nikad nesèrde. Bez krěposti nećeš moći
srěćan biti. Šutiti je kadšto isto tako škodljivo *(damnosus)* kano
što je govoriti. Dèržavu dobro upravljati vèrlo je težko. Bez-
božno je neljubiti svojih roditeljah. Ako ti mene ljubiš, ljubiti
ću i ja tebe. Vi buntovni *(seditiosus)* gradjani kuga ste dèržave.
Što je prošlo, nemože se proměniti *(mutare)*. Trojica su ubijeni,
dvojica ranjeni *(vulnerare)*.

Rectissime sunt apud te omnia. Mens peccat, non
corpus. Scelera non diu latent. Festinatio improvida est
et caeca. Non arma modo, sed jura etiam romana late
pollebant. Tuta saepe, nunquam secura est mala con-
scientia. Augustus Octavianus et ante eum Cajus Caesar
sub dictaturae nomine atque honore regnaverunt. Spec-
tantur in chartis tenuitas, densitas, candor, laevor.

U Italiji je sve u redu. Mi smo dobro, vi zlo. Vi ste po-
grěšili, ne mi. Opaki ljudi mogu biti sigurni, no bezbrižni nikaďa.
Homer i Hesiod živili su prije Rima. Filopoemen, Hannibal, De-
mosten i Sokrat poginuše *(absuměre)* otrovom *(venenum)*. Pilom se
gasi žedja, a hranom se utišava glad. Životinje niti *(nec)* imaju
razuma, niti *(nec)* uma, niti razbora. Čelo *(frons)*, oči, lice *(vultus,*
us), govor *(oratio)* često laže *(mentiri)*.

1*

§. 2.

Ego ac tu simplicissime inter nos hodie loquimur.
Meo facto tu et omnes mei corruistis. Ego atque tu
omne illud tempus una fuimus. Tu et Caesar in decem-
viris non fuistis. Sustulimus manus et ego et Balbus.
Justitia est domina et regina omnium virtutum. Multa
me docuit usus, magister egregius. Cuculi sunt veris
praenuntii. Vitae fida socia est virtus. Avaritiam si tollere
vultis, matrem ejus tollite, luxuriem. Sapientia est
effectrix beatae vitae. Mundus omnium rerum est altor.
Athenae artium liberalium inventrices fuerunt. Consue-
tudo est magistra. Tempus est vitae magister.

Mi smo i vi danas o toj stvari posve iskreno govorili. Ja
i ti obědovati ćemo danas skupa. Mi i ti digli smo u vis ruke.
Sunce je kralj zvězdah. Rôde su predteče prolětja. Mir je hrani-
telj *(altor)* umětnostih. Duša je ravnateljica *(rectrix)* těla. Dobra
savěst neprestana je drugarica *(comes)* krěposti. Atena bijaše
učiteljica Rimljanah. Orao je kralj ptioah.

§. 3.

Senatus populusque victori exercitui obviam egressi
sunt. Cerěre nati sunt Liber et Liběra. Pax et concordia
victis utilia sunt. Frater et soror mihi mortui sunt.
Fregellis murus et porta de coelo tacta sunt. Pecunia,
honores, forma perparva sunt. Non cibus nobis, non
humor, non vigiliae, non somnus sine mensura quadam
salubria sunt. Catilinae ab adolescentia bella intestina,
caedes, rapinae, discordiae civiles grata fuerunt.

Sin su i kći umèrli. Otac su i mati bolestni. Apollon i Diana
rodjeni su na otoku Delu *(Delus, i)*. Hrana, pilo i san jesu ljudem
potrebne stvari. Otac je poslao *(tèrp.)* sinu oděću i knjige. —
Mnogim je rat; plěn i svadja jako mila. Kralj su i kraljica veoma
milostivi. Zid i vrata vèrlo su čvèrsta.

§. 4.

Alexander, victor tot regum atque populorum, irae
succubuit. Effodiuntur opes, irritamenta malorum. Mithri-
datem in fuga Tigrānes, rex Armeniae, excepit. Adria-
ticum mare ab Adria, Tuscorum colonia, vocavere italicae
gentes. Delphos, commune quondam humani generis
oraculum, Galli spoliaverunt. Graeci milites, praecipua

spes et propemodum unica, ad Darium pervenerant. Ipse dux cum aliquot principibus capiuntur. Demosthenes cum ceteris in exsilium erant expulsi.

U Herodotu (*Herodŏtus*), otcu povĕstnice, čitaju se mnoge bajke. Rimljani su s Jugurtom, kraljem numidskim, kĕrvav boj vodili. Delfi, to obće gatalište Gĕrčke, porobili su Galli. Vi, jedina naša nada, došli ste u vrĕme (*in tempore*). Tebu, rodni grad Pindarov, razorio je (*diruĕre)* Alexander, kralj macedonski. Gades (*Gades, ium*), grad španjolski, sagradiše Foeničani (*Phoenix*). Pompej, dika (*lux)* dĕržave, jest ubijen.

§. 5.

M. Brutus per se magnus vir evaserat. Rhetorica apud Romanos utilis honestaque adparuit. Nemo nascitur dives. Nemo fit casu bonus. Nonnulli oratores evadere non potuerunt. Alexandri amici reges ex praefectis facti sunt. Justitia erga deum religio dicitur, erga parentes pietas. Timoleontis frater Timophănes a Corinthiis dux delectus est. Demosthenes a doctis oratorum princeps est judicatus. Homines facilius in timore benigni, quam in victoria grati reperiuntur. Ea rite spolia opima habentur, quae dux duci detraxit. Beatus esse sine virtute nemo potest. Socrates parens philosophiae recte dici potest. Consules declarantur Tullius et Antonius. Clodius tribunus plebis est designatus. Antonius hostis patriae est judicatus.

Kamilla su imenovali (*dicere tĕrp.*) diktatorom. — Nebeska tĕlesa (*corpus coeleste*) čine nam se malena. Nitko se nerodi učen. Mnogi su od bogatacah postali prosjaci (*mendicus*). Nitko neumre tako siromašan, kano što se je rodio. Cicerona zvahu (*tĕrp.*) otcen domovine. Hannibala su izabrali (*tĕrp.*) vodjom kartažkim. Sunce i mĕsec čini nam se malen. Jasonovi drugovi (*socius*) zvahu se Argonauti (*Argonauta*). Servija Tulija izabraše (*tĕrp.*) kraljem. Repatice su se nĕkoč dĕržale za predteče velikih bĕdah (*calamitas*). Demostena dĕrže pravo za najvećega govornika Gĕrkah. Po Numi Pompiliju imenovali su (*tĕrp.*) Tulla Hostilija kraljem.

§. 6.

Ea est jucundissima amicitia, quam similitudo morum conjugavit. Arbores serit agricola, quarum fructus ipse nunquam adspiciet. Flumen est in Britannia, quod Tamesis adpellatur. Est genus hominum, quod Helotes vocatur. Flumen Oxus, qui limum vehit, in mare Caspium se effundit.

Eum omnes amant, cujus virtus omnibus utilis est. Eosdem viros, quos pater meus amat, etiam ego amo. Pater tuus, quocum ego in Italia eram, dux mihi fuit in omnibus urbibus, per quas iter factum est. Vana sunt ea decora, quae in divitiis sita sunt; sed eadem stultis hominibus sunt gratissima.

Starci sade voćke, kojih će voće potomci (*posteri*) brati. Ti si nesrěću (*fortuna adversa*) tèrpljivo podnio, što, (*quod*) se dèrži za věrlo težko (*difficilis*). Koriolan se je odmetnuo (*transire*) k dušmanom, što se nije prije (*antea*) kod Rimljanah nikad dogodilo (*acciděre*). Rěka, koja se zove Dunav, izlěva se u cèrno more (*Pontus Euxinus*). Što se tebi čini pravica, to se isto može drugomu činiti krivica. Slavom si svladao mèržnju (*invidia*), što je najteže medju ljudi (*mortalis*).

§. 7.

Barbarorum copiae disjectae sunt. Abige, puer, has muscas. Metellus vallo ac fosse castra munivit et crebras vigilias posuit. Scythicae longis bellant Amazones hastis. Allia, quae supra Romam in Tiberim effunditur, nomen dedit pugnae Alliensi. Sagra, ad quam Locri Crotoniatas maximo proelio devicerunt, flumen est in Italia inferiore. Dirae Stygis deformis est unda. Quieta Lethe demit curas. Alta et perenni nive tecta Aetna, quum ad insulam Siciliam, tum ad mare praeclarum praebet prospectum. Alpes, quae Italiam a Germania et Gallia dividunt, ab Hannibale cum exercitu sunt superatae.

Vojska je razpèršena. Straža se je proměnila (*mutare*). Ovi su nam ljudi dosadni. Ratoborne Amazonke, oružane (*armare*) dugim kopljem, vodjahu bojeve. Široka i cèrna Styx bijaše rěka pod zemljom (*apud — inferi, orum*). Ognjometna (*ignivomus*) Aetna najveće je bèrdo Sicilije, te pruža prekrasan vidik. Visoke Alpe razstavljaju Germaniju i Galliju od Italije.

§. 8.

Asparăgus saluber plantatus est in horto meo. Densi dumi sepserunt undique Archimedis sepulcrum. Alta quies per Argos securum erat. Argi capti sunt a Pyrrho Epirota. Hippo in Africa, Narbo in Gallia, Frusino et Sulmo aquosus in Italia siti erant. Leuctra victoria Epaminondae clarissima fuere. Amat altum Praeneste rosas. Mithridates ex suo regno profūgit, ut ex eodem Ponto Medea illa quondam profugerat. Bactra sita sunt sub monte Paropamiso.

    Lěkonosna se šparoga sadi po mnogih vèrtovih. Gusti tèrnjak pruža (*praebēre*) utočište (*refugium*) pticam. Pyrrh (*Pyrrhus*) je predobio glasoviti Argo. Delfi od Gallah poplěnjeni (*spoliare*). Narbon je bio stolní grad (*caput*) narbonezke Galije. Studeni Sulmon bijaše rodni grad pěsnika Ovidíja. Pade (*cadere*) ponositi Ilium. Prije (*prius*) će se porušiti (*tollěre*) boeotska (*Boeotius, a, um*) Leuktra, nego potamniti slava leuktarske bitke (*pugna Leuctrica*). Sjajne seoske kuće (*villa*) rese stari Tibur. Bila su dva Laćija; starí (*vetus*) i novi.

§. 9.

    In familia Attici erant pueri literatissimi, plurimi librarii, pari modo artifices ceteri, quos cultus domesticus desiderat, apprime boni. Natura a Zenone artifex dicitur. Duces itineris nonnulli ex captivis dati sunt. Nos omnes rationem habemus ducem. Me sicut alterum parentem observat. Aeneas divae parentis opem implorat. Argiae sacerdotis filii, Cleobis et Biton praedicantur. Numa Pompilius Salios, Martis sacerdotes, quorum primus Praesul vocatur, duodecim instituit. Laudatur torva bos cui crurum tenus palearia dependent. Aquila mas minor est quam femina.

    Narav je najveća umětnica. Medju Attikovimi slugami bijahu mnogi vèrstni umětnici. Zarobljenici bijahu vodje na putu. Um je najbolji vodja. Štuj, sine, svoga učitelja, kano otca, a ti, kćerko, svoju učiteljicu, kano mater. Sinovi něke argivske svetjenice nadjeni su u jutru (*mane*) mèrtvi. Martovi svetjenici zvahu se Saliji.

§. 10.

    Scipio victor domum regressus est. Natura adamantis est victrix ignium. Unus lupus non timet multas oves. Ad vagitum Romuli et Remi lupa adcurrit eosque uberibus suis aluit. Gallus gallinaceus magnitudine, gravitate, robore et pulchritudine gallinas longe superat.

    Vojaci se vratjaju kući kano pobĕditelji. Tomyris, kraljica skitska, svladala je Cyra. Mnogi robovi bijahu kod Rimljanah

kuhari, mnoge robinje bijahu kuharice. Vuci su tĕlom vĕrlo
slični psom. Vučice su veoma bĕsne *(saevus)*, kad im se ugrabi
(eripĕre) koji mladi *(catulus)*. Kokoti su jači i veći nego kokoši.

§. 11.

Boreas ventorum frigidissimus est. Nec homines,
nec bestiae, nec plantae tenebras amant. E pyrite dura
ope chalybis scintillas elidimus. Cometae a Romanis
stellae, crinitae dicuntur. Oresten et Pyladen ob amici-
tiam firmissimam praedicant poëtae. Ne optate incertas
divitias. Parvuli in cunis cubant. O Anchise, quam pie
amatus es a filio tuo Aenea! Maxima fuit Gorgiae elo-
quentia. Discipuli Pythagorae Pythagorei sunt dicti.
Ulysses devitavit praestigias Circes sagae. Dionysis
Aristomachen, Dionis sororem, in matrimonio habuit.
Grammatice quondam ac musice junctae fuerunt.

Brodari neljube studenih sĕvernih vĕtrovah i noćne tmine.
Kremen je vĕrlo tvĕrd, a Aloë veoma gorak. Vĕrno prijateljstvo
Oresta i Pylada hvale pĕsnici. Bogatstvo je nestalno dobro.
Aenea, koga je kob *(fatum)* Virgil opĕvao *(canĕre)*, ljubljaše
vatreno svoga otca Ankisa. Atenjani su Protagorn Abderitjanina
protĕrali. Rimljani su s Pyrrhom Epirotjaninom *(Epirotes, ae)* boj
vodili *(bellare cum aliquo)*.

§. 12.

Alexandria cunctaque Aegyptus populo romano
tradita est. Delphica lauro, cinge, Musa, comam poëtae.
Lingua graeca varias habet dialectos. Opulenta Corinthus
a Mummio, romano duce, capta est. Diphthongi pro-
duci debent in lingua latina. Praesidium nobis fer,
deus optime, maxime! Cura pii dis sunt, et qui coluere
(eos), coluntur. Di tibi divitias dederant. O divine
Virgili, quam praeclare celebras fata Aeneae, filii
Anchisae! Theseus ex Creta abduxit Ariadnen, eamque
in insula Naxo reliquit. Malignum sperno vulgus. Jupiter
malum virus serpentibus addidit atris. Ventis agitatur
spumosum pelagus.

Kako je velika, o Bože, tvoja moć! Rimljani i Gĕrci što-
vahu mnogo bogovah. Hvalim tvoju marljivost, moj Marko.
Pokori se, sinko, božjim i čovĕčjim zakonom. Dobrim sinovom
i dobrim kćerim vĕrlo je sveta *(sacrosanctus)* uspomena umĕrlih
roditeljah. Hram ostĕrva Dela bijaše vĕrlo glasovit. More, uz-
bunjeno vĕtrovi, biva mlačno *(tepescere)*. Opaki ljudi *(scelestus)*
prave *(miscēre)* poguban otrov.

§. 13.

Lysander admiratus est proceritates arborum, directos in quincuncem ordines, humum subactam et puram, suavitatem odorum, qui efflabantur e floribus. Equum Alexandri Bucephalon vocabant. Harpagones ex punicis navibus in romanas sunt injecti. Fons sonat margine gramineo cinctus. Scipio Massinissam aurea corona, aurea patera, sella curuli eburnea, scipione eburneo, toga picta et tunica palmata donavit. Expedite pugionem veste tectum. Vespertiliones, qui sero trahunt a vespere nomen, nocte volant.

Dobro obdělano polje rodi *(gignĕre)* razno bilje. Filip je poklonio Alexandru dragocěnoga konja Bucefala. Na visokom bĕrdu romoni tiho *(leniter)* bistar *(limpidus)* vrutak. Slavodobitne *(triumphans, tis)* vodje nošahu *(gestare)* u ruci bĕlokostnu palicu. Tĕrgnutim *(stringere)* mačem ubiju Bruto i Kassij Caesara. Teletina *(vitulina caro)* je veoma mehka. Okrajci štita *(scutum)* urešeni su *(distinctus)* zlatom i srebrom. Rimljanom su se dopadali stromovi posadjeni na sliku petine *(V)*. Bacite želĕzne kvake na punički brod.

§. 14.

Molle meum levibus cor est violabile telis. Quid tam planum videtur quam mare? Ex quo etiam aequor illud poëtae vocant. Marmor Parium est candidissimum. Fungar vice cotis, acutum reddere quae ferrum valet. Filiae Aristidis publice alebantur, et de communi aerario dotes collocatis datae sunt. Apud veteres Romanos amici et cognati ossa crematorum cadaverum legere solebant. Ver erat aeternum. Corpus exanimatum cadaver appellamus. Exercitus die ac nocte iter continuavit. Aliud camelorum genus bina habet in dorso tubera. Canis femina parvulo Cyro ubera praebuit. Tarquinius Superbus in horto ambulans summa papaverum capita decussit. Tibi parata erant verba, huic homini verbera. Lintres paratae erant, quibus milites se suaque transvexerunt.

Gledaj visoke *(procērus)* stromove. Parski mramor bijaše vĕrlo glasovit. Aristidovim kćerim dana je pĕrćija iz dĕržavne pĕneznice. Tvĕrdim brusom brusimo *(acuĕre)* želĕznu sĕkiru *(securis)*. U čověčjem se tĕlu broji 260 kostih. Ustnice *(labrum)*, koje zatvaraju *(claudĕre)* usta, jesu cèrvenkaste *(rubicundus).* Ugodno je prolětje slika nježne mladeži. Mèrtvaci su blědi *(pallidus).* Deve imaju kosmate *(pilosus)* gèrbe. Krava pruža teletu *(vitulus)* mlěčno *(lacteus)* vime. Mak prouzrokuje *(inducĕre)* san. Duç je put po *(per)* pravilih *(praeceptum),* kratak i uspěšau *(efficax)* po primětih. Bèrzi konjanici prebacuju *(pervagari)* neiz. měrne *(immensus),* póljane *(campus).*

§. 15.

Genti Germanorum ingrata est quies. Conjugi spin-thēra aurea surrepta sunt. Familiares Catilinae alienum aes grande conflaverant. Vas adpellatus est, qui pro altero vadimonium prommittit. Gigantes ausi sunt adfectare regnum coeleste. Elephantes in primam aciem producti sunt. As' romanus duodecim habuit uncias. Adamas flammis ferroque est invictus. Sincerum est nisi vas, quodcunque infundis, acescit. Triginta homines levissimi atque nequissimi jus ac fas omne deleverunt.

Rimske su gospodje *(matrona)* nosile zlatne kopče. Noćni počinak krěpi *(recreare)* trudna *(fessus)* uda ljudih. Slani grah iest okrugao, vèrba koristna. Lěpi *(laetus)* usěvi rese ravnice. Želězni okovi tište nježnu nogu. Korintski *(Corinthius, a, um)* kov sastoji iz zlata, srebra i bakra *(cuprum).* Jamcem zvahu Rimljani onoga, koji obeća, da će drugi na sud doći. Indijanski slonovi nose tornjeve na hèrbtu. Rimski as bijaše bakren novac *(numus aeneus).* Dijamanti su vèrlo tvèrdi. Kad se je rimska vojska zaputjivala *(proficisci),* pobirahu *(tèrp.)* *(colligere)* posudje. Za mladića bijaše někoč velik *(grandis-e)* grěh *(nefas),* nedići se *(adsurgĕre)* starcu *(dativ).*

§. 16.

Plerique pisces squamis teguntur. Poëtae Apollini crines flavos tribuunt. Mors est certus finis omnium malorum. Sedula Baucis tepidum cinerem dimovet, ignem suscitat hesternum, foliisque et cortice sicco nutrit. Lapides duri molli cavantur aqua. Tyriorum coloniae paene orbe toto diffusae sunt. Amnes profundi multos alunt pisces. Tiberim multo spumantem sanguine cerno. Fasces sarmentorum ex agro collati, fossaeque urbis iis completae sunt.

Tarnice *(plaustrum)* imaju jake, želězne osovine. Vojak se paše *(cingĕre)* želěznom sabljom. Više putah tuku *(verberare)* nemili *(durus)* voznici *(auriga)* konje tvèrdom kijačom. Peti se měsec zove *(dici)* kod Rimljanah *Quintilis*. Kasnije se je taj měsec zvao Julius. Godina se je kod Rimljanah počimala Ožujkom *(a—ab)*. Palice *(fasces)*, ověnčane lovorom *(laureatus, a, um)*, bijahu znaci *(insignia, ium)* poběddonosna vodje. Sunce razsvětljuje *(collustrare)* cělu žemlju. Lav razdere plaho janje oštrimi *(acutus)* pandjami i okalja *(inquinare)* vlažnu *(humidus)* zemlju *(humus)* pušećom se *(fumare)* kěrvlju. —

§. 17.

Excelsus montis apex nil nisi saxa habet. Avidus grex luporum diram minitatur necem timidis ovibus. Plerique vermes sub terra degunt. Ex ipso fonte bibite aquam. Plebs urbana in monte sacro castra locavit. Horatius Cocles pro ponte sublicio stetit et aciem hostium solus sustinuit. Numidae plerumque carne ferina vescuntur. Non afra avis descendat in ventrem meum, non attagen jonicus. Timidos lepores sectatur venator in campis. Divina opici rodebant carmina mures. Thessalico roseos nectebat pectine crines. Neptunus muros magno tridenti quatit. Sues furfurem aqua mixtum avide devorant.

Gladnu je cěrn kruh sladka jěstvina. Vlasi Apollonovi bijahu smedji. Vezuvij baca *(evoměre)* ognjen pepeo. — Divlji těrnjci *(sentis)* okružuju bistro vrělo. Želězni je oklop *(thorax)* probijen *(perforare)* dušmanskim tanetom Most je dušmaninu malo ne put *(iter)* prokěrčio *(dare)*. Mnogi brodovi brode *(navigare)* od skrajnjega *(extremus)* iztoka do skrajnjega zapada. Aedili *(Aedilis)* priredjuju *(procurare)* javne igre. Jonske těrčke bijahu najmilija jestvina *(epulum longe gratissimum)* odličnih Rimljanah. Bělokostan češalj -veže smedje kose.

§. 18.

Senectus ipsa est morbus. Quid coenosas habitem, ceu rana, paludes? Germaniae pecus plerumque est improcērum. Multae tribus ex municipiis Umbriae confectae sunt. Manus nostrae ad multas artes aptae sunt. Porticuum graecarum et romanarum ruinae adhuc exstant. Regii juvenes regias nurus in convivio et luxu deprehendunt. Idus Martiae venerunt quidem, sed non praeterierunt. Sine imperio nec domus ulla, nec civitas stare valet. Hiems multos habet tristes et frigidos dies. M. Cato in domo Drusi, avunculi sui, Cicero in domo paterna educatus est. Condiunt Aegyptii mortuos et eos servant. Suam quisque domum spatio circumdat. Sol cursum inflectit tum ad septentriones tum ad meridiem. Dies est constituta.

Nepokvarena (*incorruptus*) krěpost najveći je ures nježne mladosti. Žabe stanuju u barah. Velika se starost zove boleštju. Naše su ruke spretne za mnoge poslove. Kuće kraljevskih ne-věstah otvorene su siromahom. Odputovati ćemo (*proficisci*), kad dodje 15. Ožujka. Mnogi su zimski dani magleni i studeni. Rok (*dies*) nije urečen (*praestituere*).

§. 19.

Pyrrhum Epiroten Romani in Graeciam suam trans mare fugaverunt. Cadmus literas e Phoenīce in Grae-ciam intulit. Pueri Spartiatae ne ingemiscebant quidem verberibus laniati. Thebanorum gloria nata et exstincta est cum Epaminonda. Qui in ludis olympicis vicerant Olympionīcae dicti sunt. Troes etiam Dardanidae dicti sunt, a Dardano, rege vetusto. Duo filii Diagorae Olym-piae victores fuere. Virgilius Aenean, romanae gentis auctorem, celebravit. Perillus, unus ex amicis Alexandri, filiabus suis ab eo dotem petiit. Scandilius quinque millia nummūm dat atque adnumerat Apronio. Scipio gratias egit diis deabusque, qui in Capitolio colebantur. Lyra tua, Orpheu! silvas, saxa ferasque movisti. Insu-la Delon laudata est a poëtis, quod in ea Apollo natus est.

Rimljani su Epirotjaninu Pyrrhu boj navěstili (indicěre). Aristomacha. žena Dionova. rodila je (*parěre*) dvě kćeri: Sofro-sinu i Aretu. Rimski puk je postao (*oriri*) od Aenee: zato ga Virgilij zove praotcem (auctor) rimskoga puka. Hajdete, Rimljani, da zahvalimo bogovom i božicam. Pisci slave (*celebrare*) Del po-rad hrama Apollona, a Rod porad těrgovine (*mercatura*). Tvojimi se guslami, Orfee, oživljuju (*excitare*) šume i klisure. Pithagora nije se hotio zvati sofistom (*sophistes, ae*) no filosofom. Troja se zove takodjer Ilion, od Ila, stara kralja.

20.

Bos in Aegypto numinis vice colitur; Apim vocant. Cameli diu sitim tolerant. Nonnulli Serapidis atque Isidis sedem Memphim perhibent. Vitellius penetravit ad am-nem Visurgim. Gubernator sedet in puppi et clavum te-net. Incidit in Scyllam, qui vult vitare Charybdim. Hostes incredibili celeritate ad flumen Sabim decurrunt.

Tota insula Creta igni ferroque devastatur. Persae copias suas in campum Marathōna deduxerunt. Darius classi Datim praefecit et Artaphernem. A Jove principium, a Jove finis erit. Virgilius Aeneida scripsit, Statius Thebaida; illa ab Aenea, haec ab urbe Thebis nomen habet. Oceanus duxit (oženi) Titanida Tethyn. In libro tertio Metamorphoseon legimus descriptionem Echus, Narcissum insequentis.

Težko je podnositi žedju. Aegyptjani su Apisa kano boga štovali. Jesi li čitao Aeneidu? Jeka nas često vara. Ovidíj je napisao petnaest knjigah pretvaranjah. Na kèrmi sĕdeći kèrmilar ravna (*dirigere*) tek broda. Dosadan nas kašalj muči (*cruciare*). Žurite se dole k rĕci Tibru.

§. 21.

Virgis caesi perduelliones securi percussi sunt. O Atla, quantum onus humeris gestas! Febri laboravi. Contra vim mortis, nullum est medicamen in hortis. Trojani adcusant Parin, quod Trojae ruinae causa fuerit. Coelum modo serenum, modo pluvium est. Cloelia virgo a populo romano statua equestri donata est. A Juvenale, satyrarum scriptore, Romanorum vitia acerbe perstringuntur. Malus celeri Africo saucius antennaeque gemunt. Venatores magnum numerum canum alunt. Rapacium accīpitrum insidias columbae timent. Magna lintrium copia in ripa Rhodani parata erant. Exercitus Samnitium a Fabio Maximo, magistro equitum, deletus est. Romulus tres equitum centurias instituit. Dux horum equitum dictus est praefectus Celerum.

Tebe muči jak kašalj. Imaš groznicu. Kolik je, Atlase, tvoj tèrh! Pĕsme Safe, lesbičke pĕvačice (*lesbius-vates*), bijahu vèrlo ugodne. Bogovi se nasladjuju nektarom. Stupovi (*fulcrum*) dèržave jesu gradjani, koji se rado pokoravaju zakonom. Sile grada Kartagine dugim su se ratom iztrošile (*exhaurīre*). Marij i Cicero bijahu najodličniji gradjani izmedju Arpínatah. Život se siromahah običaje oplakivati (*deplorare*). Dušmani su opustošili našu domovinu vatrom i mačem. U nekadanjoj šumovitoj (*silvester*) i močvarnoj (*paluster*) Nĕmačkoj bilo je mnogo turah (*urus*), Sila se silom uzbija (*repellĕre*)

§. 22.

Pallida mors aequo pulsat pede pauperum tabernas regumgue turres. Capilli senum canescunt. Supplicum lacrimis animi júdicum graviter sunt commoti. Magnus erat quondam in Graecia celebrium urbium numerus. Poëmatis Graecorum et Romanorum valde delectamur. Oracula delphica similia erant obscuris aenigmatis. Rustici bubus saepe utuntur. In Hungaria magnus boum numerus invenitur. Achilles mortuum Hectora ad currum religatum circa muros Trojae traxit. Lysánder, Lacedaemoniüs, ad Cyrum minorem venit. Umbrenus Allobrogas in domum Decimi perduxit. Fundebat placidum coelestis musa melos.

Vrata siromahah i bogatih otvorena su smèrti. Štuj, moj sinko, sěde kose staracah. Zar te nediraju suze nevoljnikah? Mi se nasladjujemo zegonetkami. Kolika je tvoja žalost, Andromacho! koja oplakuješ (*defĕre*) smèrt Hektora. Jupiter je Filemona i Baucidu *(Baucis, idis)* u stromove pretvorio *(convertĕre)*. Devam a ne volovom nametju se (imponĕre) tèrhovi. Šparta je bio grad u Peloponezu. Gèrcí zvahu učitelja govorničtva retorom *(rhetor)*. Xeres je Temistoklu poklonio grad Myunt *(Myus, untis)*.

§. 23.

Vulpes conjectat aure crassitudinem gelus. Dextra utrimque cornua vincunt. Tonitru tremiscunt ardua terrae. Syracusae cinctae erant duobus portubus. Saepe oratores exalbescunt et omnibus artubus contremiscunt. Laurus Apollini sacrae erant. Longis ambagibus itur. Insidias vitae Sexti Roscii parant cognati. Mire silentio et tenebris animus alitur. Solent in epulis canere convivae. Ad arma! conclamabant milites. In Sicilia prope incunabula Cereris et Proserpinae reperiuntur. Angustias quaerebat Themistocles, ne multitudine circumiretur. Plato precibus Dionis adductus in Siciliam rediit. Dies induciarum praeteriit. Urbes moenibus sepserunt. Joca tua plena sunt facetiis. Equus impatiens frenos mordet.

O Temistokle, o Perikle, koliko su bile vaše zasluge za (*de*) dèržavu! Meso se pitomih (*cicur*) i divljih racah jede. Tiešnja (*tremor*) kolěnah pokazuje (*prodĕre*) slaboću (*imbecillitas*) těla. Vèrt rese lovorike, smokve, omorike i cipresi. Gradske se tribus bore sa seoskimi. Enna bijašc obkoljena (*circumdāre*) mnogimi jezeri. Němačke su šume obilovale (*abundare*) hrastovi. Vojaci su bili někoč naoružani (*armatus*) lukovi i strělami (*sagitta*). U kupelji (*balneum*) sticaše se (*confluĕre*) svaki dan množina ljudih. Věnčanje (*nuptiae*) je odgodjeno (*proferre*). Psikanje (*sibilus*) puka rimskoga u kazalištu i u pučkih skupštinah (*concio*) naznačivaše (*monstrare*) nezadovoljstvo (*invidia*). Mlitavost (*ségnities ili segnitia*) Persijanacah podade se (*succumbĕre*) hrabrosti Macedonacah. Sětjajte se, mladići, buduće (*venturus*) starosti (*senectus ili senecta*).

Odsĕk drugi.

Nepravilni pridavnici i nepravilno stupnjevanje.

§. 24.

Alteri semper ignoscito, tibi ipsi nunquam. Solis candor illustrior est, quam ullius ignis. Unius viri, Themistoclis, prudentia tota Graecia liberata est. Assiduus usus, uni rei deditus, et ingenium et artem saepe vincit. Ardenna silva est totius Galliae maxima. Ace- et magnum bellum gessit Pompejus. Cicero erat acerrimus propugnator communis libertatis. Nomen Hannibalis jam ante Sagunti excidium apud Romanos celeberrimum erat. Veterrimi amici optimi sunt. Homo frugi omnia recte facit. Nequam mancipia emisti. Quid est nequius quam vir effeminatus? Nequam est mater familias, ubi indiligens est (*zanemaren*) bortus. Quaestores cum fascibus mihi praesto erant. Duo plus dare potis sunt.

Samoj krěposti pripada (*deberi*) najveća pohvala. Višeput se spasi domovina razboritoštju pojedinoga čověka. Vidiš tudje pogrěške, a svojih nevidiš. Rimljani su vodili velike i težke ratove sa Samniti i Kartažani. Ilium bijaše veoma star grad. Marljivi ljudi čine sve dobro. Ovi su ljudi nevaljani, běži obćenje (*commercium*) s njimi. Nemožemo više dati.

§. 25.

Non habebimus necessse semper concludere. Volupe est, quum istuc vobis contigit. Macte virtute diligentiaque esto. Cetera domus officia uxor ac liberi exsequuntur. Alexander inter primores dimicat, ira accensus, quod duo in obsidione urbis acceperat vulnera. Fac nos hilaros. Semianima pleraque corpora in succensum rogum injecta sunt. Parvis copiis bella gesta sunt cum opulentis regibus. Pauperes opulentium fortunam non animo aequo intuentur. Versatur ante oculos dies ille, quo praesto mihi sacerdotes Cereris cum infŭlis et verbenis fuerunt.

Tko nekazni krive, škodi dobrim. Mnogi ljudi nisu zadovoljni sa svojim udesom. Vino čini (reddĕre) čovĕka vesela. Polumĕrtva tĕlesa leže na upaljenoj lomači. Bogati Korint postade plĕn Rimljanah. Pred Cicerona dodjoše svetjenici Cererini. Budite pohvaljeni radi vaše hrabrosti. Ostale poslove obaviti ćemo ja i moj brat. Drago nam je, što ste bezbĕdni (salvus). Vodja, što se je hrabro borio, dopade dvĕ rane.

§. 26.

Saepe homines ex humillimo loco ad amplissimos honores producuntur. Saepe major pars meliorem vincit. Columbae terrentur minimo stridore pennarum. De minoribus rebus apud Germanos principes consultant, de majoribus omnes. Dei opera magnificentissima sunt. Gloria quo major est, eo propior est invidiae. Quod est optimum, id Deo proximum est. Apud Helvetios longe nobilissimus et ditissimus erat Orgetorix. Gabinius omnium nequissimus existimatur. Saepe amicus improvidus plus mali efficit, quam inimici malevolentissimi. Rex Ariobarzanes egentissimus erat.

Što je najsličnije smĕrti? Najneznatniji su ljudi više putah na najviše časti podignuti. Kosti su Neronove bile jako tanke. Primĕri se višeput poprave i najgori ljudi. Zvĕzde se čine veoma malene, premda su mnogo veće od zemlje. Tko je dobrotiviji nego Bog? Neronova je kuća bila vĕrlo sjajna. Najveća je slava najbliža zavisti. Lukull je bio vĕrlo bogat.

§. 27.

Gallia a Romanis divisa erat in citeriorem et ulteriorem. Eumenes peditatu erat deterior quam equitatu. Feriunt fulgura summos montes. Justitiam etiam adversus infimos servare debemus. Coelum extrema atque ultima pars est mundi. Postremus regum romanorum erat Tarquinius Superbus. Tecti esse possumus adversus homines alios, sed amici intimi multa aperta vident, quae celare volumus. Timotheus Atheniensis belli laude non inferior erat, quam pater Conon. Diversis duobus vitiis, avaritia et luxuria, civitas laborat. Faciei forma apud homines diversissima est. Hannibal invictūs armis invidiae suorum civium succubuit. Alexander seniores milites in patriam remisit.

Najbogatiji može višeput postati najsiromašniji. Cimon je bio veoma dobrotivan i darežljiv. Nebo je najskrajnija i najdalja čest světa. Stari su Němci bili slabiji konjaničtvom nego li pěšačtvom. Munje udaraju u najviša běrda. Najveći prijatelji ostavljaju nas višeput u nesrěći. Budite pravični i prama najneznatnijim ljudem. Oni, koji veoma slobodno (*libere*) živu, običavaju dan na dan (*in dies*) postajati gori. Običaji ljudih věrlo su različiti. Scipio nije bio manji bojnom slavom nego Hannibal.

§. 28.

Superstitio est maxime noxia. Prudentissimi non semper maxime idonei sunt ad opera. Nullum spectaculum magis egregium est, quam cives concordes et pro patriae salute fortiter nitentes. Cereris fructus sunt maxime necessarii ad victum. Ager Romanorum initio erat admodum exiguus. Minus firmum nihil est, quam ventus et unda. Nervii maxime feri inter Belgas habentur. Hannibal velut hereditate relictum odium paternum erga Romanos confirmavit. Sudor frigidus in aucta febri pestifer est. Magna erat apud veteres cani capitis reverentia. Dum vires annique sinunt, tolerate labores, jam veniet tacito curva senecta pede. Ninus, rex Assyriorum, rudes adhuc populos terminos usque Libyae perdomnit. Xerxes primus in fuga, postremus in proelio fuit.

Nijedan učitelj nije bolji nego priměri i věžbanje. Najpotrěbitija je hrana, pilo i san. Najpametniji nije uvěk najspretniji za poslove. Zadnji se dan života svim približava (*imminēre*). Aenea je bio velikodušan junak (*heros*). Cvět je slika čověčjega života. Hrabar je vojak pěrvi u bitci, zadnji u běgu. Sirovi i divlji (*trux*) poběditelji porušiše gradove. Rimska děržava bijaše u početku věrlo malena. Studeno je pilo znojećemu se čověku (*sudare*) veoma pogibeljno. Stražnje noge zeca jesu dulje nego prednje (*anterior*).

18

Odsěk tretji.

Manje obični brojnici i zaimena.

§. 29.

Binas a te accepi literas. Dacia decies centena millia passuum in circuitu tenet. Milites primae legionis Primani, secundae Secundani, tertiae Tertiani, quartae Quartani vocati sunt. Tertiam partem assis trientem vocarunt. Copiae nostrae unis castris tenebantur, hostiles vero binis. Legavit Augustus praetorianis militibus singula millia nummum, cohortibus urbanis quingenos, legionariis trecenos nummos. Agri vejentani septena jugera plebi dividuntur. Post Romuli mortem Romae per quinos dies senatores imperaverunt. Hominis digiti articulos habent ternos, pollex binos. Aristidis arbitrio quadringena et sexaginta talenta quotannis Delon sunt collata. Hannibal tredecim millia octingentos quinquaginta pedites misit in Africam et funditores Baleares octingentos septuaginta. Persarum erant centum millia; in quibus equitum triginta millia. Romulus decem et octo annos natus urbem exiguam in Palatino monte constituit.

Septem reges Romani fuerunt: primus fuit Romulus, secundus Numa Pompilius, tertius Tullus Hostilius, quartus Ancus Martius, quintus Tarquinius Priscus, sextus Servius Tullius, septimus et ultimus Tarquinius Superbus. Romulus rex erat ab anno septingentesimo quinquagesimo quarto ante Christum natum usque ad annum septingentesimum decimum septimum; Numa usque ad sexcente, simum septuagesimum alterum; Tullus usque ad sexcentesimum quadragesimum; Ancus usque ad sexcentesimum decimum sextum; Priscus usque ad quingentesimum duodeoctogesimum; Servius usque ad quingentesimum tricesimum quartum; Superbus usque ad quingentesimum decimum.

Dobio sam tvoja dva vèrlo kratka lista. Dušmani su dva tabora udarili (*facere*) Po sedam jutarah (*jugerum*) zemlje podĕljeno je puku. Centurioni su predvodili po sto vojakah U austrijskoj carevini živi 38 miliunah ljudih. Kroz 38 godinah bio je

Dionysij tyran syrakužki. Vodja platja (*persolvĕre*) vojakom po petnaest sestercah (*nummus*). Vučica okoti (*parĕre*)' po pet mladih (*catulus*).

§. 30.

Taedet me eadem audire millies. Vix ter in anno nuntium audimus. Bis dat, qui cito dat. Marius, victor Jugurthae, septies consul fuit. Omnis Gallia, quae saltu Pyrenaeo Alpibusque et monte Gebenna fluminibusque Rheno et Rhodano continetur, patet circumĭtu ad bis et tricies centum millia passuum. Primo decipi, incommodum est; iterum, stultum; tertio, turpe. Dividunt nostri totam istam de immortalibus quaestionem in partes quatuor. Antea quingenariae cohortes erant. Refecti sunt decimum iidem Tribuni Sextius et Licinius. Duae septimae et tres septimae sunt quinque septimae.

Nonnulla membra corporis nostri simplicia 'sunt; plura sunt duplicia. Decemplex numerus Persarum a Graecis victus est. Sexagenarii et septuagenarii sunt senes.

Primio sam od tebe dva lista, pa hoću najprije na pĕrvi (*dat.*) odgovoriti. Morate svoje roditelje pĕrvo ljubiti, drugo njim (*dat.*) se povĕriti (*confidĕre*), tretje pokoravati im se, a četvĕrto zahvaliti im za mnoga primljena dobročinstva. Moj je otac umro kano osamdesetgodišnji starac. Utĕrgni stolistnatu ružu. Atenjani su desetorostruki broj Perzijanacah kod Maratona u bĕg utĕrali (*profligare*). Grad je bio obkoljen trostrukim zidom. Konjanikom je izplatjena dvostruka platja (*stipendium*). Od zemlje do mĕseca ima dvadeset stotinah hiljadah stadijah (*stadium*). Aedili podĕle puku deset stotinah hiljadah vaganah (*modius, ii*) žita.

§. 31.

Egomet mi (mihi) ignosco. Dat vitam, dat opes (Jupiter); animum mi (mihi) aequum ipse parabo. Patria communis est nostrum omnium parens. Imperium summum Romae habebit, qui vestrum primus osculum matri tulerit. Minus babeo virium, quam vestrum utervis. Hem! nos homunculi indignamur, si quis nostrum interit! Proximus sum egomet mihi. Justitia propter sese colenda est. Vale, mi suavissime et optime frater! Suamet ipse pecunia praeceps cadet. Quae aliis tute praecipere soles, ea tute tibi subjice. Id vero meopte ingenio repĕri. Hiccine vir in patria morietur? Ab bisce rebus animum

2 *

ac cogitationem tuam avoca. Quid istic narrat? Dicitur quidem istuc a Cotta, et vero saepius. Istic servus quid agit? Illaec puella flens hinc abiit. Quot homines, tot sententiae.

Više putah opraštjamo samim sebi. Tko vas može kazati, da je bez mane? Nitko nas neće biti isti kano starac, koji je bio kano mladić. Bio si višeput skupa (una) s nami. Mudar sve svoje sobom nosi. Dosta ste sigurni, ako je Bog s vami. Jedna čest naša jest kèrv. Bolja naša čest jest neumèrla. Mi smo samim sebi najbliži. Mnogi su propali sami svojim novcem. Što si meni zapovědao, to zapovědi samu sebi. Od te ću stvari odvratiti sèrce i misli. Što pripověda ova ovdě? Zar ovoga čověka hvališ? Je li ova kuća tvoja? Razuzdan škodi samu sebi.

§. 32.

Quis tu es, mulier, quae me insueto nuncupasti nomine? Quis non paupertatem extimescit? Quem liberum dicis? Quod malum gravius est bello? Deus falli qui potest? Ecquis perfecte sapiens esse potest? Quid est optabilius quam sapientia? quid praestantius? quid homini melius? Quo moerore affligitur animus tuus? Ecquod Pompeji desiderium, ecqua Caesaris invidia apparet? Decorum movet approbationem eorum, quibuscunque vivitur. Quinam homo hic ante aedes conqueritur? O qui tuarum, corve, pennarum est nitor! Deum intelligere qui possumus?

Koga si prozvao tim neobičnim imenom? Što je teže, nego poznati (noscere) sama sebe? Koja ti žalost steže sèrce? Komu škodi neuměren više nego samu sebi? Može li tko biti podpuno blažen na zemlji? Tko je svaki sat pametan (sapěre)? Koju je opačinu (delictum) počinio (committěre)? U kojoj zemlji stanuješ? Těžko će biti tko bogatiji nego Kroezo. Što ćete raditi? Je li imao Veres ikakvu věru (religio)? Kolika je dobrota božja? Tko govori onako, kano što ćuti i misli?

§. 33.

Cujates estis? Dic mihi, Damoeta, cujus pecus? an Moeliboei? Quota hora est? Homines non requirunt rationes earum rerum, quas semper vident. Quaecunque opinio veritati repugnat, falsa est. Omnia, quaecunque agimus, multis casibus subjecta sunt. Quidquid non licet, nefas putare debemus. Quascunque controversias inter se milites habebant, ad Caesarem in judicium venerunt. Male vivit, quisquis non vivit honeste. O terque. quaterque beati; queis (quibus) ante ora patrum, Trojae sub moenibus altis contigit oppetere. Quicum bellum geritur, nunc hostis dicitur.

Odakle si? Čija je ova kuća? Mnogi su naših domorodacah prepali (*perire*). Kakav je vodja, onakva je i vojska. Kolik je trud (*labor*), onolika će biti i platja. Koliko je satih? Koje se god misli protive istini, one su krive. Zlo žive svi, koji nežive pošteno. Štogod ljudi čine, podvěrženo je mnogim nezgodam. Štogod progovoriš (*enuntiare*), ili je pravo ili krivo. Blaženi, kojim je bilo dopuštjeno, povratiti se u domovinu. Tko je god onaj nesrěćnik, pomoći ću ga (*adjuvare*).

§. 34.

Homines benevolos, qualescunque sunt, grave est insequi contumelia. Vellem vobis placere. Quo quis est melior, eo est modestior. Graecia parvum quendam Europae locum tenet. Hereditas est pecunia, quae morte alicujus ad quempiam pervenit. Poëmatum quodvis genus est diversum a reliquis. Pollicitis dives quilibet esse potest.

Quisquis pius est, Deo gratus est. Quidquid honestum est, utile est. Quod alicui utile est, id non est sine pretio. Optimus quisque est Deo simillimus. Duas sorores habeo: utraque mihi cara est, utrique amicus sum, utramque amo. Opera uniuscuiusque nostrum Deo aperta sunt.

Što je tko učeniji, to je čedniji. Što je veća bitka, to je sjajnija (*clarus*) poběda. Pogled je něki mučeći (*tacitus*) govor (*sermo*) duše. Novci, što su po čijoj směrti na koga preneseni, zovu se baština. Někoji narodi žive ribarenjem. Někoje su strane zemlje neobdělane (*incultus*). Vrěme ublažuje (*mitigare*) svaku bol.

Tkogod neljubi Boga, neljubi ni ljudih. Što je god komu vas gěrdo, ono je svakomu nas zabranjeno. Imam dva brata: oba su mi draga, obojici sam prijatelj, oba ljubim.

§. 35.

Alcidămus quidam scripsit laudationem mortis. Minime sibi quisque notus est. Suo quisque metu pericula metītur. Nihil turpius physico, quam sine causa quidquam dicere. Ponite ante oculos unumquemque regum. Quaeritur ex duobus uter dignior, ex pluribus quis dignissimus sit? Vos, qui multas perambulastis terras, ecquam cultiorem quam Italiam vidistis? Duo sunt aditus ex Syria in Ciliciam, quorum uterque parvis praesidiis propter angustias intercludi potest. Quemlibet pro patria, parentibus et amicis suscepi laborem. Quotusquisque philosophorum invenitur, qui sit ita moratus, ut ratio postulat. Tyrannus nec diligit quemquam, nec ipse ab ullo diligitur. Quilibet fortunae suae faber est. Praesentem monstrat quaelibet herba Deum.

Svatko ljubi sama sebe. Silnik niti je čiji prijatelj, niti ga itko drugi ljubi. Někoji ljudi mnogo obećavaju. Jeste li vidili ikoju lěpšu zemlju nego Italiju? Onoga zovemo pravična, koji svakomu svoje daje (*distribuěre*). Svakoga čeka (*manēre*) smèrt. Oba se pristupa mogu zatvoriti malenom vojskom. Tko je filosofah takov, kakova um zahtěva? U svakom je slavnom mužu něko božansko oduševljenje (*afflatus, us*). K. Fabij napravi od svoje toge (*toga, ae*) krilo (*sinus, us*) i reče: ovdě (*hic*) vam nosimo (*portare*) rat i mir; uzmite (*suměre*) što vam se od obojega dopada. jedan ili drugi od obodvojice biti će na troveslatu brodu (*navis triremis*) u Korint odvezen (*devehěre*).

Odsěk četvèrti.

O nepravilnoj sprezi.

§. 36.

Verba defectiva.

Illum lauda et imitare, quem non piget mori pro patria, quum juvat vivere. Non lubet mihi deplorare vitam, quod multi et ii docti fecerunt. Quaeritur, cur hieme ningat, non grandinet. Multas ad res perutiles Xenophontis libri sunt; quos legite, quaeso, studiose. Quid ais? Caesarem non defendit Curio? Nihil in vitam Lucii Murenae dici potest, nihil, inquam, omnino, judices. Ex Nestoris lingua, ut ait Homerus, dulcis fluebat oratio. Epicurei nostri graece fari nesciunt, nec graeci latine. Quid est dementius, inquies, quam praeteritos dolores retractare?

Mèrzi me to hiljadu putah čuti. Neće ti biti prosto, nebiti
ovdě. Nesrěćna mèrzi viš³ putah živiti. Naslada, vele Epikurejci,
jest najveće dobro. Što godi, nije uvěk dopuštjeno. Zimi sněži,
lěti daždi i gèrmi. Što veliš? Nije li Cicero branio Milona? Či-
tajte marljivo, molimo, Ciceronove govore. Kaži, zašto da si do-
šao? Ništa nije teže, veli Tales, nego poznati sama sebe. Orakul
je, reče ti, Pyrrhu dvoznačno (*ambigue*) odgovorio.

§. 37.

Verba defectiva et anomala.

Oderunt hilarem tristes, tristemque jocosi. Si potes,
ignotis etiam prodesse memento. Dimidium facti, qui
bene coepit habet. Humanae infirmitatis memini. Ger-
mani Quinctilii Vari libidinem ac superbiam haud secus
quam saevitiam odisse coeperunt. Nocere posse et nolle
laus est amplissima. Ego non eadem volo senex, quae
puer volui. Qui potuit laedere, prodesse aliquando po-
terit. Mavis literis quam bello gloriam tibi parare.
Unum vereor, ne senatus Pompejum nolit dimittere.
Idem velle atque idem nolle ea demum firma amicitia
est. Luna circum terram fertur. Natura fieret laudabile
carmen, an arte quaesitum est. Brevis esse laboro, ob-
scurus fio. Qui e nuce nucleum esse (edere) vult, frangit
nucem.

Mèrzimo čověka, koji se nesětja dobročinstva. Polovicu ćeš
děla obaviti, ako dobro počmeš. Gradjanske ćemo rate uvěk
mèrziti. Spomenite se, ljudi, smèrti. Kano starac nećeš želiti
onoga, što si kano mladić želio. Sramotno je nehotěti ništa učiti.
Sokrat se je vratio isto tako veseo kući, kano što je pošao od
kuće. Što biva u provinciji? Što biva, što je bilo i što će biti?
Nastojte, da budete pametniji i bolji. Iz kože (*pellis*) lošje (*taran-
dus*) pravi se odéća. Pilići (*pulli*) neće da jedu; neka dakle piju,
reče Klaudij Pulcher, te ih dade u more baciti.

§. 38.

Discite pueri, eunt anni more fluentis aquae. Cico-
niae, hirundines, grues aliaeque aves mensibus hibernis
abeunt. Cede repugnanti, cedendo victor abibis. Vale, mi
Tiro, vale et salve. Apage te cum nostro Sexto Servilio.
Non queo plura jam scribere, impedit moeror. Lycurgus
Lacedaemonios jurejurando adstrinxerat, ut nihil de le-
gibus suis mutarent, donec ipse rediret, neque unquam

rediit. Abiit ad Deos Hercules. Apelles opera sua proponebat in pergula transeuntibus. Nunc Orestillam commendo tuaeque fidei trado. Eam ab injuria defendas. Haveto. Magna pars exercitus fama interiit.

Kad će odići rode i lastavice? Nisam mogao više pisati; žalošt me je prěčila. Prolazeći su se čudili izloženim Apellovim slikam. Tělo će poginuti; duša neće nikad poginuti. Nijedan dan neka neprodje bez nauke. Zdravo, mili prijatelji! Odtale s timi izdajicami. Molim vas i zaklinjem, da u mojih zakonih ništa proměnite. Izručio sam Orestillu tvojoj obrani, da ju braniš kano svoju děcu. S Bogom. Mnogi su volili služiti nego vojevati. Mnogi su se vojaci u dušmane (*ad*) odmetnuli (*transire*).

§. 39.

Glagolji nepravilni u širem smislu.

Pastor defatigatus sub tegmine latae quercus recubuit. Nitimur in vetitum semper cupimusque negata. Ii domantur minis et poena, quorum mens non regitur amore virtutis et officii. Domuisti, o rex, tot gentes, age, effrenatam doma iracundiam! Bello persico omnes fere civitates Graeciae ad Atheniensium societatem se applicuerunt. Temperie coeli corpus animusque juvatur. Germani statim e somno lavabantur; lauti cibum capiebant. Caesarem in curia conjurati sexaginta circumsteterunt et occiderunt. Quorum patres aut majores aliqua gloria praestiterunt, ii student plerumque eodem in genere landis excellere. Jure laudaris, quod consilio et ope civitatem adjuvisti. Semiramis Babyloniam condidit. Ingens numerus erat bello punico captorum, quos Hannibal venumdederat.

Legosmo u sěnu granate lipe. Zašto nisi uzpregnuo svojih strastih? Rimljani zabraniše zakapati mrtvace u gradu. Zrak je zaorio (*sonare*) grmljavinom. Nehvale te, što nisi podupirao siromahah. Ovi su hrabri muževi pobědili, premda su ih okružavali mnogi oružani dušmani. Dodji, kad se okupam. Atenjani dadoše Miltiadu brodovlje od 70 brodovah. Bog je zaodio dušu tělom, kano někom oděćom. Seljaci pokosiše (*secare*) žito. Ratni su zarobljenici prodani. Tko nezna, da se je Brut pokazao (*se praestare*) vrlo vatrena (*acer*) branitelja (*propugnator*) rimske slobode.

§. 40.

Ex anatum ovis, quae gallina fovit, pulli oriuntur, quos gallina tamquam mater alit. Multi imperatores diis pro salute patriae inprimis in proeliis templa et lucos voverunt. Barbarae quoque gentes Alexandrum Magnum, ut parentem, luxerunt. Tot tantisque negotiis distentus sum, ut mihi non liceat libere respirare. Omne tulit punctum, qui miscuit utile cum dulci. Bellum vehementissime exarsit et fortissimos utriusque populi absorbuit. Deus bonis omnibus mundum implevit, mali nihil admiscuit. Invidum momordit alterius fortuna. Themistoclis ad nostram memoriam monumenta manserunt 'duo; sepulcrum prope oppidum, in quo est sepultus; statuae in foro Magnesiae.

Romul je u bitci proti Sabinom Jupitru hram zavětovao. Kaži mi, zašto da si se smijao? Pas je ugrizao oběstnoga (*petulans*) děčka. Govor vodjin tako je potaknuo (*augēre*) hrabrost vojakah, da su se do večera hrabro borili i pobědu oděržali. Je li jur izbrisana (*detergēre*) tabla (*tabula*)? Ovaj će mi strašni boj ostati (*haerēre*) uvěk u pameti. Nova nam je nada osvanula (*affulgēre*). Pastir ostriže (*tondēre*) ovce.

§. 41.

Zeuxis Heracleotes Helenae simulacrum pinxit. In omnium animis dei notionem impressit ipsa natura. In pugna Mundensi e Pompeji filiis major occisus est, minor fugit. Romani mox ultro lacessebant eos, a quibus antea fuerunt lacessiti. Qui semel a veritate deflexit, ei postea fides haberi non solet. Dionysius major magna cum felicitate tyrannidem retinuit. Pausanias cum Xerxe affinitate conjungi cupivit. Post coenam solvimus; unde austro lenissimo ad Italiam appulimus. Alexander irae succubuit. Gaudium multos saepe pellexit, ut aperirent, quae tecta erant. Rapta a Paride, regis Priami filio, Helene excisae Trojae causa fuit flebilis.

Slika, što je Herakleoton Heleni naslikao, dopade se svim. Nasitjen a nedražen lav nije opasan. Katilinu su i njegove drugove tištili dugovi (*aes alienum*). L. Emilij Paul pade u bitci kod Kannah. Istina je radjala i radjati će (*parěre*), měržnju. Tko je satkao (*texěre*) tu krasnu odoru? Tako si hěrhnjao (*stertěre*), da smo se iza sna prenuli (*somno excitare*). Kralj je perzijski lěčnika kralja Alexandra novcem podmitio (*corrumpěre*).

§. 42.

Acti labores jucundi sunt. Omnia praeter virtutem subjecta sunt fortunae. Victus est Xerxes magis consilio

Themistoclis, quam armis Graeciae. Humanns animus, ex mente divina decerptus, cum nullo alio, nisi cum ipso Deo comparari potest. Divitiae, quae ab exteris gentibus Romam confluxerant, morum disciplinam severitatemque dissolverunt. Et discas oportet, et quod didicisti agendo confirmes. Romani cum Carthaginiensibus id foedus pepigerunt, ut eosdem hostes et amicos haberent. Primo concursu hostes pulsi sunt et in fugam conjecti.

Kaži nam, tko da je satro moć Italije. Moć je tebanska znatno narasla, dok su Epaminonda i Pelopida bili na čelu (*praeesse*) deržavi. Rimljani su konzule od pluga pozivali (*arcessěre, tèrp*). Bog je sve živo**t**inje čověku podvèrgao Epaminonda je u gusle vèrlo dobro udarao (*fidibus caněre*). Alexander nije razrěšio gordičkoga uzla (*nodus gordius*). već ga je presěkao sabljom (*discinděre*), jer ga nije mogao razrěšiti. Cezar povede svoje vojake natrag u tabor.

§. 43.

Scythes ad Alexandrum Magnum conversus haec dixit: Mos Scytharum non est, ut foedera jurando sanciant; fidem colendo muniunt non verbis inanibus. Bello vires regni exhaustae sunt. Atticus omnium Atheniensium animos benevolentia sibi devinxit. Mori est reverti, unde venimus. Multa perpessus est Ulysses, sed semper meminit dulcis conjugis, et cari filii et patriae, unde profectus erat. Ab orto (sole) usque ad occidentem solem pugnatum est. Veneris filius (Aeneas) sic orsus est dicere: Nostrum leves laborem. Magnos homines virtute metimur, non fortuna.

Vezani (*vincīre*) je lěčitelj doveden natrag Pyrrhu. Vlast (*imperium*) je podupèrta (*fulcire*) pravičnimi zakoni. Zidinami opasana (*sepire*) stanovišta ljudih zovemo gradove. Znaš li, kad je Alexander rodjen? Najveće su dèržave neslogom propale (*dilābi*) Regul je sve muke (*cruciatus, us*) punske postojano (*fortiter*) podnio. Zašto si se tužio porad kratkoće čověčjega života? Žao mi je, što si ove muževe měrio srećom, a ne nutarnjom vrědnosti. Kad se sunce radja, probudjuju se (*expergisci*) ljudi i životinje.

§. 44.
Verba verbalia.

Frumenta, ubi maturuerunt, falcibus demetuntur. Ratio, quum adolevit et perfecta est, nominatur recte sapientia. Endymio in Latmo, Cariae monte, obdormivit. Gramina canescunt ardore solis. Aves per aërem volitant. Alii malos scandunt, alii per foros cursant, alii sentinam exhauriunt. Rogitando raucus sum factus. Quid tibi divitiae necessariae sunt, quae te esurire cogunt? Parturiunt montes, nascetur ridiculus mus. Alaudae cantillant volitantes. Caesar simul legere, et recitantem audire et scribenti dictare poterat.

Kad je dan osvanuo (*illucescĕre*), izvedu obe vodje vojsku iz tabora. Medju Rimljani je i Kartažani planuo (*exardescĕre*) težak rat. Kad ostarimo (*consenescĕre*), malakšu nam osětjala. Svinje se rado valjaju (*volutare*) u močvarah (*coenosus lacus*). Moljakah te (*freq. od rogare*), da bi došao u podne. I Gěrci su s početka (*initio*) tako pisarkali (*freq. od scribĕre*), kano naš Kato. Spisatelji, koje sada čitavamo (*freq. od legere*), jesu koje gěrčki, koje rimski. Oni koji hoće što kupiti, polaze (*frequentare*) sajmove (*nundinae*). Lavi riču, kad su gladni (*desiderat. od edere*). Ludjaci pišu (*diminut. od conscribere*) svoja imena po zidovih (*paries ětis*).

Odsěk peti.

Poraba izreke accusativi et nominativi cum infinitivo.

§. 45.

Pompejos, celebrem Campanie urbem, desedisse terrae motu audivimus. Non utilem arbitror esse nobis futurarum rerum scientiam. Quis Hippocentaurum fuisse aut Chimaeram putat? Undique omni ratione concluditur, consilio divino omnia in hoc mundo ad salutem omnium admirabiliter administrari. Philosophorum sententiae spem afferunt posse animos in coelum, quasi in domicilium suum, pervenire. Plerique amicos eos potissimum diligunt, ex quibus sperant se maximum fructum esse capturos. Quae volumus et credimus libenter, et quae sentimus ipsi, reliquos sentire speramus. Non speravit Roma se fore securam, si nomen usquam stantis maneret Carthaginis. Helvetii pro multitudine hominum et pro gloria belli atque fortitudinis angustos se fines habere arbitrabantur.

Čujemo, da su Herkulan i Pompeji, dva glasovita grada Italije, potresom propala. Zar misliš, da je bila ikad koja Sfinga? Pravom sudimo, da Bog ovaj svět uzděržaje i ravna. Pobožni se pravom nadaju, da će njihove duše po směrti u nebo doći. Mnogi nas ljube, jer misle, da će od nas korist imati. Želim, da to isto ćutiš, što i ja ćutim. Světujem ti (*dat.*), da se neoglasiš (*vocem mittěre*). Zašto to veliš? Da tebe těšim.

§. 46.

Non assentior iis, qui haec nuper disserere coeperunt, cum corporibus simul animos interire atque omnia morte deleri. Vel ii, qui se totos tradiderunt voluptatibus, sine amicitia vitam esse nullam sentiunt. Animadvertebat Epaminondas totum exercitum propter praetorum imprudentiam inscitiamque belli periturum (esse). Thales Milesius aquam dixit esse initium rerum. Solis, lunae siderumque omnium adspectus satis indicat, non esse ea fortuita. Druides inprimis hoc volunt persuadere, non interire animas, sed ab aliis post mortem transire ad alios. Fateor insitam nobis esse corporis nostri caritatem. Solon rempublicam duabus rebus contineri dixit, praemio et poena. Nonne multa declarant inesse in animis hominum divina quaedam?

Véle, da duše sa tělom propadaju. Svi ćutimo, da bez prijateljstva život nije ugodan. Vodja je opazio, da se grad porad pomanjkanja vode (*aquae penuria*) nemože duže braniti. Brodjenje (*navigatio*) oko zemlje pokazuje, da je okrugla. Pogled cěloga světa pokazuje dovoljno, da nije slučajno postao. Sveto pismo osvědočuje nas, da je duša čověčja neumèrla. Roditeljem je ukoręnjena takova ljubav prama svojoj děci, da se neuztežu za nje i umrěti. Neima dvojbe, da sve na světu pogine. Zalěvajte (*irrigare*) bilje, da neusahne (*arescere*). Někoje su životinje tako divlje, da se nemogu ukrotiti (*domare*).

§. 47.

Verum est amicitiam, nisi inter bonos, esse non posse. Perspicuum est nos a dolore abhorrere. Constat profecto ad salutem civium civitatumque incolumitatem inventas esse leges. Credibile est hominum causa factum esse mundum. Quid potest esse tam apertum, tamque perspicuum, quam esse aliquod numen, quo hic mundus regatur? Constat inter omnes, qui de Alcibiade memoriae prodiderunt, nihil eo fuisse excellentius, vel in vitiis, vel in virtutibus. Quum de malo principe posteri tacent, manifestum est eadem facere praesentem. Nefas est filium in conspectu matris considere. Facinus est vinciri civem romanum, scelus verberari, prope parricidium necari. Omnibus vestram misericordiam vestrumque auxilium aequum est patere.

Istina je, da na ovoj zemlji nije nitko uvěk srěćan. Tko je tako bezuman, koji bi si bolest želio? Poznato je, da je Romul ubio Rema (*tèrp*.). Věrojatno je, da je Bog sve porad ljudih stvorio. Nitko nije tako lud, da misli, da ovaj svět neravna něki premudri Bog. Neima dvojbe, da su zakoni zato dani, da mogu ljudi sigurno i mirno živiti. Dokazano je, da dijamant nadilazi železo korištju (*tèrp*.). Šutite, da neprobudite onoga što spava. Vere je zapovědio, da se rimski gradjanin okuje. Prosimo vas, da vaša pomoć i vaše milosèrdje sve směrne (*supplex*) zapade (*amplecti*). Svi, što su pisali o Alcibiadu, slažu se. da su u ovom mužu bile sjedin jene (*consociare*) sve mane i sve krěposti.

§. 48.

Lycurgus convivari omnes publice jussit. Lycurgus virgines sine dote nubere jussit, ut uxores eligerentur, non dotes. Periisset omnis Aegyptus fame, nisi, monitu Josephi rex edicto servari per multos annos fruges jussisset. Alexander corpus suum in Hammonis templo condi jubet. Lex peregrinum vetat in muros ascendere. Ejulatum duodecim tabulae in funeribus adhiberi vetuerunt. Caesar duas acies hostem propulsare, tertiam opus perficere jussit. Vitae summa brevis spem nos vetat inchoare longam. Omnibus bonis expedit, salvam esse rempublicam. Aliud est iracundum esse, aliud iratum. Populus romanus pontifici flaminem parere jussit. Caesar ab opere legatos discedere vetuerat. In urbe sepeliri mortuos lex vetat.

Kralj je zapovědio, da se 600 konjanikah popiše (*conscribère*). Alexander dade otvoriti grob Cyrov. Alexander zapovědi svomu blagajniku, da se filosofu Anaksarhu dade, koliko bude zahtěvao. Daj spraviti žito. Zabranjujemo tudjincem ići u tvèrdjavu (*arcem intrare*). Caesar zapověda konjanikom, da dušmanina raztěraju, a pěšakom, da dogotove bedeme. Zakon zabranjuje prognanikom vratiti se u domovinu. Zakoni zapovědaju, da se mèrtvaci zakapaju izvan grada. Drugo je biti učiteljem, a drugo učenikom. Bojim se, da će ti tvoja smělost nanětí veliku štetu (*calamitatem inferre*). Mnogi grěše, što vole pogrěške izgovoriti nego popraviti. Vèrlo često biva, da dobro uvídjamo, a zlo činimo. Drago se kamenje brusi (*acuěre*), da tim više sjaje (*radiare*). Mnogi se ljudi tuže, da je čověčji život kratak.

§. 49.

Video te velle in coelum migrare et spero fore, ut contingat id nobis. Ego non despero fore aliquem aliquando, qui existat talis orator, qualem quaerimus. Pompejus dixerat, fore, ut exercitus Caesaris pelleretur. Illud tibi adfirmo, si rem ex sententia gesseris, fore, ut ab omnibus collaudere. Valde suspicor fore, ut infringatur hominum improbitas. Omnibus innatum est, et in animis quasi insculptum esse Deum. Exaudita vox est futurum, ut Roma caperetur. A Deo necesse est mundum regi. Me justum esse gratis oportet. Virum bonum nec precibus, nec pretio, nec gratia, nec periculo a via recta deduci oportet. Si sic erimus affecti, ut propter suum quisque emolumentum spoliet aut violet alterum, disrumpi necesse est humani generis societatem. Voluptatem contemni et rejici oportet. Te in tantas aerumnas propter me incidisse? Mene non cum bonis esse? Tene hoc dicere, tali prudentia praeditum? Adéone esse infelicem hominem quemquam, ut ego sum? Ajo te, Aeacida, Romanos vincere posse. Scito eum a me non diligi solum, verum etiam amari.

Vidimo, da rěke poslije jake kiše (*imber*) narastu (*intumescěre*). Proričem (*praedicěre*) tebi, što se smiješ da ćeš skoro plakati (*flěre*). Mislim, da će vas skoro mučiti (*angěre*) velike brige (*těrp.*). Stalno je, da ćete još mnogo učiti, što vam je još nepoznato (*ignotus*). Věrojatno je, de će onu malu šaku vojakah ona velika dušmanska vojska u grad uzbiti (*urgěre těrp.*). Xerx je dao udariti (*facere*) most prěko (*in*) Helesponta. Poznato je, da se Afrika spaja (*continēre, těrp.*) s Azijom po těsnu (*isthmus*), odatle slědi, da je Afrika poluotok (*peninsula*).

Nero.

Nero je bio tako okrutan, da je mater, ženu, brata i učitelja svoga smaknuo (*de medio tollere*). Da bi vidio sliku goruće Troje, zapovědi zločincem, da upale grad Rim. Tako se dogodi, da je veći dio grada postao (*fieri*) plěnom prožděrljivoga (*vorax*) plamena.

Da bi se Rim tím lěpše (*eleganter*) popravio (*instaurare*), nametnu (*imperare*) velike danke (*tributum*). Zulumi (*scelus*) su ovih carah napokon tako prekoračili (*excedere*) sve granice, da se nisu mogli dulje (*diutius*) podnositi (*perferre*). Najposlije je sam sebe ubio, da ga drugi nebi ubili (*tĕrp.*) Jamačno nespomene (*pronun-ciare*) nitko toga imena, da ga nebi groza obuzela (*horror, adficĕre, tĕrp.*).

§. 50.

Clitum, amicum senem et innoxium a se occisum (esse) Alexander dolebat. Saepe numero admirari soleo, M. Cato, quod nunquam senectutem tibi gravem esse senserim. Gratulor tibi, quod ex provincia salvum te ad tuos recepisti. Praefecti regis Persiae legatos miserunt Athenas questum, quod Chabrias adversus regem bellum gereret cum Aegyptiis. Gaudeo tibi jucundas esse meas literas. Falso queritur de natura sua genus humanum, quod sorte potius, quam virtute regatur. Legati Cartha-ginienses Romam venerunt, ut senatui populoque romano gratias agerent, quod cum his pacem fecissent. Non miror hominem mercede conductum omnia habere venalia. Laetor, quod absens omnia es consecutus.

Katon je nastojavao (*studĕre*), da se Kartažanom rat navĕsti. Žalimo, što je tvoj brat bio krivo odsudjen (*inique damnare*). Gradjani su se jako radovali, da dušmani nisu mogli grada osvo-jiti. Čestitamo ti, što si se zdrav povratio u domovinu. Čudimo se, što ti nije starost nikad dodijala (*gravis esse*). Temistokle je bio tužen, da je s kraljem perzijskim savez sklopio (*societatem cum aliquo inire*). Mnogi se tužc, da je nĕkojim životinjam po-dĕljen dulji život, nego ljudem.

Sumlja otcoubojstvo (*suspicio-patricidium*).

Cicero pripovĕda, da je nĕkoč pĕki Klelij sa dvojicom svojih sinovah u istoj sobi (*conclave*) spavao, pa da su ga u jutru (*mane*) našli zaklana (*jugulare*). Nebijaše (*reperire*) niti roba niti slobodnjaka (*liber*), na (*ad*) koga bi bila mogla pasti (*pertinēre*) sumlja otcoubojstva. Dovedu dakle oba sina na sud (*in jus vocare, tĕrp.*), koji su rekli, da nisu ništa opazili (*sentire*).

To se je činilo tako nevĕrojatno, da su svi sudci bili toga mnĕnja (*arbitrari*), da su oba sina bili otcoubojice. No kad su sudci doznali (*comperire*), da su mladiće našli spavajuće, bili su oslobodjeni (*liberare*) od sumlje, jer sudci nisu vĕrovali, da može tko (*quisquam*) po tako grozovitu činu (*nefandus-facinus*) bez straha i brige spavati (*somnum capĕre*).

§. 51.

Macedones flentes querebantur clarissimum regem ereptum (sibi) esse et exstinctum. Dolet mihi, quod stomacharis. Ego te abfuisse tam diu a nobis dolui. Meum factum prohari abs te triumpho et gaudeo. Quod Romam venisti valde gaudeo. Moleste tuli te senatui gratins non egisse. Vide, quam iniqui sint divinorum munerum aestimatores. Queruntur, quod non magnitudine corporis aequemus elephantes, velocitate cervos, levitate aves, impetu tauros; quod solidior cutis sit belluis, decentior damis, densior ursis ; quod sagacitate nos narium canes vincant, quod acie luminum aquilae, spatio aetatis corvi, multa animalia nandi facultate. Quod in Mattii, doctissimi hominis, familiaritatem venisti, valde gaudeo.

Jugurta se nije čudio, da je u Rimu sve podmitivo. Radujemo se, da ste postigli, što ste želili. Macedonci su se tužili, da će im se najslavniji kralj ugrabiti. Nepravični se razsuditelji božjih darovah tuže, da ih slonovi nadilaze (*tèrp.*) veličinom těla, jeleni běrzinom, a ptice lakoćom. Nadamo se, da ćeš se odlikovati (*excellere*) u toj umětnosti. Mimolazim (*praetermittere*) taj čin, da tvojih žalostih neponovim (*renovare*). Sulla je dao nagradu někomu hěrdjavomu pěsniku, pod tom podgodbom (*lex*), da prestane (*desiněre*) pisati stihove.

S i m o n i d.

Valerij Maxim pripověda, da je gèrčki pěsnik Simonid někoč oběd vao kod někoga Skope (*Scopas, ae*). Za (*inter*) večerom (*caena*) da mu je něki rob javio (*nuntiare*), da su došla dva mladića, koji žele (*vezni*), da k njim dodje (*prodire*); Simonid da je taki ustao (*surgěre*) i izišao, no da nije nikoga vidio. Medjutim da se je dvorana (*triclinium*) porušila (*corruěre*) te sve goste (*conviva*) podèrtinom poklopila (*ruina oppriměre*).

§. 52.

Kad se u nas glagolji: č u j e s e, čini se, v i d i s e, pripov ěda se, čita se, itd. uzimaju n e o s o b n o, latinski ih valja uzeti o s o b n o, to jest za njimi u izreci acc. c. inf. subjekt neprelazi u akuzativ, već ostaje u nominatiyu, pa s ovim nominatlvom slažu se i navedeni glagolji i infinitiv.

Luna solis lumine collustrari putatur Romulus ad deos transiisse creditus est. Aristaeus inventor olei esse dicitur. Ad aurei arietis pellem Argonautae profecti (esse) dicuntur. Miltiades non videbatur posse esse privatus. Platonem ferunt, ut Pythagoreos cognosceret, in Italiam venisse. Galbam, Scipionem Africanum, Laelium doctos fuisse tradunt. Silius Italicus inedia vitam finiisse nuntiatus est. Castor et Pollux non modo adjutores in proeliis victoriae populi romani, sed etiam nuntii (victoriae) fuisse perhibentur. Perdīcum vita ad sedecim annos durare existimatur.

Veli se, da su Romula senatori ubili (tèrp). Kaže se da je Homer bio slěp. Čini se, da tvoj brat ima groznícu. Pripověda se, da je Osiris plug pronašao. Někoč se je věrovalo, da gavrani žive do 200 godinah. Cešar se ukorava, da je bio privèrženik (socius) Katilinin.

Alexander veliki priznaje (fatēri), da je čověk.

Kad su Jupitrovi svetjenici dočuli, da Alexander, kralj macedonski, želi, da mu se dade (imponĕre) ime sina Jupitrova, govorahu, da je Jupiter zapovědio, da se Alexandru to ime dade. Dà i razglasivahu (indicare) svetjenici, kojim je Alexander dao velike darove (munus), da će Alexander postati gospodarom cěloga světa.

§. 53.

Xanthippe, Socratis philosophi uxor, morosa admodum fuisse fertur et jurgiosa. Jam Caesar a Gergovia discessisse audiebatur; jamjam adesse ejus equites nuntiabantur. Mercurius Argum interemisse dicitur. Ego tibi irasci videor? Testudines et Crocodilos dicunt obruere ova, deinde discedere. In Graecia fruges inventae esse creduntur. Bibŭlus nondum audiebatur esse in Syria. Oppugnata (esse) domus C. Caesaris nuntiabatur. Semiramis puer esse credita est. Terentii fabellae putabantur a C. Laelio scribi. Causam vestram egregie defendisse videbamini. Tu non videris perdidisse, quod petis. Non ita generati a natura sumus, ut ad ludum et jocum facti esse videamur. Alcibiades privignus Periclis fuisse traditur. Solem e mundo tollere videntur, qui amicitiam e vita tollunt.

Veli se, da je Aristid bio najpravičniji medju svimi Atenjani. Kaže se, da su konjanici ovdě bili. Misli se, da jarebice žive 16 godinah. Veli se, da se jaja krokodila i žabe zahranjivaju, da od sunčane topline prokljuju (excludĕre). Nečini se, da ste izgubili, što ištete. Pripověda se, da je Jupiter Faetona, sina Apolona, munjom ubio, da nebo i zemlja neizgori (concremare).

K o n a c.

Kad je Alexander čuo, da Indija obiluje (*abundare*) zlatom
i dragim kamenjem, podje (*proficisci*) sa svojom vojskom onamo
(*eo*), da tu zemlju pod svoju vlast (*imperium, dat.*) spravi (*subji-
cěre*). No tu bude ranjen i preprěčen osvojiti ju. Bojeć se, dà mu
je rana směrtna, uzklikne : Vi velite, da sam sin Jupitrov : ali
ova rana pokazuje, da sam umérli čověk.

§. 54.

Voluntaria morte Sabinus interiisse creditus est.
Mihi visus sum captus esse. Ipse sibi injurius esse vide-
batur. Nuntiatum est adesse Scipionem cum exercitu.
Venerem Adonidi nupsisse proditum est. Cyrum omnium
militum nomina tenuisse creditum est. Nuntiatum mihi
est C. Fannium decessisse. Traditum est Homerum cae-
cum fuisse. Zoroaster, rex Bactrianorum, primus dicitur
siderum motus diligentissime spectasse. Consules juben-
tur scribere exercitum. Senatores vetiti sunt ingredi
Aegyptum.

Veli se, da su Feničani bili věrlo věšti (*peritus*) mornari
(*nauta*). Čita se, da su stari Slavjani bili věrlo miroljubni. Za-
povědale se je Punom, da izgaraju mertvace. Zabranjeno je Pu-
nom psetine (*caro canina*) jesti (*vesci inst.*). Zapověda nam se,
da odbrodimo (*vela ventis dare*). Pripověda nam se, da su Apollo
i Diana rodjeni na ostěrvu Delu. Zapovědano je Hannibalu, da
se povrati u Afriku.

O starih Slavjanih.

Čita se, da su stari Slavjani bili u ratu věrlo milosěrdni,
te se veli, da su zarobljenikom ostavljali prosto, ili kući se po-
vratiti, ili kod njih u slobodi živiti. Pripověda se, da su Slavjani
u najstarije doba gojili poljodělstvo. Čita se, da su Slavjani bili
věrlo gostoljubni (*hospitalis, e*), te su svakoga, koji bi uvrědio
ili zlostavio gosta, směrtju kaznili. Čita se, da su Slavjani imali
više bogovah, medju kojimi, veli se, da je bio pervi Perun.

§. 55.

His fidem habemus, quos plus intelligere, quam
nos, arbitramur. Si in eos, quos speramus nobis profu-
turos (esse), non dubitamus officia conferre, quales in
eos esse debemus, qui jam profuerunt? Quis animo aequo
videt eum, quem impure ac flagitiose putet vivere?
Apollonius eos, quos judicabat non posse oratores eva-

dere, dimisit. Gratiam habeo Simonidi illi, quem primum ferunt artem memoriae protulisse. Praeterire non possum Hamilicărem et Hannibalem, quos et animi magnitudine et calliditate omnes in Africa natos praestitisse constat. Suscipis onus officii, quod te putas sustinere posse. Britanniae pars interior ab iis incolitur, quos natos in insula ipsa esse dicunt. Negare aliquid ei, durum admodum mihi videbatur.

Pas, z a koga znamo, da je najvěrnija životinja, koti slěpe mlade (*parěre catulos*). Zvězde, o kojih někoji misle, d a su veoma malene, nadilaze veličinom našu zemlju. Hram Dianin, o kom pisci pripovědaju, d a j e bio veoma sjajan (*magnificus*), veli se, da je Herostrat užgao (tèrp.). Větar, o kom fizici uče, d a je ganut (*commovēre*) zrak, ima toliku jakost, da izkorěnjuje najveće stromove. — Labud (*olor*), o kom su stari věrovali, d a umiruć žalostno (*flebiliter*) pěva, veći je nego guska. Za prolětje znamo, da je najugodnije doba godišta.

Odsěk šesti.

Poraba veznikah.

§. 56.

Za porabu vremenah u ovisnih izrekah neka služi ova skrižaljka:

U glavnom stavku	U podredjenom stavku	
Praesens	praesens perfekt futurum ili praes. conj.	u isto vrěme prije poslě
Kojegod prošlo vrěme	imperfekt plusquamperfekt futurum ili imperf. conj.	u isto vrěme prije poslě
Futurum	futurum futurum exactum futurum ili praesens conj.	u isto vrěme prije poslě

36

Virtus satis habet virium, ut se ipsa tueatur. Legum idcirco omnes servi sumus, ut liberi esse possimus. Romani ab aratro abduxerunt Cincinnatum, ut dictator esset. Marcellus in aedilitate sua velis forum obumbravit, ut (quo) salubrius litigantes consisterent. Philosophia adhortatur, ut deo libenter pareamus. Si omnia fecit, ut sanaret, peregit medicus partes suas. Senatus imperavit decemviris, ut libros Sibyllinos inspicerent. Placuit Caesari, ut ad Ariovistum legatos mitteret. Impellimur natura, ut prodesse velimus quam plurimis. Tribuni plebis postulant, ut sacrosancti habeantur. Consuli permissum est, ut duas legiones scriberet. Inventa sunt specula, ut homo ipse se nosceret.

Neimate dosta snage, da sami sebe branite. Zato smo svi sluge zakonah, da možemo kano slobodni u domovini živiti. Cincinat je bio zato od pluga odveden, da kano diktator vojsku proti Aequom vodi. Brinite se u mladosti, da možete u starosti dobro živiti. Roditelji vas opominju, da se pokorite božjim i čověčjim zakonom. Sve si učinio, lěčniče, da ovu těžku ranu izlěčiš. Pithija zapovědi Atenjanom, da Miltiada za vodju uzmu (ducem suměre). Ista nas narav goni, da želimo (appetěre) ugodne stvari. Dopada se senatu, što sam svoje mněnje u kratko rekao. Senat je odobrio, da se dignu 4000 pěšakah (pedes, itis) i 600 konjanikah.

§. 57.

Tactus toto corpore fusus est, ut omnes ictus omnesque nimios et frigoris et caloris appulsus sentire possimus. Mortem, ut nunquam timeas, semper cogita. In naturis hominum dissimilitudines sunt, ut alios dulcia, alios subamara delectent. Arboribus consita Italia est, ut tota pomarium videatur. Quis tam demens est, ut sua voluntate moereat? Totae res rusticae ejusmodi sunt, ut eas non ratio, neque labor, sed res incertissimae, venti tempestatesque moderentur. Habet has vices conditio mortalium, ut adversa ex secundis, ex adversis secunda nascantur. Hoc quotidie meditare, ut possis aequo animo vitam relinquere.

Narav je ljudih tako različita, da se někoji nasladjuju sladkimi, a někoji žuhkimi stvarmi. Pilad je tako ljubio Oresta, da je hotio za njega umrěti. Tko je tako bezuman, da mu je milija (potior esse) žalost nego radost? Tolika je množina zvězdah, da se nemogu prebrojiti. Čověčji je život takov, da se srěća i nesrěća izměnjuju (variant secundae adversaeque res).

§. 58.

Discipulos moneo, ut praeceptores suos non minus, quam ipsa studia ament, et parentes esse, non quidem corporum, sed mentium credant. Quum praecipitur; ut nobismet ipsis imperemus, hoc praecipitur, ut ratio coërceat temeritatem. Magnopere te hortor, ut non solum orationes meas, sed hos etiam de philosophia libros studiose legas. Si non ipsi honesto movemur, ut boni viri simus, sed utilitate aliqua atque fructu, callidi sumus, non boni. Rogari non debeo, ut faciam, quae mihi non facere turpissimum est. Peto a te, vel si patëris, oro, ut homines miseros et fortuna magis, quam culpa calamitosos, conserves incolumes.

Učenici se opominju, do nebudu manje pokorni učiteljem, nego roditeljem. Um nalaže, da uzpregnete sèrditost. Zahtěvam od vas, da Ciceronove govore marljivo čitate. Euristej zapovědi Herkulu, da mu donese (adferre) oružje amazonske kraljice. Tko se sklanja korištju, da bude pošten, njega treba zvati lukavim a ne poštenim. Prosimo vas, da samo ono činite, što je častno. Domovina od vas zahtěva, da pograbite (capĕre) oružje.

§. 59.

Fit, nescio quomodo, ut magis in aliis cernamus, quam in nobismet ipsis, si quid delinquitur. Fieri potest, ut fallar. Plerisque accidit, ut praesidio literarum diligentiam in perdiscendo ac memoriam remittant. Persaepe evenit, ut utilitas cum honestate certet. Tantum abest, ut enervetur oratio apta compositione verborum, ut aliter in ea vis esse non possit. Tantum abest, ut nostra miremur, ut nobis non satisfaciat ipse Demosthenes. Tantum abfuit, ut civilia certamina terror externus cohiberet, ut contra eo violentior potestas tribunitia esset. Reliquum est, ut certemus officiis inter nos. Restat, ut doceam, omnia in hoc mundo hominum causa facta esse.

Obično biva, da opažavamo samo tudje mane, a svojih i nevidimo. Vèrlo često biva, da se varamo. Ratovi gradjanski nisu se svèršili, dapače silnije su još planuli (exardescĕre). Nebiva rědko, da mladići popuste u svojoj marljivosti u učenju. Još mi preostaje (restare), da te zaprosim, da čas prije (quam primum) k nam dodješ. Još mi preostaje, da govorim o dužnostih mladićah. Ako ova věst (nuntius) nije ugodna (exoptatus), to odatle slědi, da je žalostna.

§. 60.

Illud natura non patitur, ut aliorum spoliis nostras facultates augeamus. Expedit omnibus, ut singulae civitates sua jura et suas leges habeant. Omne corpus mutabile est, ita efficitur, ut omne corpus mortale sit. Si Apollo monet, ut se quisque noscat, non praecipit, ut membra nostra, aut staturam figuramve noseamus. Caesar ad Lamiam scripsit, ut ad ludos omnia pararet. Equidem vellem, ut aliquando redires. Caesar Dolabellae dixit, ut ad me scriberet, ut in Italiam quam primum venirem.

Narav nedopuštja, da tudjim plĕnom svoj imetak umnožiš. Pravo je, da svoje roditelje isto tako ljubiš, kano i sama sebe. Za sve je gradjane koristno, da su dani (*ferre*) zakoni. Prijatelj mi piše, da mu kupim knjigah. Otac mi reče, da ti pišem, da čas prije kući pohitiš (*properare*). Nastojte (*operam dare*), da mišljenjem i učenjem duh hranite (*mentem alĕre*). Ako ova izreka (*enunciatio*) nije istinita, slĕdi, da je lažljiva.

§. 61.

Caesar monnit, ad nutum omnes res administrarentur. Caesar Labieno mandat, Remos adeat atque in officio contineat. Deos quaesumus, consilia tua reipublicae salutaria sint et tibi. Malo te sapiens hostis metuat, quam stulti cives laudent. Tu velim tuam et Tulliae valetudinem cures. Vult princeps omnium esse. Studet optatam cursu contingere metam. Caesar C. Silio ire in Cattos imperat. Miltiades insulas, quae barbaros adjuverant, ad officium redire coëgit.

Svaki dan molim Boga, da moje dĕlo bude spasonosno i meni i drugim. Volim, da si pametan i pošten, nego odličan i bogat. Čini, da saznadem, kako si. Bolest je prisilila Agatokla povratiti se u Siciliju. Um nas isti opominje, da drugim koristimo. Nastojte, da postignete željenu svĕrhu. Hoću da svoga prijatelja braniš. Caesar naloži četvĕrtoj legiji, da zauzme (*occupare*) bližnje bĕrdašce. Tako živi, da budeš svim ljudem vĕrlo drag. Prisiliti ćemo vas, da izpunite svoju dužnost.

§. 62.

Socrates ita in judicio capitis pro se ipse dixit, ut non supplex aut reus, sed magister aut dominus videretur esse judicum. Quis est tam miser, ut non dei munificentiam senserit. Simultates Caesar nullas tam graves excepit unquam, ut non libens deponeret. Nemo adeo ferus est, ut non mitescere possit. Lucullus Mithridatem adeo cecīdit, ut Granīcus et Aesēpus cruenti redderentur. Rerum natura prospexit, ne quis insepultus esset. Pulcherrimum existimo, severitatem comitatemque miscere, ne illa in tristitïam, haec in petulantiam procedat. Reges plures generantur apibus, ne desint. Postea ex his soboles quum adulta esse coepit, deterrimos necant, ne distrahant agmina. Angusïias Themistocles quaerebat, ne multitudine circumiretur.

Aristid je bio tako pravičan, da se nije mogao ukoriti. Tako je sigurno posĕdovanje (*possessio*) krĕposti, da se nemože izgubiti niti brodolomljem (*naufragium*) niti požarom. Tko je tako siromah, da nebi mogao druge pomoći? Nikad nisi poćutio tolike mĕržnje proti komu (*odium in aliquem concipĕre*), da je nebi rado zabacio. Nitko nije tako opak, da se nebi mogao popraviti. Nĕkoje su česti svĕta tako studene, da se u njih nemože stanovati. Narav se brini, da se mĕrtvaci zakapaju. Sjedinite prijatnost i ozbiljnost, da se ona neizopači u nestašnost, a ova u žalost. Hannibal je ostavio Kartaginu, da je nedadu (*tradĕre*) Rimljanom. Čuvajte se, dĕco, da nebunite pčelah.

§. 63.

Hannibal, ne vitam alieno arbitrio dimitteret, venenum sumpsit. Atticus, quamdiu Athenis fuit, ne qua sibi statua poneretur, restitit. Hoc te rogo, ne demittas animum. Cave, ne quid stulte, ne quid temere dicas aut facias contra potentes. Gallinae avesque reliquae pennis fovent pullos, ne frigore laedantur. Nemo prudens punit, quia peccatum est, sed ne peccetur. Auditus flexuosum iter habet, ne quid intrare possit. Solon edixit, ne quis sepulcra delĕret. In dolore maxime providendum est, ne quid abjecte, ne quid serviliter muliebriterve faciamus.

Bĕžite, mladići, družtvo opakih, da se nepokvarite (*corrumpĕre*). Alexander je nagovarao svoje vojake, da se neuplaše (*movere*) od množine dušmanah. Čuvajte se, da vas lastivci nt prevare (*decipĕre*). Vĕtrovi činc, da se zrak nenapuni škodljivimi parami (*noxiis vaporibus implere*). Kaznimo, da se opet nepogrĕši. Da nedodje živ u ruke dušmanske (*in manus alicijus incidĕre*), popio je Hannibal otrov. Čuvajte vrata, da neprovale (*irrumpĕre*) dušmani. Nastojte, da se u pogibelji neprepadete.

§. 64.

Caesar toti exercitui imperavit, ne concurrerent. Caesar cum Pompejo Crassoque iniit societatem, ne quid ageretur in republica, quod displicuisset ulli e tribus. Romani Albam, unde ipsi oriundi erant, a fundamentis proruerunt, ne stirpis, ne originum snarum memoria exstaret. Videndum est, ne major sit benignitas, quam facultates. Timebam, ne evenirent ea, quae acciderant.

Vodja zapověda vojsci, da neudare na dušmanina (*in hostem invaděre*). Diktator je zapovědao, da se nitko nebori izvan reda (*extra ordinem*). Pazite, konzuli, da nebi dèržava štetovala (*detrimentum capere*). Rimljani su razorili Kartaginu, da se rimska dèržava opet u pogibelj neuvede (*in discrimen vocare*). Opaki se uvěk boje, da im se opačine neodkriju (*patefacěre*). Bojim se, da prevèrnete odluku (*consilium mutare*). Pazi, da ti darežljivost nebude veća od imetka. K vam sè utičemo (*confugěre ad aliquem*), da nas nebi dušmani zlostavili (*aspere tractare.*)

§. 65.

In pugna ad Mundam Caesar initio adeo victus est, ut se ipse interficere vellet, ne post tantam gloriam belli in manus filiorum Pompeji veniret. Cavete, ne ira abripiamini in puniendo. Romanis placuit, ne consules imperium longius quam unum annum haberent. Ager non semel aratur, sed novatur, et iteratur, quo meliores foetus possit et grandiores edere. Obducuntur libro aut cortice trunci, quo sint a frigoribus et caloribus tutiores. Ephori valvas aedis obstruxerunt, quo facilius sub divo interiret Pausanias.

Mnogi su sami sebe ubili, da nedodju živi u ruke dušmanske. Tebe je sèrditost tako zaněla, da si nekriva (*culpa vacuus*) kaznio. Medvede svlada (*preměre*) zimi (*per*) tako težak san, da se nemogu niti ranami probuditi (*excitare*). Oganj potrebuje (*indigēre*) hrane, da gori (*ardēre*). Rimljanom se je dopadalo, da konzuli imadu vèrhovnu ₁last jednu godinu. Polje se obično tri puta ore, da rodi (*ferre s akuzat.*) obilnijim (*uber*) i boljim plodom. Syrakuzanac Hiero dade 200 talenatah, da dobije (*impetrare*) mir od Rimljanah. Vodja prosi i zaklinje (*obsecrare*) vojake, da nesdvoje (*desperare*) o svojem spasu. Vojakom se obećavaju (*proponěre*) nagrade, da se to hrabrije bore.

§. 66.

Themistocles apud magistratum senatumque Lacedaemoniorum liberrime professus est Athenienses suo consilio deos publicos suosque patrios ac penates, quo facilius possent ab hoste defendere, muris sepsisse. Quum Themistocles ad Admetum, Molossorum regem venisset, et in praesentia rex abesset, quo majore religione se receptum tueretur, filiam ejus parvulam arripuit, et cum ea se in sacrarium, quod summa colebatur caerimonia, conjecit. Levat interdum medicina in praesentia aegrum corpus, quo mox in graviorem morbum recĭdat.

Tabor se opasa obkopom i jamom, da se uzmože tim laglje braniti. Mlado se stabaloe (*arbuscula*) zimi ogradi slamom (*stramine sepire*), da ga studen neizšteti. (tèrp.) Děci obećavamo nagrade, da budu tim marljivija. Konjanici podbadaju (*subděre calcaria*) konje (*dat.*), da tim bèrže teku. Zakon neka bude kratak, da se tim laglje zapamti (*memoria tenēre*). Pišemo listove svojim prijateljem, da se uzmožemo s njimi u daljini razgovarati. Ja se neprepirem (*disputare*) sa Stoici, jer me stid (*pudor*) prěči.

§. 67.

Senectus non impedit, quominus literarum studia teneamus usque ad ultimum tempus senectutis. Isocrati, quominus haberetur summus orator, non offecit, quod, infirmitate vocis, ne in publico diceret, impediretur. Rebus terrenis multa externa, quominus perficiantur, possunt obsistere. Quid obstat, quominus Deus sit beatus? Levia ponderibus inhibentur, quominus evolent. Superbia non obstabat Romanis, quominus aliena instituta, dummodo proba essent, imitarentur. Qui agrum meum colit, agro beneficium non dat, sed mihi, et qui domum meam, quominus ruat, fulcit, praestat mihi (beneficium); ipsa enim domus sine sensu est. Saepe accidit in mari, ut naves teneantur, quominus in portum pervenire possint. Histiaeus Milesius obstitit, quominus pons solveretur.

Špartanci su jačili (*durare*) tělesa děčakah i mladićah, da budu tim valjaniji za boj. Korita (*carina*) se velikih brodovah okivaju (*obducěre*) željezom i bakrom (*cuprum*), da budu sigurnija od (*contra*) klisurah (*scopulus*). Slaboća je glasa preprěčila, da ovoga govornika nisu svi čuli (*tèrp.*). Ništa me neće prěčiti, da neradim oko naukah (*colěre aliquid*) do konca svoga života. Mnogo nas može zaprěčiti, da neizvedemo svojih nakanah (*propositum*). Mèržnja i govori neće mi preprěčiti, da istinu (*verum*) nekažem. Alpe nisu prěčile Hannibalu, da svoju vojsku u Italiju nedovede. Strasti nam prěče, da neuvidimo istine. Poduprite kuću, da se nesruši.

§. 68.

Manlius Torquatus bello gallico filium suum, quod is contra imperium in hostes pugnaverat, necari jussit. Inter inanimum et animal hoc maxime interest, quod inanimum nⁱhⁱl agit, animal agit aliquid. Quanta est benignitas naturae, quod tam multa, tam varia tamque jucunda gignit. Phocion in eo offenderat, quod amicitiae fidem non praestiterat. Hoc uno praestamus vel maxime feris, quod colloquimur inter nos, et quod exprimere dicendo sensa possumus. Pulchritudo corporis apta compositione membrorum movet oculos, et delectat hoc ipso, quod inter se omnes partes cum quodam lepōre consentiunt.

Medju dušom životinjskom i čověčjom ta je razlika, da ona umire, a ova neumire. Pogrěšio si, što si za svoje slabo skěrbio. Kolika je dobrota božja, što nam svaki dan čini nebrojenih dobročinstvah (*beneficio aliquem adficĕre*). Tim nadkriljujemo životinje, što imamo um i govor. Hortensij se hvali (*gloriari*), da nije nikad bio u gradjanskom ratu. Strasti prěče, da se ljudi neslažu. Nebrojena dobročinstva izkazuje nam Bog svaki dan; pa odatle slědi, da je věrlo dobrotiv.

§. 69.

Qui benigniores esse volunt, quam res patitur, primum in eo peccant, quod injuriosi sunt in proximos. Inter hominem et belluam hoc maxime interest, quod haec ad id solum, quod praesens est, se accommodat; homo autem causas rerum videt earumque progressus. Cato mirari se dicebat, quod non rideret haruspex, haruspicem quum vidisset. Magnum beneficium naturae est, quod necesse est mori. Socrates accusatus est, quod corrumperet juventutem, et novas superstitiones introduceret. Phàlereus Demetrius Periclem vituperat, quod tantam pecuniam in praeclara illa propylaea conjecerit. Laudat Afranium Panaetius, quod fuerit abstinens. Benefacis, quod me adjuvas.

Uzrok naših zalah jest i to, što živimo po (*ad*) priměrih. Prijateljski radiš, što me podupireš. Višeput se nedopadamo drugim, jer se dopadamo samim sebi. Najveći je ures čověka, što ima um. Tužen si, što nisi rěči děržao (*fidem servare*). Žalimo (*dolēre*), što su mnoga pisma starih propala (*perire*). Hvalimo Epaminondu, što je zaboravio (*oblivisci*) krivice svojih sagradjanah.

Virgilij je bio tako ukusan pěsnik (*elegans poĕta*), da je malone ·(*paene*) Homera dostigao (*assequi*). Sullini propisi (*proscriptio*) učiniše, da su bili ubijeni najbolji gradjani. Bojimo se, da dušmanin učini odluku (*consilium capere*) nam pogibeljnu. Rěči su laskateljah sladke, da se lakověrni tim lasnije prevare (*decipěre*).

§. 70.

Quod scire vis, qua quisque in te fide sit et voluntate, difficile dictu est de singulis. Quod spiratis, quod vocem mittitis, quod formas hominum habetis, indignantur. Num reprehendis, quod libertus juvabat patronum eum, qui tum in miseriis erat? Eumeni multum inter Macedones viventi detraxit, quod alienae erat civitatis. Ad communem omnium trepidationem accessit, quod phalanx Macedonum, gravis atque immobilis, non circumagere se poterat. Exercitus omnis lacrimis Alexandrum deprecatur, finem tandem belli faceret. Magnum fac animum habeas et spem bonam. Quid laetaris, quod ab hominibus iis ´laudaris, quos non potes ipse laudare?

Filip je ukorio svoga Alexandra, što je nastojavao (*studere*) darovi (*largitio*) steći (*consequi*) privrženost puka. To je bila najveća slava Caesarova, što je pobědio ne samo svoje dušmane nego i svoju srditost Neraduj se, što te ludi hvale (*těrp.*). Što mi pišeš, da dodjem u Rim, uvidjam, da mora tako biti. Nemožemo da gledamo (*intueri*) ubojicu (*homicida*), da nas strah neobuzme (*percellěre, těrp.*). Bili smo u pogibelji, da nas gusari (*pirāta*) zarobe (*těrp.*). Strah směrti uplaši mnoge, da zlo nečine. Poslasmo glasnika, da naš prijatelj tu radostnu věst tim běrže (*cito*) saznade (*comperire*). Meso se soli (*sale condire*), da nesagnjili (*putrěscere*).

§. 71.

Epaminondas quum vicisset Lacedaemonios apud Mantineam, atque ipse gravi vulnere exanimari se videret, quaesivit, salvusne esset clypeus. Antigonus, quum adversus Seleucum Lysimachumque dimicaret, in proelio occisus est. Alexander, quum interemisset Clitum, familiarem suum, vix a se manus abstinuit. Thucydides libros suos scripsisse dicitur, quum a patria remotus atque in exsilium pulsus esset. Quum deletus exercitus amissaeque Hispaniae viderentur, vir unus res perditas restituit. Themistocles quum multa regi esset pollicitus, magnis muneribus ab Artaxerxe donatus, in Asiam rediit.

Quum Lysander, praefectus classis, in bello multa crudeliter avareque fecisset, petiit a Pharnabazo, ut ad Ephoros sibi testimonium daret, quanta sanctitate bellum gessisset sociosque tractasset.

Kadgod nas budu izsmĕhavali *(irridēre, tèrp.)* ljudjaci, nećemo se sèrditi. Kad je tvoj brat došao, obuze *(adficĕre, tèrp.)* me prevelika radost. Kad nisu Atenjani nikako mogli uzbiti navale *(impetus, us)* dušmanske, ostaviše grad. Kad je Epaminonda čuo, da su Boeotjani pobĕdili, iztèrgnu željezo iz tĕla. Kad je Pelopida ukorio *(tèrp.)* Epaminondu, što neostavlja sinovah, reče ovaj: ja ostavljam leuktričku bitku kano kćer, koja će biti neumèrla. Kad je Alexander sišao u rĕku Cydnu, da putem *(iter)* utrudjeno *(fatigare)* tĕlo ojači *(reficere)*, počeše mu se uda ukočivati *(torpēre)*.

§. 72.

O veznom u neupravnih pitanjih.

O p a z k a. Kad su dva pitanja, od kojih se drugo naški počima sa *ili*, u latinskom se jeziku ovako postupa: a) pred pèrvo se pitanje nemetju nikakve upitne čestice, a pred drugo *an;* b) pred pèrvo se pitanje metju upitne čestice: *ne, nun, nonne, utrum*, a pred drugo *an*.

Hodie igitur pater tuus rediit? Miser ergo Archelaus est? Non vis esse justus sine gloria? Tu orationes nobis veteres explicabis? Estne frater intus? Haeccine domus tua est? Num negare audes? Quid taces? Num imperatorum scientia nihil est, quia summus imperator interdum fugit? Canis lupo nonne similis est? Nonne poëtae post mortem nobilitari volunt? Sol mobilis est, an immobilis? Tarquinius Superbus Prisci Tarquinii filius, neposne fuit? Virtus suamne propter dignitatem, an propter fructus aliquos expetitur? Utrum major est sol, an minor, quam terra? Num aves pilis, an plumis teguntur?

Dodje li dakle danas tvoj otac? Je li tvoj otac kod kuće? Nisu li vuci psom slični? Neželi li svatko biti srĕćan? Je li mĕsec veći od zemlje? Ima li jedan svĕt ili više? Je li zlato teže ili olovo? Neznam, imam li u Arpinu ostati, ili u Rim doći? Vojak upita Arhimeda, tko je? Hoćeš li da više njih ljubiš, ili malo njih? Jesu li bile Amazonke ili ne? Kaži mi, pada li tuča *(grandinare)* lĕti ili zimi? Znaš li, kamo *(quo)* idu *(se conferre)* ptice skitalice *(avis peregrinans)*?

§. 73.

Pecunia, honores, forma, valetudo quamdiu affutura sint, certum sciri nullo modo potest. Ciconiae quonam e loco veniant, aut quo se conferant, incompertum adhuc est. Quaesieras ex me, nonne putarem, inveniri verum potuisse. Si sitis, nihil interest, utrum aqua sit, an vinum; nec refert, utrum sit aureum poculum, an vitreum, an manus concava. Dionysius, quum bellum adversus eum Syracusani decrevissent, diu dubitavit, imperium deponeret, an bello resisteret. Hoccine agis, an non? Num tu intelligis, quid hic narret? Qualis sit animus, ipse animus nescit. Omnes tendunt ad gaudium, sed unde stabile magnumque consequantur, ignorant. Vide, quanta in te sit suavitas. Unum illud nescio, gratulerne tibi, an timeam?

Neznamo, gdě nas smèrt čeka. Ti znaš, što želimo, što u buduće (*in posterum*) naměravamo (*destinare.*) Nemogu kazati, kako me je tvoj list razveselio. Možeš li znati, dokle će trajati tvoje zdravlje? Pitao si me, da li znam, kamo id'i yode. Nisam jošte odredio, što da radim. Kad su Thala upitali (*tèrp.*), što je najstarije (*vetustus*), odgovori: Bog, jer nije nikad počeo (*cvepi*) biti. Antigon odgovori svomu sinu, koji je pitao, kad da digne (*movēre*) tabor: Zar se bojiš, da nećeš ti sam trublje (*tuba*) čuti? Kad su Alexandra upitali (*tèrp.*), gdě (*ubinam*) čuva (*reconděre*) svoje blago (*thesauri*), reče: Kod prijateljah. Pazi, komu, kako, kada i zašto činiš dobročinstvo. Znaš li, zašto su Syrakuzani navěstili boj Dionysiju?

§. 74.
O veznom dopustnom, željnom i zapovědnom.

Opazka. Veznici: *licet, quamvis, quantumvis, quantumlibet* zahtěvaju uvěk v ezni. *Quamquam,* zahtěva uvěk pokazni.

Vita brevis est, licet supra mille annos exeat. Licet ipsa vitium sit ambitio, frequenter tamen causa virtutum est. Fremant omnes licet, dicam tamen, quod sentio. Si quid effici non potest, deliberatio tollitur, quamvis utile sit. Assentatio quamvis perniciosa sit, nocere tamen nemini potest, nisi ei, qui eam recipit et ea delectatur. Quod turpe est, id quamvis occultetur, tamen honestum fieri nullo modo potest. Vitia mentis, quantumvis exigua sint, in majus excedunt.

Živiti ću pošteno, ma neimao odatle nikakve koristi. Svi ljudi pogrěše kadšto, ma bili najbolji Premda je Aristid bio najpravičniji izmedju Atenjanah, prognaše ga ipak iz domovine (*in exilium mittěre, tèrp.*) Mudar uzpreza (*repriměre*) svoj gnjev, ma ga i gèrdili (*maledicta in aliquem conferre tèrp.*). Malica (*pumilio*) nije velik, ma se i na bèrdo popeo (*in monte consistĕre*); gorostas (*colossus*) zadèržati će (*servare*) svoju veličinu, ma stajo i u jami (*fovea*). Sve da sam ja kriv, ti nisi ipak manje od mene. Premda si pobĕdio, odrekao si se ipak svoga prava. Sramotno dĕlo nije nikad častno, ma koliko se izgovaralo (*excusare*).

§. 75.

Si me diligis, excita ex somno tuas literas humanitatemque. Medici, quamquam saepe intelligunt, tamen nunquam aegris dicunt, illo morbo eos esse morituros. Quamquam adeo excellebat Aristides abstinentia, ut unus cognomine Justus esset adpellatus, tamen exsilio decem annorum multatus est. Quamquam omnis virtus nos ad se allicit, tamen justitia et liberalitas id maxime efficit.

Premda je Focion Atenjanin predvodio (*praeesse*) vojsku (*dat.*), to je ipak neporočnost (*integritas*) njegova života poznatija (*notus*), nego njegove vojničke zasluge (*labor, rei militaris*). Premda je vodja i srĕća ostavila vojake, voliše ipak boreć se umrĕti, nego predati se (*se dedĕre*). Sve da vam i priporučam onu krĕpost, priporučam vam ipak osobito pravičnost. Sve da i je slavica mana, to postaju ipak od nje slavna dĕla. Služiti ću ti (*dat.*), ma me i netrebovao. Premda je taj savĕt bio vèrlo spasonosan za Darija, nije ga ipak slĕdio (*sequi*). Premda istina radja mèržnju, neću se ipak uztezati govoriti istinu. Nitko nemože biti bez tudje pomoći, ma bio još bogatiji.

§. 76.

Utinam tam facile vera invenire possem, quam falsa convincere! Dii prohibeant a vobis impias mentes! Hoc dii bene vertant! Utinam ea res ei voluptati sit! gloriae quidem video fore. Cuperem vultum videre tuum. Vellem te ad Stoicos inclinavisse. Illic vivere vellem! Peream male, si non optimum erat. Velim mihi ignoscas. Quidquid veniet in mentem, scribas velim. Malim indisertam optare prudentiam, quam stultitiam loquacem. Utinam modo conata perficere possim! Valeant cives mei, valeant; sint incolumes, sint florentes, sint beati; stet haec urbs praeclara, mihique patria carissima! Modo audivi quartanam (sc. febrim) a te discessisse. Utinam reliquis mortalibus, ut Scythis, similis moderatio et abstinentia foret! Subscripsēre quidam Bruti statuae: Utinam viveres! Utinam, ut culpam, sic etiam suspicionem vitare potuissem! Quam vellem, Darius aliquid ex hac indole hausisset!

O da samo svi krěpost ljube! Da Bog odvrati od tebe o-
paku misao! Okrenuo to Bog na dobro (*bene*)! O da je samo
svim istina mila! U'Italiji bi rado živio (*cupěre, vivěre*)! Kako bi
rado laž oprověrgao! Volio bi biti siromah nego neznalica. O
da smo mogli svoju odluku izvěršiti! O da nam samo prijatelj
ozdravi (*convalescěre*)! O da nam samo otac živi! Da možemo
samo sumnju izběći! Umro, ako budem drugčije (*aliter*) pisao,
nego što (*ac*) mislim (*sentire*). O da gradjani oružje polože (*depo-
nere*). Živio (*conservare*) te Bog dugo domovini i rodu (*tuis*). Da
nisu (*ne*) samo bogovi čověku lukavost (*calliditas*) dali! Da nije
samo August osvojio Němačku! Dao (*largiri*) ti Bog zdravlje
(*prosper, valetudo*).

§. 77.

Quum te bene confirmāris, ad ncs venias. Dulce
etiam fugias, quod fieri amarum potest. Feras, quod
vitare non potes. Amicus populo romano sis, et scias
multos nostri similes in civitate romana esse. Donis
impii ne placare audeant deos. Qui dedit beneficium
taceat, narret, qui accepit. Placeat homini, quidquid
deo placuit. Religio et fides anteponatur justitiae. Assi-
due cogitemus tam de nostra, quam omnium, quos dili-
gimus, mortalitate. Noli exspectare longas preces. Nolite
id velle, quod fieri non potest, Cave festines. Hunc tu
virum ne dimiseris. Quis sapiens bono confidat fragili?

Da kupimo, što je potrebno. Šuti, ako si komu koje do-
bročinstvo učinio, a govori, ako si koje primio, Da běžimo las-
katelje. Da věžbamo pamet. Da hitimo. Da slědimo (*imitari*) pri-
měr dobrih. Da ublažimo Boga popravljenim životom (*mores*).
Prava domovine neka ti budu svetija, nego prava prijateljstva.
Nečekaj, dok te pozovu na dělo (*těrp.*). Što možete sami učiniti,
nečinite po (*per*) drugih. Tko bi pobrojio zvězde? Da nevěruje-
mo lažcem.

§. 78.

Obsecro populares, ferte misero atque innocenti
auxilium, subvenite inopi. Si vis amari, ama. Egredere
ex urbe, Catilina, libera rempublicam metu, in exsilium
proficiscere. Vivite felices. Audi Jupiter, et tu Juno,
Quirine, diique omnes coelestes, vosque terrestres, vos-
que inferi audite. Tu ne viola' Cererem. Nimium ne
crede colori. Quod facere turpe est, dicere ne honestum
puta.. Virgines Vestales in urbe custodiunto ignem sem-
piternum. Censores bini sunto, magistratum quinquen-

nium habento, reliqui magistratus annui sunto. Causam investigato in re nova atque admirabili. Magistratus donum ne capiunto neve danto. Ad has literas, quum poteris, rescribes, Si quid acciderit novi, facies, ut sciam. Nolite putare homines sceleratos terreri furiarum taedis ardentibus. Cura, ut valeas. Noli agere confuse. Fac cogites, in quanta calamitate sis, et memineris te virum (esse). Libros tuos cave cuiquam tradas.

Pomozi meni siromahu. Ljubite, ako hoćete da vas ljube. Odlazite iz grada, opaki. Oslobodite nas straha. Zdravstvuj i sětjaj se mene. Drugim oprosti (*ignoscěre*) često, sebi nikada. Dobro puka neka bude poglavarom najveći (*summus*) zakon. Dva neka budu s kraljevskom vlaštju (*imperium*) i ovi neka se zovu konzuli. Bijaše zakon Solonov: Tko primi (*recipěre*) prognanika, neka se i on progna (*in exsilium mittěre*); jer prezire (*sperněre*) děržavne zakone. Nehvalite, što se nemože hvaliti. Nemislite, da se svi ljudi dadu odstrašiti (*deterrēre*) od opačine strahom kazne. Radi uvěk (*perpetuo*), što si dosad radio. Nastoj (*facěre*), da što prije (*quam primum*) dodješ. Odgovori mi na (*ad*) sve. Čekaj me (*exspectare*) prije Idah Marca (*Idus Martiae*).

§. 79.

O veznom za zaimenom odnosnim.

Non sum tam insolens, qui Jovem me esse dicam. Verba reperta sunt, non quae impedirent, sed quae indicarent voluntatem. Artaxerxes Iphicratem ab Atheniensibus petivit ducem, quem praeficeret exercitui conductitio. Populus romanus tribunos plebis creavit, per quos contra senatum et consules tutus esse posset. Nulla acies humani ingenii tanta est, quae penetrare in coelum aut in terram intrare possit. Majus gaudium fuit, quam quod universum homines caperent. Secutae sunt tempestates, quae hostem a pugna prohiberent. Nulla gens tam fera est, cujus mentem non imbuerit Dei opinio.

Rat je takov (*ejusmodi*), da mu nemožemo predviditi (*praevidēre*) konca. Nećeš lako naći takova umotvora (*artificium*), koji bi bio posve (*omni ex parte*) savěršen (*perfectus*). Nisam tako děrzovit, da mislim, da sve znadem. Slova (*literae*) su iznadjena porad potomstva (*posteritas*), da doskoče (*subsidio esse*) zaboravi (*oblivio*). Tribuni su postavljeni, da puk (*plebs*) proti patricijem brane.

§. 80.

Cujus opes tantae esse possunt, quae sine multorum amicorum officiis stare possint? Ferocior oratio visa est, quam quae apud regem haberi posset. Macedones et majores et magis ramosas arbores caedebant, quam quas ferre cum armis miles posset. Ea est romana gens, quae victa quiescere nesciat. Nullum est officium tam sanctum, quod non avaritia violare soleat. Non, is sum, qui his delecter literis, quae nostros animos a religione avocant. Non sumus ii, quos vituperare ne inimici quidem possint. Non ego is sum, qui omnia sciam. Mens vera est rerum judex, sola enim digna est, cui credatur. Digna visa est res, propter quam dictator crearetur.

Čija je moć bila tolika, koju nebi bili kadšto satèrli (*concutére tèrp.*)? Ovaj je čověk dèrzovitiji, nego da se u družtvo uvede (*introducère in circulum*). Taj je tèrh teži, nego da ga mogu dva konja vući (*vehère, tèrp.*). Nisam takov čověk, koji bi sve kudio. Nijedna dèržava nije tako čvèrsta, koju nebi nesloga gradjanska mogla upropastiti (*evertère*).

O v a n   i   b i k.

Narav je jednoga ovna providila (*munire*) tolikom jakoštju (*robur*), da mu nije mogao nijedan od ovnovah odolěti (*resistère*). Vèrhu toga (*praeterea*) odlikovao se je (*excellère*) tako dugimi i jakimi rogovi, da su nadilazili rogove svih ostalih ovnovah. Buduć da (*quum, vezni*) su mnoge od ovna odèržane (*reportare*) pobède bile takove, da su ih ne samo plašljive ovce, nego i ratoborni konji i psi cěnili (*celebrare, tèrp*), dèržahu ga svi za vrědna (*aliquem dignum censere*), da se prozove kraljem ovnovah.

§. 81.

Vibullium Caesar idoneum judicavit, quem cum mandatis ad Pompejum mitteret. Pyrrhus ad Romanos legatum misit, qui pacem aequis conditionibus peteret. Homines sunt hac lege generati, qui tuerentur illum globum, quae terra dicitur. Philippus rex Aristotelem Alexandro filio doctorem accivit, a quo ille et agendi acciperet praecepta et loquendi. Non te puto esse eum, qui Jovi fulmen fabricatos esse Cyclopas in Aetna putes. Non tu is es, quem nihil, nisi jus civile delectet.

Tko se je naučio slušati, onaj je vrědan, da jednoč zapověda. Mnogi su čini Rimljanah takovi, da se nevěrojatni čine.

Romul je odabrao (*legĕre*) sto starĕšinah, da po njihovu savĕtu sve radi. Kralj Filip pozvao je filosofa Aristotela, da uči njegova sina Alexandra. Tko više cĕni razbludu nego krĕpost, nije vrĕdan (*indignus est*), da se zove čovĕkom. Mnoge su životinje divljije, nego da se mogu ukrotiti (*mansuefacĕre*).

K o n a c.

Te su pohvale (*laudes*) učinile (*facĕre s dva akuz.*) ovna oholim. Žato si izabere (*deligĕre*) velika bika, da se s njim bori (*decertare*). Dobroćudńi (*benevolus*) bik odgovaraše ovna od borbe (*dehortari aliquem ab aliqua re*) i reče : Ti si slabiji, nego da se u borbi odĕržiš (*subire certamen*). No objĕstni ovan zabaci dobrohotnu opomenu (*monitum*), te navali (*invadĕre in*) na bika. Tada (*tum*) probode (*transfodĕre*) bik ludoga (*insanus*) protivnika (*adversarius*) rogovi i baci (*ejaculari*) ga daleko u zrak.

§. 82.

Alexander quum ad Achillis tumulum adstitisset, o fortunate, inquit, adolescens, qui tuae virtutis praeconem Homerum inveneris! Zopyrus, quum multa in conventu vitia collegisset in Socratem, derisus est a ceteris, qui illa in Socrate vitia non agnoscerent. O magna vis veritatis, quae contra hominum ingenia facile se semper ipsa defendat. Servum te esse oportet et nequam, hominem peregrinum atque advenam qui irrideas. Annon justa causa est, ut vos servem sedulo, quos tam grandi sim mercatus pecunia? Me, qui ad multam noctem vigilassem, arctus somnus complexus est. Magna est Pelopis culpa, qui non erudierit filium.

Alexander dĕržaše (*praedicare s dva akuz.*) Achilla za srĕćna, što je Homer opĕvao (*canĕre*) njegove čine. Nitko ti nevĕruje (*fidem habĕre*), što više obećaješ, nego ·dĕržiš (*praestare*). Ti si bezsraman čovĕk, što niti meni nevĕruješ. Zopira su izsmijali (*tèrp.*) što je Sokratu mnogo manàh prišio (*falso tribuĕre*). Velika je tvoja krivnja, što si me ostavio. Pravo imaš, što tu knjigu marljivo čuvaš, jer si ju skupo (*magna pecunia*) kupio. Pravom preziremo (*detestari*) Katilinu, što je pioti domovini boj vodio. Čudnovato je, da ima (*esse*) još sada ljudih,·koji gatarom (*hariŏlus*) vĕruju, jer se njihovo gatanje (*praedictum*) svaki dan činom (*eventus*) oprovèrgava (*refellĕre*).

Odsěk sedmi.

O dioniku budućega tèrpnoga i o gerundijih.

§. 83.

Videndum est, non modo quid quisque loquatur, sed etiam quid quisque sentiat. Etiam post malam segetem serendum est. Diligenter, quid quemque deceat, judicandum est. Ita agendum est, ut nos diligant vicini. Nemo unquam sapiens proditori credendum (esse) putavit. Orandum est, ut sit mens sana in corpore sano. Confitendum est omne animal esse mortale. Non corpori soli subveniendum est, sed menti atque animo multo magis. Num quis haruspicem consulit, quemadmodum sit cum parentibus, cum fratribus, cum amicis vivendum ?

Treba učiti. Mora se jesti, piti i spavati, da se snaga těla uzdèrži. U nesrěći nevalja sdvojiti. Tako treba raditi, da nas mudri i pošteni hvale (*tèrp.*). Trebati će uvěk oprostiti (*ignoscere*). Nevalja lagati. Nevalja se uklanjati (*deflectere*) s puta krěposti. Svladana dušmanina treba štediti. Slušatelje (*auditor*) treba osvědočiti (*persuadēre*). Nevalja drugim zaviditi (*invidēre*).

§. 84.

Nemo est casu bonus; discenda virtus est. Pietati summa tribuenda laus est. Quaeritur, praeponendane sit divitiis gloria? Vitanda est ostentationis suspicio. Lex jubet ea, quae facienda sunt, prohibet contraria. Qui honos Augusto non fuit decernendus? Occultae inimicitiae magis timendae sunt, quam apertae. Quanti est aestimanda virtus, quae nec eripi unquam potest, neque naufragio, neque incendio amittitur! Nihil sine ratione faciendum est. Memento tam expensorum quam acceptorum rationem esse reddendam. Omnem memoriam discordiarum oblivione sempiterna delendam (esse) censeo. Gypso madido statim utendum est, quoniam celerrime siccatur. Exigua his tribuenda fides est, qui multa loquuntur. Disce, sed a doctis; indoctos ipsos doceto; propaganda etenim (est) rerum doctrina bonarum. Ennius non censet lugendam esse mortem, quam immortalitas consequatur.

Bogatstvo nevalja više cěniti od poštenja. Lažcu nevalja
věrovati. Krěpost valja više cěniti nego bogatstvo. Věra uči, da
treba oprostiti (*ignoscere*) neprijateljem. Ti znaš, da se pamet
mora věžbati, da neoslabi (*minuere*). Lěčnici nalažu (*praecipere*),
da treba zube svaki dan čistiti. Neima dvojbe, da treba i krě-
post učiti. Znate li, da treba i gnjev uzpregnuti. Treba uvěk
učiti. Neznalice treba obučavati. O našem životu morati će se
někoč račun dati.

§. 85.

Oratori, quid deceat, videndum est, non in senten-
tiis solum, sed etiam in verbis. Juveni parandum, seni
utendum est. Suum cuique incommodum ferendum est.
Faciundum id nobis (est), quod parentes imperant. Si
Galli bellum facere conabuntur, excitandus nobis erit ab
inferis C. Marius. Semper ita vivamus, ut rationem
reddendam nobis (esse) arbitremur. Corpori nulla me-
tuenda sunt. Nemo tam imperitus est, ut nesciat sibi
quandoque moriendum esse. Hic vobis vincendum aut
moriendum (est), milites. Inprimis videndum erit ei,
qui rempublicam administrabit, ut suum quisque teneat.

Mladići valja da uče. Treba da podnosiš svoj udes. Ti mo-
raš slušati, kad roditelji zapovědaju. Lěčnik mora poznati bo-
lest, koju hoće da izlěči. Pěsnici valja ne samo da zabavljaju,
nego i da uče (*docēre*). Izkustvo uči, da njivu treba više putah
pognojiti (*stercorare*). Gradjani treba da slušaju poglavare. Vam
će trebati još mnogo učiti. Treba da bratu knjigah pošaljem.
Nevalja da věruješ niti svim, niti nikomu. Drugomu valja više
putah oprostiti. Nam se treba svačesa bojati. Svi moramo
umrěti, no kad ćemo umrěti, nezna se. Nadjenu stvar valja da
vratiš.

§. 86.

O padežih gerundija i o pretvaranju gerun-
dija u gerundiv ili u dionik budućega
tèrpnoga.

O genitivu *).

Beate vivendi cupiditate omnes incensi sumus. Elo-
quens facultatem habet fuse lateque dicendi. Quod est
contra naturam, id habet vim interimendi. Laudamus

---

*) Někoji Jugoslaveni prevode ovaj gerundij i sa *da*.

eum, qui cum spe vincendi simul abjicit certandi etiam cupiditatem. Deus nulla re magis separavit hominem a ceteris animalibus, quam dicendi facultate. Quis ignorat maximam illecebram esse peccandi impunitatis spem? Deus animantes hominum causa fecit: ut equum vehendi causa; arandi bovem; venandi et custodiendi canem. Quidam canes venandi gratia comparantur. Homines bellandi cupidi magno dolore adficiebantur. Magna pars Babyloniorum constiterat in muris, avida cognoscendi Alexandrum. Cicero Sullam laudat, quod lege sua tribunis potestatem injuste faciendi ademerit, adjuvandi potestatem reliquerit.

Umětnost brodarenja (*navigare*), veli se, da su Feničani pronašli (*tèrp.*). Svaki ima moć škoditi. Krěpost je nastojanje (*studium*), dopasti se Bogu. U vatre je (*inesse*) moć razsvětljivati (*collustrare*) i grijati (*calefacere*). Mene osvaja (*tenet*) velika želja putovati. Želja vladati (*dominari-cupiditas*) porodi (*excitare*) mnogo ratovah. Mnogi su veliki ljubitelji (*amans, sum*) lova (*venari*). Mudrost valja děržati za umětnost življenja. Někojim fali volja, někojim prilika proslaviti se. Lakome muči (*cruciare*) želja dobiti (*parare*) i strah izgubiti.

§. 87.

Ulciscendae injuriae facilior ratio est, quam beneficii remunerandi. Xenophonti nihil tam regale videtur, quam studium agri colendi. Romulum Remumque cupido cepit, in iis locis, ubi expositi et educati erant, urbis condendae. Numa Pompilius sapientiam constituendae civitatis duobus prope seculis ante cognovit, quam Graeci. Multi propter gloriae cupiditatem cupidi sunt bellorum gerendorum. L. Catilinam lubido maxima invaserat reipublicae capiundae. Miltiades hortatus est pontis custodes, ne occasionem liberandae Graeciae dimitterent.

Magnet (*magnes, etis*) ima moć privlačiti (*attrahere*) želj ezo. Našao sam (*nancisci*) priliku, naplatiti tvoje dobročinstvo. Sinovi Anka Marcija odlučiše (*consilium capere*) ubiti kralja Tarquinija. Propustili ste (*dimittere*) priliku osvojiti grad. Veli se, da je ninfa Egerija Numu Pompilija naučila umětnost uredjivati (*administrare*) děržavu. Želja sakupljati (*congerere*) bogatstvo baci više putah ljude u velike pogibelji (*in summum discrimen deducere aliquem*).

§. 88.

O akuzativu.

Etiam crastinus dies aliquid ad cogitandum dahit. Nos ad audiendum parati sumus. Breve tempus aetatis satis est longum ad bene honesteque vivendum. Ad cursum equus, ad arandum bos, ad indagandum canis natus est. Non solum ad discendum propensi sumus, verum etiam ad docendum. Bene sentire recteque facere satis est ad bene beateque vivendum. Nulla est haec amicitia, quum alter verum audire non vult; alter ad mentiendum paratus est. Fides nulla necessitate ad fallendum cogitur. Quis nescit impunitatis spem maximam malis illecebram esse ad peccandum.

Budi uvěk pripravan za učenje. Narav se je za životinje tako brinula (*benigne prospicere*), da bol, koju za (*inter*) klanja (*mactare*) osětjaju, bĕrzo (*brevi*) prolazi (*evanescere*). Čuo sam, da je ujak (*avunculus*) za (*inter*) vččerom (*coenare*) naglo umro (*subito exspirare*). Čověk je rodjen ne samo da jede, pije i spava, nego i da misli i radi. Mi smo i za govorenje i za slušanje. Daj da budemo pripravni za putovanje. Pčele su za pravljenje meda.

§. 89.

Homo habet multa instrumenta ad adipiscendam sapientiam. Ad conectendas amicitias tenacissimum vinculum est morum similitudo. Pharnabazus misit Sysamithren et Bagaeum ad Alcibiadem interficiendum. Palpebrae aptissimae sunt ad claudendas pupillas et ad aperiendas. Boum terga ipsa declarant non esse ea ad onus accipiendum figurata. Multitudo animalium partim ad vescendum, partim ad colendos agros, partim ad vehendum, partim ad corpora vestienda facta est. Natura animum hominis sensibus ornavit, qui ad res percipiendas idonei sunt. Concurritur undique ad commune incendium restinguendum. Aves ad imitandum vocis humanae sonum dociles sunt.

Slon se služi nosom (*proboscis, idis*) za odisanje (*respirare*), za cěrpljenje (*haurire*) vode, za grabljenje kěrme (*arripere pabulum*) i za borenje. Hannibal se je opozvao za branjenje domovine. Čudi se za šetanja (*ambulare*) stvorom božjim. Svi ljudi nisu prikladni za obavljanje (*administrare*) častih (*munus, eris*). Psi se pribave za lovljenje zvěrih (*ferae*), za branjenje (*tueri*) i uzděržanje (*continēre*) stadah i za čuvanje (*custodire*) kućah. Sidra (*ancŏra*) su orudje za dèržanje (*retinēre*) brodovah. Větrovi su potrebni za čištjenje (*purgare*) zraka.

§. 90.

O pretvaranju gerundijah u dionik budućega tèrpnoga.

Pueris sententias ediscendas damus. Diomedon Epaminondam pecunia corrumpendum suscepit. Astyages Harpago filium epulandum apposuit. Haec porcis comedenda relinquis. Alexander mortem sentiens milites ad conspectum suum admisit, osculandamque dextram flentibus porrexit. Natura mulieri domestica negotia curanda tradidit. Demus nos philosophiae excolendos. Consules porticum Catuli restituendam locarunt. Redemptor columnam Jovis faciendam conduxerat. Jugurtha non se luxui neque inertiae corrumpendum dedit. Datames urbes munitas suis tuendas tradit. Dux uberrimas provincias vexandas diripiendasque militibus permisit. Domos nostras et patriam ipsam vel diripiendam vel inflammandam reliquimus. Aedem Castŏris P. Junius habuit tuendam. Conon muros a Lysandro dirutos reficiendos curavit. Caesar pontem in Arări faciendum curat.

Děčakom dajemo koristne knjige za čitanje. Astijag izruči Harpagu Cyra, da ga ubije. Pripověda se, da noj ostavlja (*relinquere*) jaja u pěsku (*dat.*), da se prokljuju (*excludere*). Kralj dade (*curare*) pogubiti (*supplicio adficere*) izdajicu. Rimljani davahu svoje sinove robovom, da ih odhrane (*educare*). Daj mi, dobri otče, ruku, da ju poljubim. Vaši roditelji izručiše vas nam, da vas izobrazimo (*excolere*). Herkul je uzeo štalu kralja Augie, da ju razpèrti. Romula i Rema dadoše (*tèrp.*) pastiru Faustulu, da ih pobaci (*exponere*). Ovu smo kuću uzeli, da u njoj stanujemo (*habitare s akuz.*). Mladići su nam poslani, da ih obučamo (*erudīre*). Horacij Kokles preuze sam most (*pons sublicius*) da ga brani.

§. 91.

O ablativu.

Virtutes cernuntur in agendo. Docendo discimus. Prohibenda est ira in puniendo. Nihil est, quin male narrando depravari possit. Adhibenda est in jocando moderatio. Non potest severus esse in judicando, qui

alios in se severos esse non vult. Aristotelem in philosophia non deterruit a scribendo amplitudo Platonis.
Jupiter, id est, juvans pater, nomen habet a juvando.
Lycurgi leges laboribus erudiunt juventutem, venando,
currendo, esuriendo, sitiendo, algendo, aestuando. Ex defendendo major gloria, quam ex accusando paratur. Et
discas oportet et quod didicisti, agendo confirmes. Nihil
agendo homines male agere discunt. Socrates percunctando atque interrogando elicere solebat eorum opiniones,
quibuscum disserebat. Cede majori, cedendo victor
abibis. Caesar dando, sublevando, ignoscendo; Cato nihil
largiendo gloriam adeptus est.

Hranite (alĕre) razum učenjem i mišljenjem. Fabij Kunktator
ima svoje ime od oklevanja (cunctari). Mnogi nastoje, da steku
slavu darežljivosti nerazboritim darivanjem (insane largiendo). Loveć,
tèrčuć, gladujuć i žedjajuć pripravljaše se (praeparare) špartanski
mladić za podnašanje bojnih trudah i mukah (molestia) Car Tito
steče (sibi conciliare) darivanjem toliku ljubav Rimljanah, da je
bio prozvan ljubav i razkoš (deliciae) čověčanstva. Jěduć se uta
žuje (sedare) glad, a pijuć žedja. Nadom se krěpi (recreare) ljudsko
sèrce. Kaplja vode (gutta, aqua) padajuć često izdube (cavat) kamen.
Opominjemo vas, da jeduć i pijuć neprekoračite granicah (modum excedere).

§. 92.

In voluptate spernenda et repudianda virtus vel maxime cernitur. Multi in equis parandis adhibent curam;
in amicis eligendis negligentes sunt. Brutus in liberanda
patria est interfectus. In consilio capiendo prudentia, in
dando fides requiritur. Omnis loquendi elegantia augetur
legendis oratoribus et poetis. Meliora didici de colendis
diis immortalibus. Nerva optime reipublicae consuluit
Trajanum adoptando. Injurias ferendo majorem gloriam,
quam ulciscendo meremur. Dividendo copias periere
duces nostri. Multa sunt dicta ab antiquis de contemnendis ac despiciendis rebus humanis. Homines ad deum
nulla re propius accedunt, quam salutem hominibus
dando. Plerisque in rebus gerendis tarditas et procrastinatio odiosa est. In omnibus officiis persequendis animi
est adhibenda contentio. Ab oppugnanda Neapoli Hannibalem absterruēre conspecta moenia. Invidiae verbum
ductum est a nimis intuendo fortunam alterius. Exercenda est memoria ediscendis scriptis philosophorum.

Medju Romulom i Remom porodi se (*oriri*) žestoka prepirka (*altercatio*) o imenu (*nominare*) i vladi (*regere*) osvojenoga grada. Veturija je svoga sina Koriolana plačem (*lacrimae*) odvratila (*revocare*) od jurišanja (*oppugnare*) grada. U izabiranju (*eligere*) prijatelja budi opazan. Alexander se umori (*defatigare*) progoneć (*persequi*) Darija. Sokrat je razložio (*disputare*) o preziranju (*contemnere*) smèrti. Gradjani nisu mislili na branjenje (*non cogitare defendere*) grada. Rěč providnost dolazi od providjenja (*providēre*). Tumačeć (*in explicare*) slovnička pravila (*lex grammatica*) mnogo visi (*refert*) o tom, da li učenici paze ili ne. Kupac ima ime od kupovanja.

Odsěk osmi.

O porabi dionikah.

§. 93.

O načinu, kada se mogu i kako se imaju postaviti dionic vidi u slovnici §§. 279—296.

§. 94.

Dionik město odnosnoga zaimena: *qui, quae, quod.*

Nemo cunctam terram intuens de divina providentia dubitabit. Lex est voluntas Dei imperans honesta, prohibens contraria. Nullum vitium tetrius, quam avaritia, praesertim in principibus rempublicam gubernantibus. Gubernator clavum tenens sedet in puppi. Pisistratus primus Homeri libros confusos antea sic disposuisse dicitur, ut nunc habemus. Lysander, Lacedaemonius, magnam reliquit famam magis felicitate, quam virtute partam. Saepe homines rationem bono consilio a deo datam, in fraudem malitiamque converterunt. Athenienses virtute Codri pro salute patriae morti se offerentis bello liberantur. Omnes aliud agentes, aliud simulantes, perfidi, improbi, malitiosi sunt. Sapiens bona semper placitura laudat. Prudentia est rerum expetendarum fugiendarumque scientia. Pythagoras populum Crotoniensem in luxuriam lapsum ad frugalitatem revocavit. Male parta male dilabuntur. Verum dicentibus facile credam.

Horatius Cocles rem ausus est plus famae habituram, quam fidei.

Motreć ovu vojsku i ovoga vodju, nitko neće sumnjati o pobĕdi. Bez zakonah, zapovĕdajućih dobro i zabranjujućih zlo, nemože obstati (*constare*) nijedna dĕržava. Vladari ravnajući dĕržavu treba da budu blagi i pravični. Štujte roditelje, koji vam dobročinstva podĕljuju (*adficere*). Brodari motre kĕrmilara, sĕdećega na kĕrmi i dĕržećega kĕrmilo. Konon je dao popraviti (*reficere*) atenske zidove, što je bio Lysander porušio (*diruere*). Onaj, koji uvĕk govori o (*de*) sebi i svojih zaslugah (*merĭtum*), pokazuje, da hoće biti hvaljen. Vodja je uskoke (*transfuga*) hoteće izdati (*prodere*) domovinu, dao ubiti (*jubere*). Grad sazidan po Romulu na palatinskom bĕrdu bijaše vĕrlo malen (*perexiguus*).

§. 95.

D i o n i k m ĕ s t o v e z n i k a h : *quum*, *dum*.

Tarquinius Superbus Ardeam oppugnans imperium perdidit. Hipparchus, Pisistrati filius, in pugna Marathonia cecidit, arma contra patriam ferens. Aranti Quinctio Cincinnato nuntiatum est eum dictatorem esse factum. Pyrrhus Tarentinis adversus Romanos laturus auxilium ab Antigono naves mutuo petit. Cassandro defuncto Philippus filius successit. Diei noctisque vicissitudo conservat animantes tribuens aliud agendi tempus, aliud quiescendi. Alexandro ludos spectanti nuntius laetus adfertur, Persas a suis esse superatos. Plura locuturi subito diducimur imbre. Inflectens sol cursum tum ad septentriones, tum ad meridiem, aestates et hiemes efficit.

Bijuć Tarquinij oholi Ardeu, javiše mu, da je kraljevska vlast ukinuta (*regiam potestatem dissolvere*). Hipparch, protĕran iz Atene, uteče se k Perzijancem. Samnitjani nadju (*offendere*) Kurija, gdĕ je na ognjištu sĕdio i repu (*rapa*) jeo (*comedere*). Orući K. Cincinat začu, da je imenovan (*dicere*) diktatorom. Alexander upitan, gdĕ da sakriva (*recondere*) svoje blago, odgovori: Kod mojih prijateljah. Korint primi (*excipere*) Dionyzija, protĕrana iz Syrakuze. Kad je Filip umro, stupi na prestol njegov sin Alexander. Vratjajuć se (*redire*) otac kući, izadju mu sinovi na susrĕt (*obviam procedere*).

§. 96.

D i o n i k p r o š l o g a t ĕ r p n o g a m ĕ s t o : *postquam*,
quum.

Carthaginienses a C. Lutatio, consule Romanorum, superati statuerunt belli finem facere. Aegyptum Nilus irrigat, mollitosque et oblimatos agros ad serendum relinquit. Hannibal Gracchum in insidias inductum sustulit. Persae mortuos cera circumfusos condunt. Lauti cibum capiunt Germani. Rhodanus amnis pluribus ostiis divisus in mare decurrit. Alexander annulum detractum Perdiccae tradidit. Alexandri vix in flumen ingressi subito horrore artus rigere coeperunt. Utimur elephantis domitis et condocefactis. Caesar hostes aggressus magnam eorum partem concīdit. Profectis ab Ilio Romanis Eumenes rex cum auxiliis occurrit.

Sokrat, odsudjen na smèrt, izpije (*exhaurire*) neprestrašno (*intrepidus*) smèrtonosnu čašu (*poculum mortiferum*). Kartažani svladani, zamole Rimljane za mir. Egypat ovlažen Nilom, radja (*fundere*) svakovèrstno žito (*fruges*). Polje uzorano posije se (*conserere*). Cyro, svladav Kroesa, pokloni mu život. Pošto je bio ovaj govor napisan, jest dèržan (*habēre*). Alexander, protèrav (*fugare*) Darija, osvoji njegov tabor. Miltiad, tužen radi izdajstva, bačen je u tamnicu (*in vincula publica conjicere*). Caesar odèržav pobĕdu, pokaza se (*praestare se*) blagim (*mitis*). Stupiv ja u grad pozdravi (*salutare*) me tvoj brat.

§. 97.

Dionik mĕsto: *si, quum.*

Mendaci homini ne verum quidem dicenti credere solemus. Sol vergens ad occasum minus habet virium. Quid mihi, inquit Diogenes, ferarum laniatus oberit nihil sentienti. Luna opposita soli radios ejus et lumen obscurat. Quid hominem octoginta anni juvant per inertiam exacti?.Ne mente quidem recte uti possumus multo cibo et potione completi. Stultus est, qui equum emturus non ipsum inspicit, sed stratum ejus ac frenos. Magna pars hominum est, quae navigatura de tempestate non cogitat. Herculem Germani primum omnium virorum fortium ituri in proelia canunt. Ciconiae abiturae congregantur in locum certum. Non potestis voluptate omnia metientes retinere virtutem.

Smatrajuć božja dĕla, moramo se čuditi (*admiratione adfici oportet*). Mislеć opak čovĕk na svoju smèrt (*exitum cogitare*), što mu može biti radostno. Umiruć tĕši nas nada neumèrlosti. Sloni plivajuć dižu (*attollere*) gubicu. Lisice hoteć preći prèko smèrznute (*gelare*) rĕke (*transire amnem*), prislone (*applicare*) uši k (*ad*) ledu,

da razvide (*conjectare*), je li debeo (*crassus*) ili tanak (*tenuis*).
Plašljivi hoteć broditi misle na oluju Slonovi, imajući se ukrotiti,
plaše se (*angere*) gladom. Što nam koristi dug život, proveden u
lénosti ?

§. 98.

Dionik město: *quia.*

Dionysius cultros metuens tonsorios candenti carbone
sibi adurebat capillum. Democritus divitias projecit onus
illas bonae mentis existimans. Nihil adfirmo dubitans
plerumque et mihi ipse diffidens. Hephaestion longe
omnium amicorum carissimus erat Alexandro cum ipso
pariter educatus. Athenienses Alcibiadem corruptum a
rege Persarum capere Cymen noluisse arguebant. Tacitus
Caesar nihil clarum ostendere potuit, intra sextum men-
sem imperii morte praeventus.

Lažuć često Punjani, nije im se věrovalo. Izkusivši (*experiri*)
starci mnoge stvari, treba ih štovati. Pauni su oholi, nadilazeć
ostale ptice lěpotom. Vodja, podmitjen od dušmanskoga kralja,
nije hotio zauzeti grada.

§. 99.

Dionik město: *quamquam.*

Darius Charidemum maxime utilia suadentem abstrahi
jussit ad capitale supplicium. Risus interdum ita repente
erumpit, ut eum cupientes tenere nequeamus. Misericordia
occurrere solet supplicibus et calamitosis nullius ora-
tione evocata. Ingratus est injustusque civis, qui armorum
periculo liberatus animum tamen retinet armatum. Phi-
lotas non erubescebat, Macedo natus, homines linguae
suae per interpretem audire. Quis hoc non intelliget,
Verrem absolutum tamen ex manibus populi romani
eripi nullo modo posse? Scripta tua, Varro, jam di
exspectans, non audeo tamen flagitare. Pleraque ante
oculos posita transimus. Romani victi Perseo pacem pe-
tenti concedere noluerunt, nisi ea conditione, ut se sua-
que omnia Romanis permitteret.

Světujuć nas dobro naši prijatelji, neslušamo ih. Větrovi
donose (*adferre*) čistjenjem zraka veliku korist, kadšto škodeć

Muhe protĕrane (*abigere*) vratjaju se, da nas muče (*incommodare*). Milostiv čovĕk pomaže (*adjuvare*) druge i nezaprošen. Pošteni ljudi i videći, da im neće odatle (*inde*) izaći (*prodire*) nikakva korist, rade pošteno (*recte facere*). Samnitjani i svladani više putah, pograbiše (*ferre*) opet (*identidem*) oružje proti Rimljanom. Ako i jesu bile zarobljene mati i žena kralja Darija, Alexander im je ipak davao kraljevsku čast (*honorem regium tribuere*).

§. 100.

Dionik budućega tvornoga, naznačujući namĕru mĕsto: *ut*.

Alexander ad Jovem Hammonem pergit, consulturus de origine sua. Alexander Hephaestionem in regionem Bactrianam misit, commeatus in hiemem paraturum. Alexander ex omnibus provinciis triginta millia juniorum legi jussit, et ad se perduci, obsides simul habiturus et milites. Alexander vestem detraxit corpori, projecturus semet in flumen. Darius pervenerat ad Arbēla vicum, nobilem sua clade facturus. Pisandrus, Lacedaemonius, ingentem classem instruit, fortunam belli tentaturus. Brutuɔ consul ita proelio uno accīdit Vestinorum res, ut dilaberentur in oppida, moenibus se defensuri.

Vojaci zametnu bitku (*in aciem descendere*) da ili poginu ili svladaju. Poslana je *(mittere)* stotina konjanikah, da uhode po zemlji (*explorare s akuz.*). Atenjani poslaše Cimona u Aziju, da osvoji (*recuperare*) savezničke gradove. Kartažani poslaše Regula, da mir sklopi (*conciliare*). Sicilijanci poslaše poklisare, da se potuže (*queri*) radi (*de*) Verrova globljenja (*rapinae, arum*). Dušmani se povukošc (*recipere se*) u grad, da se iza zidovah brane. Darij, da zametne boj s Gĕrčkom (*bellum inferre alicui*), posla poklisare (*ad*) gĕrčkim dĕržavam, da traže zemlje i vode.

§. 101.

Dionik mĕsto glagoljnoga samostavnika, spojena s predlozi.

Homerus et Hesiodus fuerunt ante Romam conditam. Thebae ante Epaminondam natum et post ejus interitum perpetuo alieno paruerunt imperio. Scipio propter Africam domitam Africanus appellabatur. Conon plus tristitiae ex incensa et diruta a Lacedaemoniis patria, quam laetitiae ex recuperata cepit. Regnatum (est) a condita urbe ad liberatam annos ducentos quadraginta quatuor.

Kĕrštjani broje godine od (a) porodjenja (*nasci*) Isukĕrstova; Židovi od stvorenja (*creare*) svĕta; Rimljani od utemeljenja (*condere*) Rima; Gĕrci od uvedenja (*instituere*) olympskih igarah (*ludus Olympicus*). Po prognanju (*exigere*) kraljevah izabirahu se konzuli. Troja je razorena prije (*ante*) sagradjenja Rima. Cicero je radi ugušenja (*opprimere*) Katilinine bune prozvan otcem domovine.

§. 102.

Dionik sadanjega sa *video* i *audio*.

Socratem audio dicentem cibi condimentum esse famem, potionis sitim. Socratem Xanthippe ajebat eodem semper vultu se vidisse exeuntem et revertentem. Lacesse, jam videbis furentem. Timoleon lumina oculorum amisit; quam calamitatem ita moderate tulit, ut nemo eum querentem audierit. Quum ad Cottam venissem, offendi eum sedentem in exedra et cum Vellejo senatore disputantem. Catonem vidi in bibliotheca sedentem, multis circumfusum Stoicorum libris.

Penjemo se na visoka bĕrda, da vidimo izlaziti sunce. Vidismo te izići, no ne vratiti se. Strašno je (*horridus*) čuti lava rikati (gdĕ riče) (*rugire*). Ja te vidim gdĕ se smiješ; ti vidiš mene gdĕ plačem. Nitko nije čuo Epaminondu tužiti se na krivice njegovih sagradjanah. Nasladjujemo se, kad čujemo slavulja pĕvati. Euklid polažaše (*frequentare*) Atenu, da čuje Sokrata obučati. Kad je Krates vidio nĕkoga mladića u samoći (*secessus, us*) šetati (*ambulare*), upita ga, što ondĕ (*illic*) samotan radi. Govorim sobom, reče mladić. Čuvaj se, odgovori (*inquit*) mudrac, da negovoriš s opakim čovĕkom.

§. 103.

O ablativu absolutnom.

Graeci Thermopylas advenientibus Persis occupavere. Artes innumerabiles inventae sunt natura docente. Thales Milesius primus solis defectionem, quae Astyage regnante facta est, praedixisse fertur. Plerique scripserunt Themistoclem regnante Xerxe in Asiam transiisse. Solon et Pisistratus Servio Tullio regnante viguerunt. Jove tonante cum populo agi nefas est. Darius copias in Ciliciam duxit insequentibus more patrio exercitum conjuge et matre. Anco Marcio regnante Aventinus mons civitati adjectus est. Canicula exoriente fervent maria, fluctuat in cellis vinum, moventur stagna. Quaeritur, utrum mundus terra stante circumeat, an mundo stante terra vertatur. Maximus, de quo accepimus, terrae motus regnante Tiberio accidit, magno urbium numero eodem die corruente.

Za Titova vladanja metao je Vezuv oganj (*ignes ex Vesuvii vertice erumpunt*). Za vladanja Servija-Tullija izkopana je (*ducere*) jama (*fossa*) okolo rimskih zidovah. Dok je Numa kraljevao, nisu Rimljani ratovali, Dok su vojaci spavali, dušmani se popeše (*ascendere*) na bedeme. Za Alexandrova bolovanja (*aegrotare*) tugovaše (*lugēre*) cěla vojska. Za Romulova kraljevanja vodio se je neprestano rat s obližnjimi puci. Za bratova odsutja (*abesse*) umre mati.

§. 104.

Ablativ absolutni město: *postquam, quum.*

Pompejus captis Hierosolymis ex illo fano nihil attigit. Thrasybulus a barbaris ex oppido noctu eruptione facta in tabernaculo interfectus est. Regibus exactis consules creati sunt. Xerxes Thermopylis expugnatis protinus accessit ad Athenas, easque interfectis sacerdotibus, quos in arce invenerat, incendio delevit. Aeneas Troja a Graecis expugnata in Italiam venit. Victus Sardanapalus in regiam se recepit, et exstructa incensaque pyra et se et divitias suas in incendium mittit. Bruti virtute regibus exterminatis libertas in republica constituta est. Hannibal in Italiam venit Alpibus superatis. Antonius repudiata sorore Caesaris Augusti Octaviani Cleopatram, Aegypti reginam, duxit uxorem. Abderitae relicto patriae solo novas sedes quaerebant. Ptolomaeus pulso Antigono pacem cum Antiocho fecit.

Po razorenju Korinta postade Gěrčka rimskom pokrajinom (*in provinciae formam redigere*). Kad su u Gěrčkoj umětnosti i znanosti cvale (*florēre*) Rimljani bijahu još surovi (*rudis*). Po razorenju (*delēre*) Kartagine oslabi (*elanguescere*) rimska hrabrost. Po pogoru (*incendio delēre*) Atene zametnu Xerxes pomorsku bitku (*proelium navale committere*), u kojoj ga svlada (*tèrp.*) Temistokle. Pošto je bio Ciceron ubijen, pošalje Antonij njegovu glavu svojoj ženi Fulviji, koja ju dade postaviti (*proponere, jubēre*) na govornicu (*rostra, orum*), izbodavši prije (*ante*) jezik zlatnom iglom. Pošto je bio mir sklopljen (*pacem conficere*), zaměne se (*commutare*) zarobljenici. Po osvojenju Jerusolima propade židovsko kraljevstvo *regnum judaicum-concidere.*)

§. 105.

Těšeći Aezop.

Tužeć se něki seljak na svoj udes, pripovědi mu Ezop, da ga utěši, ovu basnu. Kad su za buknutja (*oriri*) oluje (*tempestas*) valovi (*fluctus, us*) něki brod amo tamo těrzali (*huc illuc jactare, těrp.*), plakahu (*plorare*) i jadikovahu (*lamentari*) mornari, misleći, da će umrěti. No kad već nisu munje sěvale (*lucere*), grom se orio (*resonare*), větar běsnio (*saevire*), brodio je brod za blaga sunca (*placide sol splendet*) ugodno dalje (*commode cursum conficere*). Mornari zaborave pretěrpljenu nepogodu (*exantlare labores*), te se stanu razuzdano veseliti (*se dare effusae laetitiae*). Kěrmilar ukori neuměreno (*immodice*) se veseleće (*laetari*), veleć: Pravom vas se može potvoriti plašljivoštju (*animus imbecillus*), jer u nevolji neuměreno jadikujete, a pošto se ova ukloni depellere), neuměrujete svoga veselja. Upitav seljak, kako se ova basna na njega proteže (*quatěnus ad-spectare*) odgovori mu Ezop: Iz ove basne valja ti učiti, da u nevolji nevalja duhom klonuti (*animum demittere*), jer se i u životu nepogoda i pogoda (*tranquillitas*) izměnjuju (*variare*).

§. 106.

Ablativ absolutni město: *si, quum*.

Maximas virtutes jacere omnes necesse est voluptate dominante. Reluctante natura irritus labor est. Pietate adversus Deum sublata fides etiam et societas humani generis tollitur. Quaenam sollicitudo vexaret impios sublato suppliciorum metu? Regina apum nonnisi migraturo examine foras procedit. Amissa regina totum dilabitur examen. Omnium rerum natura cognita levamur superstitione. Medici causa morbi inventa curationem esse inventam putant. Virtute gubernante rempublicam quid potest esse praeclarius? Magna spes patriae scholae sunt, his florentibus etiam respublica viget, his aegrotantibus morbus perfacile etiam patriam invadit.

Ako se sve ugrabi (*eripere*), ostavlja nam se krěpost i mudrost. Kad se krěposti obore, vlada razbludnost. Lavice su věrlo běsne (*saevus*), kad im se ugrabi koje mlado (*catŭlus*). Kad nastaje (*imminēre*) zima, odidje (*avolant*) velik dio pticah. Kad je děržava moćna, cvatu takodjer i poslovi (*res*) gradjanah. Kad su roditelji bolestni, tuguju děca. Věra se neukida, ukinuvši praznověrje. Ako vladaju mudri i pravični vladari, cvatu děržave.

§. 107.

Ablativ absolutni město: *quia, quod.*

Eclipses non ubique cernuntur, aliquando propter nubila, saepius globo terrae obstante. Inter bonos viros et Deum amicitia est conciliante virtute. Anxur in Volscis brevi receptum est neglectis custodiis urbis. Hostes objectis silvis non sunt visi. C. Flaminium Coelius religione neglecta cecidisse apud Trasimenum scribit. Milites pecore e longinquioribus vicis adacto extremam famem sustentabant. Nave fracta pauci incolumes evasere. Galli legionem romanam detractis cohortibus **duabus** propter paucitatem despiciebant. Carthaginienses oppugnaturis hostibus castra saxis undique congestis augent vallum.

Nije bilo viditi dušmanah, jer je prěčila velika šuma. Buduć da se je mir učinio (*componere*), povuče se Porsena s rimskoga zemljišta (*agro romano excedere*). Brod se je razbio (*frangere*), jer je strašna oluja běsnila (*saevire*). Vojska je gladovala (*fame premi*), nedovezavši (*supportare*) niti žita niti marhe. Kartažani prosahu mir, jer se je zemlja iztrošila (*exhaurire*) dugotrajnim (*diuturnus*) ratom. Koliko ih je osiromašilo (*ad inopiam redigi*), zanemarivši domaće gospodarstvo (*rem familiarem negligere*)! Podignite, vojaci, nasip, jer dušmani hoće da sutra na tabor udare. Porodila se je velika vatra (*incendium excitare*), jer je zanemarena bila malena iskra (*scintilla*).

§. 108.

Ablativ absolutni město: *quamquam, quamvis.*

Fabricius sollicitari non poterat, ut ad Pyrrhum transiret, quarta parte regni promissa. Mucius solus in castra Porsenae venit, eumque interficere proposita sibi morte conatus est. Perditis rebus omnibus ipsa virtus se sustentare potest. Omnibus rebus ereptis superest animus et corpus. Caesar, Massiliae obsidione retardante, brevi tamen omnia subegit. Caesar libertum gratissimum, nullo querente, capitali poena affecit. Hoc concedi non potest, ut amicis nostris accusantibus, non etiam alienissimos defendamus. Quies provinciae, remoto Consulari, mansit.

Vojaci nisu se odmetnuli k dušmanom, premda im je obećana dvostruka platja (*duplex stipendium*). Mnogi se neuztežu učiniti ubojstvo (*caedem facere*), premda je toj opačini odredjena smèrtna kazna. Premda nam je sve ugrabljeno, nismo ipak klonuli duhom (*animum demittere*). Katilina se nije bojao (*verēri*) u Rimu ostati, premda je bila odkrita urota. Dušmani nehtĕdoše položiti oružja, premda je bila vojska triput potučena.

Spavajući Filip.

Kad je kralj Filip jednom po danu (*interdiu*) spavao, dodje mnogo Macedonacah u palaču (*regia*) zatvorenu (*claudere*). Buduć da se nisu vrata taki otvorila (*aperιre*), počeše mèrmljati (*indignari*) proti kralju, što odviše (*nimis*) spava (*somno indulgereι*), a gradjanah na razgovor nepuštja (*ad colloquium admittere*). Parmenio, veli se, da je za (*causa*) obranu (*defendere*) kralja, i za utiš nje (*placare*) gradjanah ovo progovorio: Nečudite se kralju (*mirari aliquem*), što sada spava; jer kad ste vi spavali, on je bdio (*vigilare*). Pustite mu (*concedere*) nĕkoliko (*aliquot*) satih za spavanje; ostali će dio (*reliquum*) dana posvetiti (*dare*) saslušanju (*audire*) vaših prošnjah (*preces*). Ovimi rĕčmi ublažni Macedonci otidoše.

§. 109.

Kad je u ovisnoj izreci glagolj *sum*, akσ se izreka pokratjuje, glagolj se ovaj izbacuje, a prědikativni samostavnik ili pridavnik zauzima město dionika.

Philippus omnia castella expugnari posse dicebat, in quae modo asellus onustus auro posset adsᴄendere. Mithridates Scythas invictos antea perdomuit. Hannibal Alpes adhuc ea parte invias sibi patefecit. Non est ab homine nunquam sobrio postulanda prudentia. Hannibal profugus pervenit ad Antiochum. Pyrrhus elephantorum auxilio vicit, quos incognitos Romani expaverunt. Cato literas graecas senex didicit. Darius, Persarum rex, pontem fecit in Istro flumine. Datum est Neptuno, alteri Jovis fratri, maritimum omne regnum. Cato adolescentulus versatus est in Sabinis. Attius Navius propter paupertatem sues puer pascebat.

Scipio razori Kartaginu takmačicu (*aemulus, a, um*) Rima. Anko Marcij, četvèrti kralj rimski, sagradi na uštju (*ad ostium*) Tevrovu grad Ostiju. Alexander veliki dade (*pati*) se slikati samo (*ρonnisi*) od Apella, najslavnijega slikara svoga vremena (*aetas.*) Šparta i Atena, najmogućniji gradovi gèrčki, borahu se (*certare*) dugo za (*de*) pěrvenstvo (*principatus, us*). Cicero odkrıje kano konzul Katilininu urotu. Usěvi se pokose zrěli. Tvoj nas brat primi, prognane iz domovine. Hannibal je kano děčak prisegao (*jurare*) Rimljanom věčnu (*inexpiabilis*) měržnju:

§. 110.

Natus est Augustus Cicerone et Antonio consulibus. Magis auctoribus Xerxes inflammasse templa Graeciae dicitur. Pausania duce Mardonius cum ducentis millibus peditum et viginti millibus equitum Graecia fugatus est. Natura duce errari nullo modo potest. Quod teste deo promiseris, id tenendum est. Plebs romana Sicinio quodam auctore in sacrum montem secessit. Augustus in Occidentem atque Orientem meavit comite Livia. Bellum gallicum C. Caesare imperatore gestum est. Galba orator magno in honore pueris nobis erat. Sapientia est una, qua praeceptrice in tranquillitate vivi potest. Brutus collegam sibi creavit Valerium, quo adjutore reges ejecerat. Chilo Lacedaemonius filio Olympiae victore exspiravit.

Za konzula Cicerona uroti se Katilina proti domovini (*conjurare contra*). Na savět (*auctor*) lěčnika odići će otac -u kupelj (*ad aquas proficisci*). S pomoćju (*propitius, a, um*) božjom možemo (*posse*) sve učiniti. Za čista i mirna zraka, razlěže se (*propagare*) glas (*sonus, i*) věrlo daleko. Kad je tělo bolestno i slabo (*imbecillus*), nije ni duša za mišljenje (*meditari*). Za konzulah P. Scipiona Nasike i L. Kalpurnija Bestie navěštjen je rat (*bellum inferre alicui*) Jugurti kralju numidskomu. Pod vojvodstvom (*dux*) Miltiadovim potučeni su Perzijanci kod Maratona (*Marăthon ōnis*). Tobom děčakom bio je već ovaj govornik slavan (*auctoritate florēre*). Tvojom je pomoćju (*adjutor*) velika pogibelj od nas odvratjena (*depellere*).

§. 111.

Sereno quoque coelo aliquando tonat. Romani Hannibale vivo nunquam se sine insidiis futuros (esse) existimabant. Parvis adhuc romanis rebus magna tamen in re militari virtus erat. Iis invitis, a quibus Pharus tenetur, non possunt naves intrare in portum Alexandriae. Antonius Caesare ignaro magister equitum constitutus est. Germani pellibus utuntur magna corporis

5 *

parte nuda. Emerge ad meliorem vitam propitio deo. Solis defectum nonnisi novissima luna fieri, lunae autem, nonnisi plena certum est. Turpis est, qui alto sole semisomnis jacit. Omnia summa consecutus es virtute duce, comite fortuna.

Kad je slabo zdravlje (*valetudo infirma*), nije se ničesa više čuvati nego od sèrditosti. Za burna i studena vremena (*tempestas turbulenta et frigida*) bolje je doma ostati nego izaći (*in publicum prodire*). Mladić je Manlij na smèrt odsudjen, što je proti vodji-noj volji (*invitus*) navalio na dušmane. Bez moga znanja (*ignarus*) nije vam prosto izaći. Po Apollonovu sudu (*judex*) bijaše Sokrat najmudriji u cěloj Gèrčkoj. Pod provodničtvom (*dux*) krěposti i mudrosti živiti ćeš ugodno i srěćno (*bene beateque*).

Odsěk deveti.

O supinu.

§. 112. *)

Lacedaemonii Agesilaum bellatum miserunt in Asiam. Totius fere Galliae legati ad Caesarem gratula= tum convenerunt. Praefecti regis persarum legatos miserunt questum, quod Chabrias adversus regem bel-lum gereret cum Aegyptiis. Perdiccas Aegyptum op-pugnatum adversus Ptolemaeum erat profectus. Timo-leon cepit Mamercum, qui tyrannos adjutum in Siciliam venerat. Aedui legatos ad Caesarem mittunt rogatum auxilium. Vejentes pacem petitum oratores mittunt. Co-riolanus in Volscos exsulatum abiit. Lysander compe-rerat vulgum Atheniensium in terram praedatum exisse. Galli gallinacei cum sole eunt cubitum.

Kartažani poslaše Romula mir sklopit (*conciliare*). Diogen je odputovao slušat filosofa Antistena. Moja će sestra odići udat se (*nubere*) za sina (*dat.*) někoga tèrgovca. Olimpia, mati Ale-xandra velikoga, posla k (*ad*) Eumenu poklisare pitat (*consulere*), ima li doći tražit natrag (*repetere*) Macedoniju. Sove (*noctua*) izli-tju samo noćju (*noctu*) grabit (*praedari*). U deset satih idemo spavat (*cubare*). -

---

*) Ovaj supin prevode někoji Jugoslaveni sa *da*.

§. 113.

Difficile est dictu, quantopere conciliet animos hominum comitas affabilitasque sermonis. Quo brevior est narratio, eo cognitu facilior fiet. Virtus difficilis inventu est. Multa incidunt dura toleratu. Turpe quidem dictu (est), sed si modo vera fatemur, vulgus amicitias utilitate probat. Videtis nefas esse dictu, miseram fuisse Fabii senectutem. Ita dictu opus est, si me vis salvum esse. Justitia jucunda est auditu in laudationibus. Apes silvestres horridae sunt adspectu. Non omnia verba auditu sunt jucunda.

Mi smo učiuili, što je bilo častno učiniti. Govornik je mi. moišao (*praeterire*) sve, što je bilo sramotno reći. Tko će nijekati, da je pěvanje slavulja věrlo ugodno slušati? Vuna je věrlo meka (*mollis-tangere*). Nečinite, što je grěšno činiti. Mnoge je rěke (*nom.*) těžko proći (*transire*). Lipska je bitka *(pugna Lipsiensis*) jamačno věrlo znamenita (*memorare-dignus*). Šuti ili govori samo ono, što je častno reći i čuti.

Pripovědke.

I.
Pavo et grus.

Pavo coram grue caudam explicans, quanta est, inquit, formositas mea et deformitas tua! At grus evolans, quanta est, inquit, mea levitas et tua tarditas! Ne superbite bonis naturalibus, neve contemnite alios, quibus natura alia bona et fortasse majora dedit.

II.
Puer non obtemperans.

Duo pueri in horto ambulabant. Cavete, inquit, hortulanus, ne apes turbetis, aculeum eae gerunt. Me quidem nulla unquam apis laesit, puerorum alter respondit, magnaque audacia ad apiarium accessit. Verum repente aculeos et maximos inde dolores sensit. Alter puerorum, qui obtemperabat monenti hortulano, non laesus est ab apibus. Uter fuit prudentior?

III.
Pica et columba.

Pica et columba apud pavonem coenaverant. Dum redeunt, pica maledica dicit: Quam mihi displicet pavo! quam insuavem habet vocem! cur non silet? cur turpes pedes non tegit? At innocens columba sic respondet: Vitia pavonis non observavi, sed formositatem corporis et nitorem caudae adeo mirata sum, ut non satis laudare possim. Boni bona, mali mala exquirunt; illi, ut laudare, hi, ut vituperare possint.

IV.
Mulier et gallina.

Mulier quaedam gallinam habuit, quae quotidie unum ovum pariebat. Quum autem uno ovo non esset contenta, sed plura cuperet, gallinam saginavit. Verum spes eam fefellit. Gallina enim pinguis facta est et ova parere prorsus desiit. Avari, dum opes suas augere volunt, eas saepe imminuunt.

V.
Arundo et quercus.

Quercus exprobravit arundini mobilitatem et tremorem ad quamvis exiguam auram. Arundo tacebat. Paulo post procella furit, et quercum resistentem eradicat; arundo autem cedens vento locum servat. Haec fabula monet nos, ut cedamus potentioribus.

VI.
Quid a praedonibus tutum est?

Quum Demetrius Poliorcetes, rex Macedoniae, Megăram, patriam Stilponis, clarissimi philosophi, cepisset, et omnes incolae hujus urbis sua perdidissent, philosophum Stilponem interrogavit, quam jacturam fecisset? Nullam, inquit, philosophus, virtutem enim atque sapientiam nemo rapere potest.

VII.
Taurus et culex.

In cornu tauri parvulus culex sedens, si te, dixit, mole mea gravo, protinus avolabo. At ille, te, inquit, prorsus non sensi. Ita saepe futiles homines multum se valere putant.

VIII.
Prudentior cedit.

Vir nobilis in litore maris deambulavit. Occurrit ei homo importunus ejusque latus percutit, dicens: Hominibus stultis decedere ego non soleo. At ego soleo, inquit alter, et decessit.

IX.

Cuculus et sturnus.

Sturnum, qui ex urbe aufugerat, cuculus rogavit:
Quid dicunt homines de cantu nostro? Quid de lu-
scinia? Sturnus: lusciniae, inquit, cantum maximopere
laudant. Quid de alauda? Permulti, ait sturnus, hujus
etiam cantum laudant. Et quid de coturnice dicunt?
Nonnulli hujus etiam voce delectantur. Quid tandem,
rogat cuculus, de me judicant? Hoc, inquit sturnus,
dicere nequeo, nusquam enim tuae vocis mentio fit.
Iratus igitur cuculus: ergo, inquit, ipse semper de me
loquar. Haec fabula eos spectat, qui semper de se suisque
meritis loquuntur.

X.

Boves.

In eodem prato pascebantur tres boves robusti
maxima concordia. Itaque facile ab omni ferarum incur-
sione tuti erant, et ne leones quidem eos aggredi aude-
bant. Quum autem discidium inter eos ortum esset et
amicitia soluta, singuli laniati sunt a bestiis validioribus.
Haec fabula docet, quantum prosit concordia.

XI.

Luscinia et acanthis.

Luscinia et acanthis ante fenestram in caveis in-
clusae pendebant. Luscinia cantum jucundissimum incipit.
Pater filium rogat, utra avium tam suaviter canat, et
ostendit utramque. Filius statim respondet: Haud dubie
haec acanthis est, quae sonos illos suavissimos edit;
pennas enim habet pulcherrimas. Altera vero avis satis
prodit pennis, se suaviter canere non posse. Haec fabula
eos reprehendit, qui homines ex solis vestibus et forma
aestimant.

XII.

Testudo et aquila.

Testudo aquilam magnopere oravit, ut volare sese
doceret. Rem petis, inquit aquila, naturae tuae con-

trariam. Quo modo volare poteris, quum alas non
habeas. Testudo autem perrexit aquilam obsecrare, ut
se volucrem faceret. Itaque aquila eam unguibus arri-
puit, in sublime sustulit, ibique dimisit, ut per aërem
ferretur. Testudo in saxum incidit et comminuta interiit.
Huic testudini permulti homines simillimi sunt. Cupiunt,
quae fieri non possunt, respuunt consilia prudentiorum
et stultitia sua in perniciem ruunt.

XIII.
Hirundo et ovis.

Quum hirundo nidulari vellet, in ovem involavit,
et lanae floccos ex ejus tergo evellit, quibus (ut iis)
nidum insterneret. Ovis dolorem ex vellicatione sentiens,
huc illuc salire et vehementer se jactare coepit. Quid,
inquit hirundo, tu mihi tenuem floccum invides, quum
patiaris hominem tibi omnem lanam detondēre. Sed hoc
interest, inquit ovis, quod homo me mollius tractat,
quum lanam aufert. Duo quum faciunt idem, non est
idem. Multum enim saepe interest, quomodo quid facias.

XIV.
Lupus, canis et opilio.

Opilio quidam saeva lue totum suum gregem per-
didit. Quod quum audivisset lupus, ad opilionem accessit,
ut ei dolorem socium significaret. Ergone verum est,
inquit, te tantam fecisse jacturam, totumque ovium
gregem perdidisse. Heu, quam commiseror fortunam
tuam! Quantus est dolor meus! Gratias ago, respondit
opilio, video te calamitate mea vehementer commoveri.
Profecto, addit canis, semper dolore adficitur lupus,
ubi ex aliorum calamitate ipse calamitatem capit.

XV.
Sciurus et simia.

Sciurus mirifice extollebat simiae nucum dulce-
dinem. Quae quum non multo post invenisset magnam
vim juglandium, ex arbore pendentium, unam earum
illico arripuit, in os injecit, et dentes avide impressit.
Austēra autem cortice offensa nucem abjecit, neque

iterum periculum fecit, quum putaret se sciuro decep-
tam esse. Multi difficili initio a literis absterrentur,
quominus ex iis laetos aliquando fructus percipiant. Sed
solum principium est durum, reliqua facilia et finis
jucundus.

XVI.
Vulpes et leo.

Vulpes, quae nunquam leonem viderat, quum illi
forte occurrisset, adeo exterrita est, ut paene moreretur.
Ubi eundem iterum conspicata est, extimuit quidem, sed
nequaquam ut antea. Postquam vero tertio illi obviam
facta est, non modo non exterrita, sed propius accedere
eumque alloqui ausa est. Fabula docet consuetudine
omnia vinci.

XVII.
Rusticus et filii.

Rusticus vicinus morti, quum relinquere filiis suis
divitias non posset, animos eorum excitare voluit ad di-
ligentem agriculturam. Igitur eos ad se vocat et sic
alloquitur: Filii, quidquid potui, in vita collegi, atque
id totum in vinea nostra quaerere debetis. Haec quum
dixisset, moritur senex. At filii, qui credebant patrem
in vinea thesaurum abscondidisse, arripiunt ligo-
nes et universum vineae solum effodiunt. Thesaurum
quidem nullum reperiunt; vites autem uberrimos fructus
tulerunt, quum terra magnopere perculta esset fossione.

XVIII.
Agricola et anguis.

Agricola anguem reperit, frigore paene exstinctum.
Misericordia motus eum fovit sinu et subter alas recon-
didit. Mox anguis recreatus vires recepit et agricolae
pro beneficio letale vulnus inflixit. Haec fabula docet,
qualem mercedem mali pro beneficiis reddere soleant.

XIX.
Capra et lupus.

Lupus quum capram in alta rupe stantem conspicata
esset: cur non, inquit, relinquis nuda illa et sterilia

loca et huc descendis in herbidos campos, qui tibi laetum pabulum offerunt? Cui respondit capra: mihi non est in animo dulcia tutis praeponere.

XX.

Muli et latrones.

Ibant muli duo sarcinis onusti. Alter fiscos cum pecunia, alter saccos hordei ferebat. Ille quum onere superbiret, celsam cervicem jactat, et clarum tintinnabulum collo gerit. Comes placido gradu sequitur. Subito latrones ex insidiis advolant, et mulum, qui argentum ferebat, ferro vulnerant, homines fugant nummosque diripiunt. Alterius muli hordeum neglectum est. Quum igitur ille spoliatus et vulneratus casum suum defleret, equidem inquit alter, gaudeo, quod contemtus sum. Ego nihil amisi, neque vulnere laesus sum.

XXI.

Volucres, quadrupedes et vespertilio.

Bellum gerebant volucres cum quadrupedibus, et modo haec, modo illa pars vincebat. At vespertilio, dubios eventus belli timens, ad eam semper se conferebat partem, quae vicerat. Inter aves avem se profitebatur, inter quadrupedes murem. Quum vero ad pacem rediissent aves et quadrupedes, fraus utrique generi apparuit. Damnatus igitur lucem refugit, et atris posthac tenebris se condidit. Inde solus noctibus evolat.

XXII.

Musca.

In stadio cucurrit equus, in quo musca sedebat. Quum maxima pulveris vis ab equo excitata esset, musca dixit: Quantam vim pulveris excitavi! Haec fabula eos notat, qui, licet ignavi sint, alienam tamen gloriam sibi vindicare solent.

XXIII.

Puer mendax.

Puer, custos ovium, saepius rusticorum opem implorare solebat, quasi lupum advenientem vidisset. Heus!

clamabat, adeste, succurrite mihi! Rustici celeriter ac-
currunt, et quum lupus nusquam adpareat, ad opera sua
redeunt. Quumque puer aliquoties per lusum idem fecis-
set, mendacem eum deprehenderunt. Tandem revera lu-
pus irruit. Tum puer lacrimans et miserabili voce orare
coepit, ut subveniretur sibi et gregi. Qui audiebant, lu-
dere illum sicut antea arbitrati sunt, ejusque preces
neglexerunt. Ita lupus libere in oves grassatus est et
multas facile perdidit.

XXIV.
Hircus et vulpes.

Vulpes in puteum inciderat, ex quo emergere non
poterat propter altitudinem. Ad eundem locum devēnit
hircus sitiens interrogavitque, num dulcis aquae copia
inesset. Vulpes dolo evadere cupiens, tanta inquit copia,
ut maxima cum voluptate bibam. Tum hircus, cupidine
agitatus, sese in puteum immisit. At vulpes celsis cor-
nibus nixa repente de puteo evasit, et hircum inopem
in eo reliquit.

XXV.
Lupus et agnus.

Lupus et agnus siti compulsi, ad eundem rivum ve-
nerant. Superius lupus, longe inferius agnus stabat. Tunc
improbus latro jurgii causam quaerit. Cur, inquit, aquam
mihi bibenti turbulentam fecisti? Agnus metu plenus:
quomodo possum? inquit, nam aqua a te ad me decur-
rit. Ille veritatis vi repulsus pergit: Ante sex menses,
inquit, de me male locutus es. Tum, inquit agnus, equi-
dem nondum natus eram. Hercle igitur, respondit lupus,
pater tuus de me male locutus est; atque ita correptum
agnum dilaniat.

XXVI.
Narratio ridicula.

Vir quidam in Graeciam profectus inde amico suo
scripsit, ut sibi aliquot libros mitteret. Hic vero rem
neglexit, neque libros misit. Quum postea ille revertisset,

et huic forte occurreret, hic eum statim alloquutus est:
Excusabis me, amice! epistolam, quam de libris scri-
psisti, non accepi.

XXVII.
Narrationes ridiculae.

Vir quidam verberibus castigavit servum, maxime
ob pigritiam. Hic clamare coepit: Cur me percutis?
Prorsus nihil feci. Atqui propter id ipsum, respondit
herus, te percutio, quod nihil fecisti.

Homo quidam stolidus audiverat corvos vivere ultra
ducentos annos. Hoc igitur num verum sit exploraturus,
pullum corvinum in cavea inclusum aluit.

XXVIII.
Narratio ridicula.

Servus quidam quum videret herum suum literarum
fasciculum conscindere, rogavit eum, tres aut quatuor
ut sibi donaret. Interroganti hero, quid iis facere vellet,
respondit servus: Quum patriam relinquerem, rogavit
me mater, ut sibi literas interdum mitterem. Has igitur
ei mittam; video enim te non amplius illarum indigere.

XXIX.
Venator timidus.

Timidus venator dixit lignatori cupere se ursi repe-
rire vestigium, rogavitque, si quod animadvertisset, sibi
ut monstraret. Huic lignator: Imo ipsum ursum tibi
monstrabo, illic est, videsne? Quum vero venator ursum
conspexisset, tremĕre coepit, et ad lignatorem conversus:
At ego non ipsum, inquit, ursum, sed vestigia tantum
ursi quaesivi.

XXX.
Animose dicta.

Agesilaus quum Thraciam transire vellet, ad Mace-
donum regem nuntios misit, qui rogarent, utrum per
hostium, an amicorum terram iret? Quum respondisset
se consultaturum esse: Fiat igitur, inquit, consultatio:
nos interim iter faciemus.

Leonidas, Lacedaemoniorum rex, quum Xerxes scripsisset: Mitte arma; respondit: Veni et cape.

Quum Agis, rex Lacedaemoniorum, interrogaretur, quot essent hostes: Nolite, ajebat, percontari, quot sint hostes, sed ubi sint?

XXXI.

Themistoclis insignis memoria.

Memoria in Themistocle singularis fuit. Haerebant in memoria, quaecunque audierat vel viderat. Quum ei Simonides, aut quis alius, artem memoriae polliceretur; oblivionis, inquit, mallem; nam memini etiam, quae nolo, non possum oblivisci, quae volo.

XXXII.

Canis et oves.

Quum vocalia essent animalia, ovis domino dixit: Mirum facis, qui nobis lanam tibi et carnem et caseum praebentibus nihil des, nisi quod ex terra accipimus, cani autem, qui nihil tibi affert, cibum, quem ipse habes, impertias. Haec quum audivisset canis: Ita sane necesse est, inquit. Ego enim vos ipsas tueor, ne hominum furto pereatis, vel a lupis rapiamini. Nam, nisi ego vos custodirem, ne pasci quidem possetis, timentes interitum. Oves igitur non amplius conquestae sunt, quod cani melior sors esset.

XXXIII.

Diogenes et piratae.

Quum in insulam Aeginam navigaret Diogenes, a piratis captus est, et in Cretam deductus ibique venumdatus. Praeco autem quum interrogaret, quid calleret, respondit: Hominibus imperare; simulque digito monstravit Corinthium quendam, nomine Xeniadem. Huic, inquit, me vende, huic enim dominus opus est. Emit igitur illum Xeniades. Xeniades Diogenem secum duxit, filiis praeceptorem dedit et toti domui praefecit. In hoc munere ita se gessit, ut Xeniades ubique diceret: Bonus genius in domum meam ingressus est.

XXXIV.
Conscientiae vis.

Bessus, ut narratur, patrem suum necaverat, diuque id scelus omnibus incognitum fuit. Quum vero postea apud hospitem quendam coenaret, subito surrexit, nidum hirundinum hasta perfodit, dejecit et pullos interfecit. Ii qui aderant, interrogarunt, ut merito, cur rem tam insolentem egisset? Nonne, inquit, auditis istas hirundines vociferari et testari me patris mei esse interfectorem? Hic sermo ad regem delatus est, et quum res certis indiciis comperta esset, poenas luit pro parricidio.

XXXV.
Asinus et leo venantes.

Quum leo venari vellet, sibi comitem adjunxit asinum, et in fruticeto abditum admonuit. ut insueta voce feras terreret, quas deinceps leo excipere volebat. Igitur auritulus subito clamorem tollit; et nova re territae bestiae dum fugiunt, in leonem incidunt. Is postquam caede fessus est, asinum evocat et tacere jubet. Tunc ille insolens: Qualis tibi videor, inquit? Nonne voce mea tibi egregiam opem tuli? Egregiam sane, inquit leo. Nam nisi animum et genus tuum cognovissem, ipse prae metu in fugam me dedissem.

XXXVI.
Septem sapientes.

A piscatoribus in regione Milesia quidam jactum emerat. Cum vero aurea mensa magni ponderis extracta esset, controversia orta est. Illi enim affirmabant, se piscium capturam vendidisse, hic, se fortunam jactus emisse. Res quum propter magnitudinem delata esset ad universum populum, placuit Apollinem Delphicum consuli, cuinam adjudicari mensa deberet. Deus respondit: Mensam ei dandam esse, qui sapientia ceteros praestaret. Tum Milesii Thalēti, civi suo, mensam dederunt; ille eam cessit Bianti, Bias Pittaco, is protĭnus alii, deincepsque per omnem septem sapientum orbem postremo ad Solonem pervenit, qui et titulum sapientiae et praemium ad ipsum Apollinem transtulit.

XXXVII.
Pavo et Juno.

Pavo ad Junonem venit, aegre ferens, quod sibi lusciniae cantus non esset datus. Illam, inquit, quum canere incipit, omnes admirantur; me derident, quum vocem misi. Tum dea, ut suam avem consolaretur, dixit: At tu lusciniam et omnes aves formositate vincis, multas etiam magnitudine. Collum tuum smaragdi nitore fulget, et quum candam adversus solem explicas, innumerabiles gemmae videntur. Sed quid, inquit ille, species prodest, si voce vincor. Tum dea: nemo, inquit, a fato omnia accepit. Tibi forma, aquilae vires, lusciniae cantus, corvo angurium datum est, quae aves omnes suis dotibus contentae sunt.

XXXVIII.
Socrates et Alcibiades.

Socrates quum videret Alcibiadem ob divitias elatum animum gerere et agrorum multitudine superbire, adduxit ad locum, ubi tabula, descriptionem terrae complectens, suspensa erat, eumque rogavit, ut Atticam terram ibi requireret. Quam quum reperisset, suos fundos eum jussit inquirere, et quum respondisset, nusquam ibi pictos esse: Horum igitur inquit, possessione te effers, qui nulla pars sunt terrae?

XXXIX.
Alexandri liberalitas.

Alexander jusserat quaestorem dare Anaxarcho philosopho, quantum ille postulasset. Quum quaestor, audita postulatione turbatus, Alexandro indicasset philosophum petere centum talenta: Recte, inquit, facit, scit enim se amicum habere, qui tantum dare et possit et velit.

Socrates.

Socrates quum statuarios summo studio in hoc incumbere videret, ut lapis quam simillimus homini redderetur: Se mirari, inquit, quod non pari studio curarent, ne ipsi lapidibus similes viderentur.

XL.

Nasica et Ennius.

Nasica quum ad poëtam Ennium venisset, eique ab ostio quaerenti Ennium ancilla dixisset, domi non esse (eum); Nasica sensit illam domini jussu dixisse et illum intus esse. Paucis post diebus quum ad Nasicam venisset Ennius, et eum a janua quaereret, exclamat Nasica, se domi non esse. Tum Ennius: Quid? ego non cognosco vocem, inquit, tuam? Hic Nasica: Homo es impudens. Ego quum te quaererem, ancillae tuae credidi te domi non esse, tu mihi non credis ipsi?

XLI.

Diogenes.

Diogenes projici se post mortem jussit inhumatum. Tum amici: volucribusne et feris? Minime vero, inquit, sed bacillum propter me, quo (ut eo) abigam, ponitote. Qui poteris? illi: non enim senties. Quid igitur mihi, inquit, ferarum laniatus oberit, nihil sentienti?

Idem quum videret Megarensium liberos nullis bonis artibus instrui, quum pecorum curam diligentem haberent, dicebat: Malle se Megarensis arietem esse, quam filium.

XLII.

Fabricius.

Quum vicina castra Fabricius et Pyrrhus haberent, medicus Pyrrhi nocte ad Fabricium venit, promittens se Pyrrhum veneno occisurum (esse), si sibi quidquam pollicitaretur. Fabricius medicum vinctum reduci jussit ad dominum, Pyrrhoque dici, quae contra caput ejus medicus spopondisset. Tum rex Pyrrhus admirans exclamavit: Fabricius difficilius ab honestate, quam sol a suo cursu averti potest.

XLIII.

Socrates.

Socrates, quem ab Apolline ipso sapientissimum omnium Graecorum judicatum esse ferunt, Xanthippen habuit uxorem, quam admodum morosam et jurgiosam fuisse inter omnes constat. Quum ejus indolem perspexisset Alcibiades, Socratem interrogavit, cur mulierem tam acerbam non exigeret domo? Tum ille: Quoniam, inquit, dum illam domi perpetior, insuesco, ut ceterorum quoque foris petulantiam et injurias facilius feram.

XLIV.

Oves et lupi.

Oves lupique quum certassent, illae vicerunt canum auxilio. Lupi legatos mittunt et justam pacem petunt hac lege, ut oves dedant canes, luporum catulos obsides recipiant. Oves faciunt, quod lupi poposcerant. Paullo post, quum luporum catuli ululare coepissent, lupi, necantur, clamarunt, nati nostri; pax rupta est ab ovibus. In oves undique impetum faciunt, fugant nudas defensoribus et plerasque necant.

XLV.

Canis et lupus.

Cani perpingui lupus occurrit macie confectus, Quum se salutassent, lupus, quomodo fit, inquit, ut tam pinguis sis, tamque niteas? Ego, fortior, fame pereo. Canis respondet: Suadeo tibi, ut hominibus eadem officia praestes, quae ego praesto. Custodi domum herumque noctu a furibus tuere. Lupus, ego vero, inquit, paratus sum, nunc enim patior frigus et imbres in silvis oberrans. Rogo te, ut me in hominis domum deducas. Dum procedunt, lupus collum canis catena detritum adspicit. Quid hoc est, inquit, jugumne fers? Imo, inquit canis, quia acer sum, me interdiu alligant, noctu vero vagor, ubi lubet. Habesne, inquit lupus, licentiam abeundi, quo velis? Non semper. Vale, respondit ille, liber esse malo, quam servitutem ferre.

XLVI.

Apte dicta.

Quum quidam Lacedaemonios hortaretur, ut bellum cum Macedonibus inciperent, commemoraretque victorias, quas de Persis reportassent, Eudamidas, hoc facere, inquit: idem esset, ac si quis devictis mille ovibus cum quinquaginta lupis pugnaret.

Zeno servum in furto deprehensum caedi jussit; cumque is se ita excusaret, ut diceret, fuisse in fatis, ut furaretur: etiam ut caedereris inquit.

Quum Atheniensis quidam filium adolescentulum ad Socratem misisset, ut indolem illius inspiceret, ac paedagogus diceret: pater ad te, o Socrates, misit filium, ut eum videres; tum Socrates: loquere igitur, adolescens, ut te videam.

XLVII.

Crassus et testis.

Quum laesisset testis Silus Pisonem, quod se in eum audisse dixisset: Potest fieri, inquit Crassus, Sile, ut is, unde te audisse dicis, iratus dixerit. Adnuit Silus. Potest etiam fieri, ut tu non recte intellexeris. Id quoque toto capite adnuit. Potest etiam fieri, inquit, ut omnia, quae te audisse dicis, nunquam audieris. Hoc ita praeter exspectationem accidit, ut testem omnium risus obrueret.

XLVIII.

Apte dicta.

Quum Alexander Magnus postulasset, ut se Lacedaemonii in Deorum numerum referrent: Age, inquit rex eorum Damis, quoniam Alexander deus esse vult, esto.

Lacaena quaedam quum filium in proelium misisset et interfectum (esse) audisset: Idcirco, inquit, genueram, ut esset, qui pro patria mortem non dubitaret occumbere.

XLIX.

Apte dicta.

Quum inter duos scelestos judex esset Philipus, Macedoniae rex, audita causa pronuntiavit: Ut alter e Macedonia fugeret, alter illum insequeretur. Quo faceto judicio utrumque exsulem esse jussit.

Biantis, sapientis illius, patriam quum cepisset hostis, ceterique ita fugerent, ut multa de suis rebus asportarent;

quum esset admonitus a quodam : ut idem ipse faceret,
Ego vero, inquit , facio, nam omnia mea mecum porto.

Eucritus quaerenti ex ipso, uter esse mallet, Croesus
an Socrates ? respondit : Vivus mallem esse Croesus,
moriens autem Socrates.

L.
Apte dicta.

Socrates interrogatus , qua ratione potissimum quis
adsequi posset , ut apud homines honestam haberet
famam : Si loquatur, inquit, quae sunt optima, et faciat,
quae sunt honestissima.

Octavianus Augustus querentem de inopia et caritate
vini populum severissima coërcuit voce : Satis provisum
(esse) a genero suo Agrippa perductis pluribus aquis,
ne homines sitirent.

Crates philosophus quum vidisset adolescentem in
secessu ambulantem, interrogavit, quid illic solus faceret?
Mecum, inquit, loquor. Cui Crates : Cave , inquit, ne
cum homine malo loquaris.

LI.
Rubus et ovis.

Quum pluvia immineret, sic hortatus est ovem rubus :
Procellam non vides? Quid cunctaris ? Huc recipe te cele-
riter in sinum meum, tua ne tam nitida permadescant vel-
lera. Ovis paruit, et ut densis protegeretur frondibus, se
inter spinosa rubi brachia condidit. Pluviam quidem vita-
vit, sed maximam partem lanae avida rubi brachia retinue-
runt. Fabula rapaces ad patronos pertinet.

LII.
Mures et felis.

Multi mures in cavo commorantes contemplati sunt
diu felem, quae placide recumbebat. Tum unus ex iis :
Hoc animal admodum benignum et mite videtur. Quid
si alloquar et familiaritatem cum illo contraham? Haec
quum dixisset et propius accessisset , a fele captus et
dilaceratus est. Tum ceteri mures dixerunt : Malum,
quod accidit sodali nostro, nos monet, ne credamus vultui.

LIII.

Asinus et leonia pellis.

Asinus leonis exuviis indutus pro leone habitus est ab omnibus, atque homines gregesque territavit. Quum autem a vento vehementius spirante detracta ei esset pellis leonia, nudātus facile dignoscebatur. Unde factum est, ut omnes occurrerent, et fustibus ejus petulantiam punirent.

LIV.

Darius ante pugnam ad Arbela.

Darius ante pugnam ad Arbela, qua tertium ab Alexandro victus est, milites ita allocutus est: Ipse e o non modo ex more majorum, sed etiam ut ab omnibus conspiciar, in pugna curru vebar, neque impediam, quominus me imitemini, sive fortitudinis, sive ignaviae exemplum dedero.

LV.

Antigonus ejusque filius.

Antigonus Philippo filio interroganti, quando castra moturus esset, respondit: Num times, ne solus tubam non sis auditurus?

Antigonus et milites ebrii.

Duo milites proxime regium tabernaculum male de Antigono loquebantur. Rex omnia audierat, quum inter ipsum et milites nihil, nisi palla, interesset. Rex illam leniter commovit et dixit: Longius saltem discedite, ne rex vos audiat.

LVI.

Asinus sale onustus.

Asinus sale onustus fluvium transiit et titubans in aqua cecidit. Quum surgeret gavisus est, quod onus

levius factum esset. Sal enim in aqua delicuerat. Itaque
quum postea spongiis onustus ad fluvium accederet, sic
secum cogitavit: Si collabor, onus levius fiet. De industria
igitur lapsus est. Sed spongiae madefactae sunt et effe-
cerunt, ut exsurgere asinus nequiret. Ita interiit aqua
suffocatus.

LVII.

Themistocles oraculi interpres.

Quum fama in Graeciam esset perlata de adventu
Xerxis, qui Atheniensibus maxime infensus erat propter
pugnam Marathoniam, illi miserunt Delphos legatos, qui
Deum cons lerent, quid facerent. R spondit igitur Pythia
sacerdos consulentibus, ut ligneis moenibus se munirent.
Id responsum quum intelligeret nemo, unus Themistocles
rem perspexit. Illud enim, inquit, consilium est Apollinis,
ut in naves nos nostraque conferamus; hic enim a deo
significatur murus ligneus. Et vere intellexerat. Classem
enim aedificarunt hostiumque naves pugna illa clarissima
ad Salamina partim submerserunt, partim profligarunt.

LVIII.

Xenophontis aequus animus.

Xenophonti, quum solenne sacrum perageret,
majoris e duobus filiis, Grylli mors nuntiata est. Nec
ideo institutum deorum cultum omisit, sed satis habuit,
coronam deponere, et quum percontaretur, quomodo
occidisset, responsum tulit: fortissime pugnans. Tum
capiti reposuit coronam et dixit: Majorem ex virtute
filii voluptatem, quam ex morte amaritudinem sentio.
Quae quum dixisset, sacrificare perrexit.

LIX.

Horatius Cocles.

Porsenna, rex Etruscorum, Tarquinios a populo ro-
mano expulsos restituere tentabat. Qui quum primo

impetu Janiculum cepisset, Horatius Cocles pro ponte sublicio, qui Tiberis ripas conjunxit, stans aciem hostium solus sustinuit, donec pons a tergo interrumperetur. Ponte interrupto statim in Tiberim cum equo desiluit et armatus ad suos tranavit.

LX.

Epaminondae abstinentia.

Epaminondas, dux clarissimus Thebanorum , unam solam habebat chlamydem. Itaque, quoties eam mittebat ad fullonem, ipse interea cogebatur se continere domi, quod chlamys altera deerat. In hoc statu vero quum ei Persarum rex magnam auri vim misisset, noluit accipere. Et celsioris sane animi fuit is, qui aurum recusavit, quam qui obtulit.

LXI.

Alexander et pirata.

Alexander olim comprehensum piratam interrogavit, quo jure maria infestaret? Ille, eodem , inquit, quo tu orbem terrarum. Sed quia id ego parvo navigio facio, latro vocor; tu, quia magna classe et exercitu, imperator. Alexander hominem inviolatum dimisit.

LXII.

Mures.

Concilio habito decreverunt mures, ut tintinnabulum feli adnecteretur. Putabant nimirum hujus sonitu fore, ut eam effugerent (effugere, Acc.). Hoc consilium, quamquam magnopere omnibus placuerat, irritum tamen fuit, quum qui adnecteret tintinnabulum, non reperiretur. Fabula docet plerosque in consiliis audaces, in actionibus timidos esse.

LXIII.

Lepus et vulpes.

Lepus putabat se dignum esse, qui vulpi praeferretur, quoniam longe illam pedum pernicitate superaret. Tum vulpes : At ego, inquit, ingenium sum sortita praestantius. quo saepius, quam tu pernicitate tua canes eludo. Haec fabula docet corporis velocitatem et vires ab ingenio longe superari.

LXIV.

Socrates et Apollodorus.

Morituro Socrati Apollodorus pretiosum pallium, in quo moreretur, obtulit. Cui Socrates : Num quid morienti mihi, inquit, non conveniet hoc, quod viventi convenit ?

LXV.

Vulpes et lupus.

In foveam vulpes inopinanter cecidit. Accedit huc forte lupus, Age, inquit illa, amice! ne mihi periturae auxilium tuum nega! Aliquot recisos quaere ramos arborum et injice, qui me ad resiliendum sublevent. Mane, lupus ait, quod petis, faciam lubens. Nunc vero scire volo, quonam modo in hanc foveam incideris. Ohe! reclamat vulpes, me primum adjuva, ut ex hac fovea evadam; tibi mea tum omnis historia narrabitur.

LXVI.

Leo, asinus et lepus.

Quum quadrupedes bellum contra volucres suscepissent, et leo rex copias suas recenseret, asinus et lepus praeteribant. Ursus interrogabat, ad quasnam res his uti posset? Leo respondit: Asinus idoneus est, cui munus tubicinis, lepus, vero, cui munus tabellarii deferatur.

Nemo est tam parvus et humilis, cujus opera non in aliqua re utilis esse possit.

LXVII.

Narratio ridicula.

Quidam interrogavit rusticum, num aqua putei, quem in praedio habebat, bona esset ad bibendum? Quum

ille diceret, bonam esse, suosque parentes et majores ex
eo bibisse: Perlonga igitur, inquit, eorum colla fuisse
oportet, qui ex tam profundo puteo bibere potuerint.

LXVIII.

Cornelia.

Cornelia, Gracchorum mater, quum Campana ma-
trona ornamenta sua pulcherrima ipsi ostenderet, traxit
eam sermone, donec e schola redirent liberi. Tum, et
haec, inquit, mea sunt ornamenta. Date operam, pueri
dilectissimi, ut etiam vestri parentes idem de vobis prae-
dicare possint.

Homo superstitiosus et Cato.

Homo quidam superstitiosus reperit caligas suas a
soricibus adrosas. Hoc ostento turbatus interrogavit
Catonem, quid mali portenderet? Ille vero: Non est
inquit ostentum, quod sorices adroserunt caligas; at vero
si caligae adrosissent sorices, id fuisset ostentum.

LXIX.

Diogenes.

Quum Diogenes animadverteret quendam imperite
jaculantem, proxime scopum consedit, et quum ex eo
quaereretur, cur id faceret? Ne forte, inquit, ille me
feriat. Quum portas amplas et magnifice extructas
exigui oppidi videret: Viri, inquit, Myndenses, claudite
portas, ne urbs vestra egrediatur. Idem quaerenti, quid
apud homines celerrime senesceret? respondit: Ben-ficium.

LXX.

Apte dicta.

Agesilaus, quum pater postulasset, ut in judicio sen-
tentiam legibus adversam ferret, respondit: A te, mi
pater, jam a pueritia doctus sum legibus parere. Itaque
etiam nunc tibi obtemperabo, nihil in leges peccando.

Socrates docuit abstinendum esse a cibis, qui non esurientem invitarent ad edendum, et a potu, qui non sitientem invitaret ad bibendum. Aristotelem Alexander, cui puer educandus et erudiendus fuerat traditus, summa veneratione prosequebatur, dicens: Se illi non minus quam patri debere, quod a patre vivendi, a praeceptore bene vivendi initium accepisset.

LXXI.

Vulpes et leo.

Leo senio confectus, quum vires non amplius suppetebant ad victum parandum, callidum consilium cepit, quo vitam sustentaret. In antro enim, quasi morbo correptus, decubuit, et quum reliquae bestiae advenirent ad eum visendum, prehensas devoravit. Quum ita multae a leone absumtae essent, accedit vulpecula ad antrum, sed substitit haesitans et circumspectans. Tum leo rogat: Cur dubitas ad me adire? Illa respondit: Vestigia me terrent, quae omnia ad te ferunt, non retrorsum.

LXXII.

Leo et musculus.

Circum leonem dormientem lascive discurrebant musculi, quorum unus in dorsum ejus insiluit. Captus hic a leone experrecto excusavit imprudentiam suam, eique magnas gratias pollicitus est, si ipsi vitam donare vellet. Leo, etsi ira commotus, ignovit tamen musculo precanti, et tam contemptam bestiolam dimisit inviolatam Paulo post leo praedam incaute investigans in laqueos incidit, quibus adstrictus rugitum maximum edidit. Accurrit musculus, cernensque vincula, quibus leo tenebatur, arrepsit ad laqueos eosque corrosit. Hac ratione quum leonem liberasset: Contempsisti me, inquit, quasi nullum cuiquam vicissim beneficium praestare possem. Nunc vide parvum murem gratias leoni maximas referentem.

LXXIII.

Lignator et Mercurius.

Caedebat quidam ligna juxta fluvium. Inter opus excidit ei securis inque flumen demersa est. Tum in ripa sedens misere lamentari coepit. Mercurius quum praeteriens querelas ejus audivisset, misertus aquas subiit, et retulit securim, non eam tamen, quam amiserat ille, sed auream, et num haec esset amissa, interrogavit. Negavit ille. Iterum igitur Mercurius aliam extulit eamque argenteam. Sed quum iterum negaret lignator et accipere nollet, postremo ferream attulit, quam laetus ille agnovit. Hac probitate delectatus deus omnes istas illi secures donavit.

LXXIV.
Lignator et Mercurius.

Haec quum multis narrasset lignator, alius quidam, ut similem fortunam experiretur, ipse securim suam in fluvium sponte abjecit, et juxta eum assidens plorare atque lamentari coepit. Tum ad hunc quoque accessit Mercurius, et quum causam lacrimarum audivisset, auream protulit securim, interrogans, num ea esset, cujus jacturam quereretur. Ille vero laetus: Sane, inquit, mea haec est. At Mercurius impudentem et mendacem hominem aversatus discessit, et non solum auream illam securim secum abstulit sed ne eam quidem, quam in fluvium projecerat, ei retulit.

LXXV.
Pueri Macedonis perseverantia.

Vetusto Macedoniae more regi Alexandro nobilissimi pueri praesto erant sacrificanti. E quibus unus cum thuribulo ante ipsum adstitit, in cujus brachium carbo ardens delapsus est Quo etsi ita adurebatur, ut adusti corporis odor ad circumstantium nares perveniret, tamen et dolorem silentio pressit, et brachium immobile tenuit, ne sacrificium regis aut concusso thuribulo impediret, aut edito gemitu regias aures offenderet. Rex, quo magis pueri patientia delectatus est, hoc certius perseverantiae experimentum sumere voluit. Consulto enim sacrificavit diutius, neque hac re illum a proposito depulit.

LXXVI.
Catonis pueri constantia.

Marcus Cato in domo avunculi sui Drusi, tribuni plebis, educabatur. Quum apud eum socii de civitate impetranda convenissent, et Quintus Poppedius, Marsorum princeps, puerum rogaret, ut socios apud avunculum adjuvaret, constanti vultu respondit non facturum se. Iterum deinde et saepius rogatus in proposito perstitit. Tunc Poppedius puero in altissimam aedium partem sublato minatus est, se eum inde dejecturum, nisi precibus obtemperaret. Sed Cato ne hac quidem re ab incepto depelli potuit. Ita Poppedio vox illa expressa est: Gratulemur nobis, socii, hunc esse tam parvum; nam si hic senator esset, ne sperare quidem civitatem liceret. Sic ea constantia, quam postea per totam vitam ostendit, jam in Catone puero adparuit.

LXXVII.

Crudelitatis exemplum.

Quum Augustus apud Vedium Pollionem aliquando coenaret, unus e servis fregit vas crystallinum. Rapi eum ad mortem Vedius jussit, et objici muraenis, quarum magnam copiam in piscina alebat. Evasit e manibus puer et ad Caesaris pedes confugit, nihil aliud rogaturus, quam ut aliter periret, nec esca piscium fieret. Motus est novo crudelitatis genere Caesar, et illum quidem mitti, crystallina autem vasa omnia coram se frangi jussit.

LXXVIII.

Preces repudiatae.

Archelāus, rex Macedonum, quum quidam, cui nihil pulchrum videbatur, nisi dona accipere, inter coenam aureum poculum posceret, hoc poculo Euripidem donavit, illum alterum ita alloquens: Tu quidem dignus eras, qui peteres, hic autem dignus est, qui accipiat, vel non petens.

Lupus et grus.

Inhaeserat os in faucibus lupi. Mercede igitur conducit gruem, qui inserto rostro in rictum suum os e faucibus extrahat. Hoc longitudine colli rostrique grus facile efficit. Quum autem mercedem postularet, lupus subridens et dentibus infrendens: Nonne tibi, inquit, merces satis magna videtur caput incolume e lupi faucibus extractum? Multi maximis beneficiis adficiuntur debitam gratiam non referentes.

LXXIX.

Cancri.

Cancer dicebat filio: Te semper retro ambulantem video. Moneo te, ut tandem aliquando prorsus abeas. Cui ille: Libenter, inquit, tuis praeceptis obsequar, si te prius idem facientem videro. Docet haec fabula adolescentiam nulla re magis, quam exemplis instrui.

Mirum somnium.

Plinius haec narrat. Est mihi, inquit, libertus Marcus, non illiteratus. Cum hoc minor frater in eodem loco quiescebat. Is visus est sibi cernere quendam in toro residentem admoventemque capiti suo cultros, atque etiam ex ipso vertice amputantem capillos. Ubi illuxit, ipse circa verticem tonsus, capilli jacentes reperiuntur.

Alexander.

Alexander quum audisset Anaxagoram disserentem innumerabiles esse mundos, illacrimasse dicitur. Quum amici rogarent, numquid accidisset lacrimis dignum? Annon, inquit, videor merito flere, qui, quum mundi sint innumerabiles, nondum unius dominus factus sim.

LXXX.

Anseres et grues.

In eodem quondam prato pascebantur anseres et grues. Adveniente domino prati grues facile avolabant, sed anseres, impediti corporis gravitate, comprehensi et mactati sunt. Sic saepe pauperes cum potentioribus in eodem crimine deprehensi, soli dant poenas, dum hi salvi evadunt.

Philippus.

Indignantibus Philippi amicis, quod Peloponnesii in Olympiacis ipsum derisissent, tot beneficiis a rege ad-

fecti, eumque hoc sermone ad vindictam exstimulanti-
bus: Quid igitur, inquit, futurum est, si quid iis mali
fecerimus?

Diogenes.

Muribus ad Diogenis mensam subrepentibus: En,
inquit, Diogenes quoque parasitos alit.

Responsa Laconica.

Argivo quodam dicente: Multa sunt apud nos Spar-
tanorum sepulcra; Lacon excipiens: Atqui Argivorum,
inquit, apud nos nullum. Eodem modo Antalcides Lace-
daemonius Atheniensi quodam sic apud ipsum gloriante:
Nos saepenumero vos a Cephiso propulimus: Sed nos,
inquit, vos nunquam ab Eurota.

LXXXI.

Pausaniae proditio.

Pausanias, Lacedaemonius, et Spartam et ceteram
Graeciam sub potestatem Persarum regis redigere voluit.
His rebus ephori cognitis jusserunt eum comprehendi.
At ille in aedem Minervae confugit. Hinc ne exire posset,
statim ephori valvas ejus aedis obstruxerunt, tectumque
sunt demoliti, quo facilius sub dio interiret. Dicunt eodem
tempore matrem Pausaniae vixisse, eamque, postquam
de scelere filii comperit, in primis ad filium claudendum
lapidem ad introitum aedis contulisse. Hic cum semia-
nimis de templo elatus esset, confestim animam efflavit.

LXXXII.

Diogenes et Alexander.

In Isthmum convenerant Graeci, ut bellum contra
Persas decernerent, et Alexandrum, Macedoniae regem,
ducem in hoc bello constituerent. Confluebant ad Ale-
xandrum omnes viri celebriores salutatum et gratula-
tum. Solus deerat Diogenes, qui tum apud Corinthum
degebat. Quum Alexander satis diu eum exspectasset,
tandem ut hominem cognosceret, ipse ad illum cum co-
mitibus profectus est. Invenit sub dio apricantem. Comi-

ter eum salutat Alexander et hortatur, ut aliquid sibi expetat. At Diogenes : Hoc unum te rogo, ut a sole paullisper recedas. Obstupuit Alexander et virum omnia contemnentem admirans dixit : Nisi Alexander essem, sane Diogenes esse vellem.

LXXXIII.

Fidelitatis exemplum.

Quum Plotius Plancus, vir nobilis, a triumviris proscriptus, in agro Salernitano lateret, delicatiore vitae genere locum perfugii detexit. Venerunt igitur, qui proscriptos insequebantur, servosque multum ac diu torserunt; sed ili in maximis doloribus se nescire, ubi dominus esset, affirmabant. Non sustinuit deinde Plancus, tam fideles servos ultra cruciari; sed processit in medium, jugulumque gladiis militum objecit. Difficile est igitur dijudicatu, utrum dignior fuerit dominus, qui (ut is) tales servos haberet, an servi laudabiliores, qui (quum ii) dominum pessumdăre noluerint.

Mali rěčnik.

A.

A, ab, abs, od, iz.

Abděra, ae, ž. grad u Thraciji.

Abderīta, ae, m. Abderitjanin.

abdĭco, 1. odreći se (časti).

abdo, dĭdi, dĭtum, 3. ukloniti, sakriti.

abdūco, xi, ctum, 3. odvesti·

abeo, ii, ītum, ire, odići, poći, někamo.

aberro, 1. zalutati, zaći s puta.

abhinc, odsele, od prije·

abhorreo, ui, 2. uplašiti se česa, prepasti se česa; — *abhorret a mea consuetudine,* nije moja navada.

abĭtus, us, m. odlazak.

abies, ĕtis, ž. jela.

abĭgo, egi, actum, 3. otěrati, protěrati.

abjectus, a, um, podao, gadan, měrzak; pris. *abjecte.*

abjicio, jeci, jectum, 3. baciti, zabaciti.

ablěgo, 1. poslati.   [kinuti.

aboleo, ēvi, ĭtum, 2. ukinuti, do-

abripio, ripui, reptum, 3. odtěrgnuti, odněti.

abrŏgo, 1. ukinuti, dokinuti.

abscondo, dĭdi, dĭtum, 3. sakriti.

absolvo, solvi, solutum, 3. osloboditi, rěšiti; *capitis,* od směrti.

absorbeo, bui, psi, ptum, 2. pogutnuti, posěrkati.

absque, bez.

absterreo, ui, ĭtum 2. uplašiti.

abstineo, tinui, tentum, 2· uzděržati, uztegnuti, uzpregnuti se·

abstinens, tis, trězan, uměren; ustegnut, uzpregnut.

abstinentia, ae, ž. trěznost, uměrenost, uztegnutje, uzpregnutje.

abstrăho, xi, ctum, 3. odvući, odvratiti, uzpregnuti.

absum, fui, esse, nebiti.

absūmo, sumsi, sumtum, 3. potrošiti, porabiti.

abundo, 1. obilovati.

abūtor, usus sum, 3. potrošiti, porabiti; zlorabiti.

ac, vez. i, kano; *ac si,* kano da.

academia, ae, ž. akademija, gimnazija blizu Athene.

acanthis, idis, ž. (čizag); češljugar (štiglic).

accedo, cessi, cessum, 3. pristupiti, približiti se.

accendo, di, sum, 3. užgati, upaliti, razplamtiti, planuti.

accīdo, cīdi, cisum, 3. naséći, razslabiti.

accĭdit, biva, dogadja se.

accio, ivi, ītum, 4. pozvati.

accipio, cepi, ceptum, 3. uzeti, primiti, dobiti, čuti, doznati.

accipiter, ris, m. jastreb.

accommodatus, a um, shodan, prikladan, priměran·

accresco, evi, etum, 3. narasti, prirasti, pomnožiti se.

accumbo, bui, bĭtum, 1. ležati s kim; sěděti za stolom.

accuratus, a, um, točan, pris. *accurate.*

accurro, cucurri, cursum, 3. dotěrčati, doskočiti, dopasti.

accuso, 1. tužiti, obĕditi.

acer, cris, cre, oštar, revan, vatren.

acerbitas, atis, ž. gorkost, neprijatnost, sĕrditost, žestina.

accrbus, a, um, gorak, žestok, pris. acerbe.

acerra, ae, ž. kadionica.

acervus, i, m. kup.

acesco, acui, 3. kisnuti.

Achilles, is. Achil, najhrabriji gĕrčki junak za rata trojanskoga.

acĭdus, a, um, kiseo.

acies, ei, ž. oštriua, bojni red, vĕrsta.

acquiesco, evi, etum, 3. odpočinuti; umiriti se; pristati uza što. [postignuti.

acquiro, sivi, sĭtum, 3. steći, actio, onis, ž. čin.

aculeus, i, m. bodac, žalac.

acūmen, ĭnis, s. ĕrt, šiljak; oštrina; bistar um, um.

acuminatus, a, um, šiljast.

acŭo, ui, ŭtum, 3. oštriti, brusiti, poticati.

acus, us, ž, igla.

acutus, a, um, oštar, oštrouman, pris. acute.

ad, pred. do, o, u, k, na blizu.

adamas, antis, m. dijamant.

adamo, 1. obljubiti, ljubiti.

addīco, xi, ctum, 3. obećati, priznati, posvetiti.

addictus, a, um, privĕržen.

addisco, didĭci, 3. naučiti.

addo, dĭdi, dĭtum, 3. pridati, dodati.

addūco, xi, ctum, 3. dovesti, privesti, skloniti, privoliti.

adeo, pris. tako, toliko.

adeo, ii, itum, doći, prići, posĕtiti.

adf. v. aff.

adhaereo, haesi, haesum, 2. visĕti, privĕržen biti, pristati.

adhĭbeo, bui, bĭtum, 2. uzeti, rabiti, služiti se; — diligentiam, biti marljiv.

adhortatio, ōnis, ž. opominjanje, nagovaranje, hrabrenje.

adhortor, 1. nagovarati, sloboditi, opominjati

adhuc, pris. još, jošte.

adjaceo, ui, 2. ležati, biti do; graničiti; začeljivati.

adigo, egi, actum, 3. goniti, silovati, primoravati.

adjicio eci, ectum, 3. privaliti, dodati.

adĭmo, emi, emtum, 3. uzeti, oduzeti.

adipiscor, eptus sum, 3. postići.

aditus, us, m. pristup, ulaz.

adjumentum, i, s. pomoć, srĕdstvo.

adjungo, xi, ctum, 3. privaliti, dodati, spojiti, sdružiti.

adjŭvo, uvi, utum, 1. pomoći.

adjutor, ōris, m. pomoćnik, pomagač.

adjutrix, īcis, ž. pomoćnica, pomagačica.

adl- v. all.

administro, 1. upravljati, rukovoditi.

admirabilis, e, čudan.

admiratio, onis, ž. čudjenje.

admirator, oris, m. koji se čudi.

admīror, 1. čuditi se, diviti se.

admisceo, iscui, istum, 2. ili ixtum, 2. umĕšati, smĕšati.

admitto, misi, missum, 3. dopustiti, dozvoliti, učiniti, počiniti.

admodum, pris. jako, veoma, vĕrlo.

admoneo, ui, ĭtum, 2. opomenuti, sĕtiti, domisliti.

admonitio, ōnis, ž. opomena, sĕtjanje.

admoveo, movi, mōtum, 2. prisloniti, primaknuti.

adn. v. ann.

adoleo (ui, ultum) 2. kaditi (tamjan), žĕrtvovati.

adolescens, tis. m. mladić.

adolescentia, ae, ž. mladost.

adolescentŭlus, i, m. mladić.

adolesco, olevi, ultum, 3. narasti.

adopto, 1. posiniti.
adorior, ortus sum, 4. navaliti, napasti, udariti na.
adorno, 1. resiti, kititi.
adŏro, 1. govoriti, prositi, obožavati.
adp. v. app.
Adria (Hadria) ae, m. jadransko more.
Adrianus (Hadrianus), i, m. rimski car.
Adriaticus, a um, jadranski.
adscendo, adsentatio, adsentior, adsequor, adsideo, a. ass.
adscribo, psi, ptum, 3. pripisati.
adspectus, us, m. vid, pogled.
adspergo, si, sum. 3. poškropiti, posuti, posipati.
adspicio, xi, ectum, 3. gledati, motriti.
adsto, stĭti, stĭtum i stātum, stajati uz, do, pokraj.
adstringo, inxi, ictum, 3. stegnuti, napeti.
adsuefacio, feci, factum, 3. privaditi.
adsuesco, adsumo, v. ass.
adsum, fui, esse, biti ovdě, biti komu u pomoć.
adulatio, onis, ž. laskanje.
adulor, 1. laskati se.
adūro, ussi, ustum, 3. nagoriti, užgati, izgoriti.
advěho, xi, ctum, 3. privezti.
advěna, ae, m. tudjin, stran, došljak.
advenio, vēni, ventum. 4. doći, stići.
advento, 1. dolaziti, približavati se.
adventus, us, m. dolazak.
adversarius, i, m. protivnik.
adversor, 1. protiviti se, opirati se.
adversus, a, um, opak, protivan.
adversus (adversum) predl. prama, proti, nasuprot.
adverto, ti, sum, 3. obèrnuti.
advŏco, 1. dozvati.
advŏlo, 1. doletiti.

advolvo, volvi, volutum, 3. privaliti, privinuti, priklopiti; advolvi pedibus, pasti na kolěna.
aedes, is, hram; u višeb. kuća.
aedificium, i, s. sgrada.
aedifico, 1. graditi.
aedilitas, ātis, ž. edilska čast.
aeger, gra, grum, bolestan.
aegre, pris. jedva, komanj; s těžkom mukom; aegre ferre, nerado těrpiti, podnositi, sèrdi me, žalosti me što.
aegritūdo, nis, ž. briga, žalost, bolest.
aegrōto, 1. bolujem.
aegrōtus, a, um, bolestan.
Aegyptus, i, ž. Aegypat, Misir.
aemulatio, onis, ž. natěcanje.
aemulor, 1. natěcati se.
aemŭlus, a, um, takmac.
Aeneas, ae, m. glasoviti trojanski knez.
aeněus, a, um, měden, od tuča, měda.
aenigma, ătis, s. zagonetka.
aequabiliter, pris. jednako.
aequālis, e, jednak, savremen; samost. savremenik.
aeque, prisl. kano, isto tako, aeque ac, atque; upravo tako.
aequitas, ātis, ž. pravičnost.
Aeduus, i, m. Aeduanac, puk u Galliji.
Africa, ae, ž. Afrika, i Africanus, Afrikanac.
aequo, 1. jednačiti, izjednačiti.
aequor, ŏris, s. more.
aequus, a, um, ravan, pravičan; aequo animo, těrpljivo, s mirnim sèrcem.
aёr, is, m. zrak.
aerumna, ae, ž. nevolja, nezgoda, nesreća.
aes, aeris, s. novac, tuč.
aestas, ātis, ž. lěto
Aeschўlus, i, m. glasovit gèrčki dramatik.
Aesōpus, i, m. glasovit gèrčki basnik.   [procěnitelj].
aestimator, is, m. razsuditelj

aestimo, 1. procěniti, razsuditi; *magni,* věrlo; *pluris,* više; *nihili,* nimalo cěniti.

aestivus, a, um lětan, višeb. vojnički lětni stan.

aestuo, 1. vruće mi je.

aestus, us, m. vrućina.

aetas, ātis, ž. doba, vrěme.

aeternus, a, um, věčan.

Aetna, ae, ž (m), Etna, ognjometno běrdo u Siciliji.

aevum i, s. doba, věk.

affabĭlis, e, prijazan, prijatan.

affăbre, pris. umětno.

affătim, pris. dosta, dovoljno.

affectio, onis, ž. narav, stanje, ćutjenje.

affecto, 1. **težiti za čim** prěkoměrno.

affectus, us, m. ćutjenje, strast.

affero, attŭli, allatum, doněti.

afficio, eci, ectum, 3. *poena,* kazniti; *beneficio,* izkazati dobročinstvo.

affigo, xĭ, xum, 3. pribiti, *cruci,* na križ udariti.

affinis, e, srodan.

affinitas, atis, ž. svojta, svojbina.

affirmo, 1. tvěrditi.

afflātus, us, m. nadahnutje.

affligo, xi, ctum, 3. razžalostiti, *afflictae res,* nezgoda, nesrěća.

affluo, xi, xum, 3. teć', priteći, obilovati.

affluxus, us, m. doticanje, množtvo, plima.

agāso, onis, m koji těra osla.

Agathŏcles, is, m. glasovit tiran u Siciliji.

age, hajde!

agellus, i, m. dobarce.

ager, gri, m. zemlja, polje, okružje, područje.

Agesilāus, i, m. kralj špartanski.

agger, is, m. obkop, nasip.

aggrăvo, 1. obtěršiti.

aggredior, gressus sum, 3. navaliti, udariti. primiti se česa.

Agis, is (idis), m. kralj špartanski.

agĭlis, e, lagak okretan, běrz.

agilĭtas, ātis, ž. okretnost, věština.

agitator, oris, m. poganjač, kočijaš.

agĭto, 1. děrmati, tresti, poticati.

agmen, ĭnis, s. vojska na putu; jato, roj (pčelah).

agnosco, novi, nŏtum, 3. spoznati, priznati.

agnus, i, m. janje.

ago, egi, actum, 3. goniti, voditi, raditi, činiti, *causam agěre,* parnicu těrati, braniti.

agrestis, e, poljski, surov, neotesan.

agricŏla, ae, m. poljodělac, seljak.

Agrigentinus, a, um, Agrigentinac.

Agrigentum, i, s. grad u Siciliji.

ah! medj. o, ob, oj, vaj!

ahenĕus, a, um, měden, od tuča.

ajo, glag. manj. velim, tvěrdim.

ala, ae, ž. kreljut, krilo.

alacer, cris, cre, živahan.

alauda, ae, ž. ševa, škěrlac, čavěrljuga.

albesco, ui, 3. běliti se, postati bio.

Albis, is, m. Laba.

albus, a, um, bio.

Alcibiădes, is, m. glasovit athenski vodja.

algeo, si, 2. zebsti, měrznuti, směrzavati se.

ales, ĭtis, pernat, samost. ptica.

alias, pris. drugi put, drugda.

alicŭbi, pris. někdě.

aliēnus, a, um, tudj.

alimentum, i, s. hrana.

alio, pris. drugamo.

aliquandiu, pris. několiko vremena.

aliquando, pris. někoč, jednom.

aliquantus, a, um, dosta velik, *aliquantum,* prilično mnogo; *aliquanto,* poněšto.

aliquantum, něšto malo.

aliquis, aliquid, nětko, něšto;

7*

aliquis, aliqva, aliquod, někakov, — kova, — kovo.
aliquot, několiko.
aliquoties, pris. několiko putah.
aliter, pris. drugčije, inače.
aliunde, pris. oddrugud.
alius, a, ud, drugi.
allātro, 1. lajati, zalajati na koga.
allēvo, 1. podignuti.
allicio (adl.), lexi, lectum, 3. primamiti.
alligo, 1. privezati.
allŏquor (adl.), cutus sum, 3. progovoriti komu. ·
alo, alŭi, alĭtum, altum, 3. hraniti, odhraniti.
aloĕ, es, ž. aloe.
Alpes, ium, ž. alpe, planine.
alter, a, um, drugi od dvojice.
altercor, 1. pravdati se, inatiti se.
alterŭter, utra, utrum, jedan od dvojice.
altitudo, inis, ž. višina, dubljina.
altus, a, um, visok, dubok.
alveāre, is, s. ulište.
alvĕus, i, m. korito, struga od rěke.
alvus, i, ž. tĕrbuh.
amabĭlis, e ljubezan.
amaritūdo, inis, ž. gorkost, žukoća.
amarus, a, um, gorak, žuhak, žuk·
ambāges, um, ž. okolišanje; *sine* — ni pet ni šest.
ambiguus, a, um, dvojben, dvoznačan.
ambĭo, ii, ivi, itum, 4. obilaziti, obkoliti.
ambitio, onis, ž. slavohlepnost, slavica.
ambĭtus, us, m. prostor, obseg.
ambo, ae, o, oba, obe, oba.
ambŭlatio, onis, ž. šetanje.
ambŭlo, 1. šetati, hodati·
amice, pris. prijateljski.
amicitia, ae, ž. prijateljstvo.
amicŭlum, i, s. kabanica.
amicŭlus, i, m. prijateljčić.
amicus, a, um, prijateljski, sa-

most. *amicus, i, m.* prijatelj, *amica, ae, ž.* prijateljica.
amitto, misi, missum, 3. izgubiti.
Ammon (Hammon), ōnis, m. priděvak Jupitrov.
amnis, is, m rěka.
amo, 1. ljubiti.
amoenitas, atis, ž. ugodnost, milina.
amoenus, a, um, ugodan.
amolior, ītus sum, 4. ukloniti, odstraniti·
amor, is, m. ljubav.
amplector, xus sum, 3. zagĕrliti, prigĕrliti — *amore*, ljubiti.
amplitūdo, inis, ž. daljina, dostojanstvo, čast, ugled.
amplifĭco, 3. razširiti, razprostraniti.
amplus, a, um, prostran, bogat.
ampŭto, 1. odsěći.
an, vez. ili; ili možebit.
Anacharsis, is, m. Scit, glasovit mudroštju.
anas, ātis, ž. raca.
Anaxagoras, ae, m. gĕrčki filosof.
anceps, cipĭtis, dvoglav, dvostruk, neizvěstan.
Anchīses, ae, m. trojanski knez, otac Aenein.
ancilla, ae, ž. služkinja.
Ancus Martius, četvĕrti kralj rimski.
anfractus, us, m. krivudanje, vijuganje, zavoj.
ango, anxi, 3. uznemiriti, mučiti.
angor, ōris, m. muka, strah.
anguilla, ae, ž. ugor.
anguis, is, m. kača.
angustiae, arum, ž. klanac, těsnac.
angustus, a, um, těsan.
anima, ae, ž. dah, duša, život.
animadverto, ti, sum, 3. opaziti.
animal, ālis, s. životinja.
animans, tis, m. i *ž.* živuće bitje, životinja.
animosus, a, um, sĕrčan, neprestrašan, dĕrzovit.

animus, i, m. duša, duh, ćud, sèrce, odvažnost.

annecto (adn.), nexui, nexi, nexum, 3. privezati,dodati,uplesti.

annitor (adn.), nisus, nixus sum, 3 nasloniti se, podupèrti se, nastojati, tèrsiti se.

annon, nije li?

annōna, ae, ž. žito, cěna žita, hrana.

annōsus, a, um, u godinah, star.

annŭlus, i, m. pèrsten.

annuměro, (adn.), 1. pribrojiti, uvèrstiti.

annuo (adn.) ui, 3. namignuti, pristati uza što namignuv glavom.

annus, i, m. godina, godište.

annuus, a, um, godišnji.

anser, ěris, m. guska.

anserinus, a, um, gušči, penna, gušče pero.

Antalcīdas, ae, m. špartanski poslanik.

ante, predl pred.

antěa, pris. prije.

antecēdo, cessi, cessum, ići prije koga, nadići, nadkriliti.

antecello, ui, 3. nadići, nadkriliti, nadvisiti.

antefěro, tŭli, lātum, ferre, cěniti više, voliti.

antegredior, gressus sum, 3. predteći.

antelucānus, a, um, što je prije dana, o zori, o usvitku.

antenna, ae, ž. lantina.

Antēnor, ŏris, m. odličan Trojanac.

antepōno, posui, positum, 3. više cěniti.

antěquam, vez. prije nego.

antesto, stěti, statum, 1.

Antigŏnus, i, m. vodja Alexandra velikoga

Antimăchus, i, m. gèrčki pěsnik.

Antiŏchus, i, m. sirski kralj.

Antipăter, tris, m. naměstnik Alexandra velikoga, zatim kralj macedonski.

antiquitas, ātis, ž. starodavnost, staro doba.

antiquus, a, um, starodavan.

antistes, ĭtis, m. i ž. nadstojnik; svetjenik.

Antisthěnes, is, m. gèrčki filosof.

Antonīnus, i, m. rimski car.

antrum, i, s. špilja.

anus, us, ž. stara žena, starica.

anxius, a, um, strašljiv, nemiran, skèrban.

Anxur, ŭris, s. grad u Italiji.

apăge, otale, odlazi, tornjaj se!

Apelles, is, m. glasovit gèrčki slikar.

aper, ri, m. vepar.

aperio, ui, ertum, 4. otvoriti, odkriti, kazati, izvěstiti.

aparte, prisl. očito.

apex, ĭcis, èrt, šiljak.

apiarium, i, s. košnica, ulište.

apis, is, ž. pčela.

Apis, is, m. bik, koga su Aegyptjani štovali kano boga.

Apollo, ĭnis, m. bog Apollo.

apparātus (adp.), us. m. priprava, naoružanje.

appareo (adp.), ui, itum, 2. doći, granuti, pojaviti se, viditi se.

appello, 1. zvati.

apello, pŭli, pulsum, 3. tèrati kamo; pristati na kopno, izkèrcati se

appendo (adp.), di, sum, 3. zavěsiti, vagati.

appěto (adp.), tīvi, tītum, 3. želiti, težiti za čim.

appetītus, us, m. želja, požuda.

applĭco, 1. postaviti, nasloniti, spojiti se, sdružiti se.

appōno, sui, situm, 3. postaviti, položiti.

apporto, 1. donositi.

approbatio, ōnis, ž. odobrenje.

approbo, 1. odobriti.

appropinquo, 1. približiti se.

aprīcor, 1. sunčati se.

apte, pris. spretno, věšto, naredno.

apto, 1. metnuti, pripraviti, spremiti.

aptus, a, um, naredan, věšt, prikladan, sposoban.
apud, kod, pokraj, pred kim, blizu, koga.
aqua, ae, ž. voda.
aquila, ae, ž. orao.
aquilo, onis, m. sěver (větar).
aquosus, a, um, obilan vodom, močvaran.
ara, ae, ž. žērtvenik.
Arabia, ae, ž. Arabska.
Arabs, ăbis, m. Arapin.
araněa, ae, ž. pauk.
Arăris, is, m. rěka u Galliji (Saone).
aratrum, i, s. plug.
Arbēla, orum, grad u Aziji.
arbiter, tri, m. izabran sudac.
arbitrium, i, s. mněnje; svojevolja.
arbitror, 1. mněti, děržati.
arbor, ŏris, ž. stablo, strom.
arca, ae, ž. škrinja.
arcanus, a, um, tajan.
arceo, ui, 2. odvratiti.
arcesso, īvi, ītum, 3. dozvati, k sebi pozvati, pred sud pozvati.
Archelāus, i, m. macedonski vodja.
Archimēdes is, m. glasovit mekanik.
arctus, a, um, těsan.
arcus, us, m. luk.
Arděa, ae, ž. grad u Italiji.
ardeo, si, sum, 2. goriti.
ardenter, pris. goruće, vatreno.
arduus, a, um, visok, težak
arěa, ae, ž. prosto město; dvorište.
arēna, ae, ž. pěsak.
aresco, arui, 3. osušiti se, uvehnuti.
argenteus, a, um, srebērn.
argentum, i, s. srebro.
Argivus, a, um, Argivac.
Argos s. grad u Gērčkoj (višeb. Argi, orum).
Argonauta, ae, m. Argonaut.
arguo, ui, utum, 3. potvoriti, oběditi, kazati, dokazati.

aridus, a, um, suh.
aries, ĕtis, m. ovan.
Aristūdes, is, m. glasovit Athenjanin.
Aristippus, i, m. glasovit gērčki filosof.
Aristomăche, es, ž. glasovita Trojanka.
Aristotěles, is, m. gla ovit gērčki filosof.
arma, orum, s. oružje.
armo, 1. oružati.
arrideo (adr.), si, sum, 2. nasměhnuti se.
arrigo, xi, ectum, podići, utěšiti, podbosti, potaknuti.
arripio, ripui, reptum, 3. pograbiti.
arrōdo, si, sum, 3. ogrizti, oglodati.
arrogantia, ae, ž. preuzetnost, objěst.
ars, tis, ž. umětnost, znanost.
articŭlus, i, m. član, sgloba.
artifex, ĭcis, m. i ž. umětnik.
artificiosus, a, um, umětan.
artificium, i, s. umětnost, umotvor, věština.
artus, us, m. udo, član, sgloba.
arundo, ĭnis, ž. tērštika.
arx, cis, ž. kula, grad.
as, assis, m rimski bakren novac.
ascendo (ads.), di, sum, 3. uzpeti se, popeti se.
asellus, i, m. osao, oslić.
asiaticus, a, um, azijatski.
asinus, i, m. osao.
asparăgus, i, m. šparoga.
asper, a, um, hrapav.
asperitas, atis, ž. hrapavost, tvērdina.
aspernor, 1. prezirati.
asporto, 1. odněti, odnositi.
assentatio, onis, ž. laskanje.
assentator, oris, m. laskalac.
assentio, si, sum, 4. pristati uza što.
assentior, assensus sum, pristati uza što.
assentor, 1. laskati.

assequor (ads.) secutus sum, 3. postići.
asservo, 1. spraviti, čuvati.
assideo (ads.), sēdi, sessum, 2. prisēdati.
assiduus, a, um, revan, marljiv, postojan.
assiduitas, atis, ž. marljivost.
assigno (adt.) 1. razděliti, odrediti komu što.
assis, ěris, m. daska, letva.
assuefacio, feci, factum, 3. privaditi se.
assuesco, suevi, suetum, 3. privaditi se.
assūmo (ads.), sumsi, sumtum, 3. uzeti, pridati.
assurgo (ads.), surrexi, surrectum, 3. ustati.
Assyria, ae, ž. staro-azijatska děržava.
ast, vez. ali, no.
astrum, i, s. zvězda.
astutia, ae, ž. lukavost, prevara.
astūtus, a um, lukav.
at, vez. ali, no.
ater, ra, rum, cěrn.
Athēnae, arum, ž. grad u Gěrčkoj.
athlēta, ae, m. borac.
atque, vez. i.
atqui, vez. ali, no, tā, sada.
utramentum, i, s. tinta.
atrox, ōcis, žestok, Lěsan, strašan.
attǎgen, ēnis, lěštarka, těrčka.
attǎmen, ipak.
attendo, di, tum, 3. paziti.
attentus, a, um, pazljiv.
attenuo, 1. utanjiti, stegnuti, umaliti.
attěro, trivi, trītum, 3. těrti, gaziti, oslabiti.
Attica, ae, ž. gěrčka pokrajina.
Atticus, a, um, atički.
attingo, tǐgi, tactum, 3. dotaknuti se, dodirnuti, spomenuti.
attolo, 2. podignuti, dići u vis.
attonǐtus, a, um, uplašen, začudjen, zablenut.

attrǎho, xi, ctum, 3. na se povući.
attribǔo, ǔi, ūtum, 3. pripisati, prisvojiti.
auctor, oris, m. početnik, savětnik.
auctorǐtas ātis, ž. ugled.
auctumnus, i, m. jesen.
audacia, ae, ž. smělost, smionost.
audax, ācis, smion, děrzovit.
audeo, ausus, sum, 2. směti, usuditi se.
audio, 4. čuti.
audǐtor, ōris, m. slušatelj.
auditus, us, m. sluh, slušanje.
aufěro, abstǔli, ablatum, oduzeti, odněti.
aufǔgio, fǔgi, fugǐtum, 3. pobĕći, uteći.
augeo, xi, ctum, 2. umnožiti, obogatiti.
augesco, 3. rasti, množiti se.
augur, ǔris, m. gatalac.
augurium, i, s. gatanje, znak, slutnja.
augustus, a, um, častan.
aula, ae, ž. dvorište.
aura, ae, ž. zrak, povětarce.
aureus, a, um, zlatan.
aurīga, ae, m. kočijaš.
auris, is, ž. uho.
auritǔlus, i, m. dugouh.
aurōra, ae, ž. zora.
aurum, i, s. zlato.
ausculto, 1. slušati.
auster, ri, m. jug (větar).
austērus, a, um, ozbiljan, turoban, strog.
aut, vez. ili; aut-aut, ili-ili.
autem, vez. no, pako.
auxilior, 1. pomoći.
auxilium, i, s. pomoć.
avaritia, ae, ž. lakomost, skupost.
avarus, a, um, lakom, skup, skěrt.
ave, zdravo!
aversor, 1. měrziti, gaditi se.
averto, ti, sum, 3. odvratiti.

avidĭtas, ātis, pohota, pohotnost.
avĭdus, a, um, željan, pohotan.
avītus, a, um, prastar.
avis, is, ž. ptica.
avŏco, 1. odazvati.
avŏlo, 1. odletiti.
avunculus, i, m. ujak.
avus, i, m. děd.
axis, is, m. os, osovina, stožer.

B.

Babylon, ōnis, ž. grad Babylon.
Babylonia, ae, ž. Babylonija.
bacillus, i, m. paličica.
bacŭlus, i, m. ili *baculum, i, s.* palica.
Bactra, ōrum, grad u Aziji.
Bactriānus, a, um, batrijanski, samos. Baktrijanac.
balaena, ae, ž. dupin.
balnĕum, i, s. kupelj.
barba, ae, ž. brada.
barbărus, a, um, neotesam, surov.
barbātus, a, um, bradat.
basis, is, ž. temelj.
beāte, pris. srěćno, blaženo.
beatitūdo, inis, ž. blaženstvo.
beatus, a, um, srećan, blažen.
bellaria, orum, s. slaštice po obědu.
bellicōsus, a, um, ratoboran.
bellicus, a, um, bojan, ratan.
bello, 1. vojevati, ratovati.
bellŭa, ae, ž. (golema) životinja.
bellŭinus, a, um, životinjski, marvinski.
bellum, i, s. boj, rat.
bene, pris. dobro.
benefacio, feci, factum, 3. dobročiniti.
benefactum, i, s. i *beneficium, i, s.* dobar čin, dobročinstvo.
beneficentia, ae, ž. blagodarnost.
beneficus, a, um, blagodaran.
benevŏlus, a, um, dobrohotan, ljubezan.
benignĭtas, ātis, ž. dobrota, milost.
benignus, a, um, dobar, milóstan.

bestia, ae, ž. životinja.
Bias, antis, m. jedan od sedam gěrčkih mudracah.
bibliotheca, ae, ž. knjižnica.
bibo, bibĭ, bibĭtum, 3. piti.
bibŭlus, a, um, tko rado pije, pijanica. (ovca.
bidens, ntis, dvozuban, motika,
bidŭum, i, s. dva dana.
bilis, is, ž. žuč.
bini, ae, a, po dva.
bipes, pĕdis, dvonog.
Bithynĭa, ae, ž. pokrajïna u maloj Aziji.
Bitŭrix, ĭgis, Biturižani, puk u Galliji.
blandior, itus sum, 4. laskati.
blanditia, ae, ž. dragovanje, milovanje, laskanje, obično samo u višebr.
blandus, a, um, laskav, mio, drag, prijatan.
bonĭtas, -ātis, ž. dobrota.
bonus, a, um, dobar.
bonum, i, s. dobro.
boreālis, e, sěveran.
borĕas, ae, m. sěver (větar), bura.
bos, bovis, m. i *ž.* vo!, krava.
brachium, i, s. rame.
branchiae, arum, ž. skěrga (od ribe).
brevis, e, kratak.
Britannia, ae, ž. Britanija.
Brundusium, i, s. grad u Italiji.
brutus, a, um, bezćutan, bezuman.
butyrum, i, s. maslo.
Byzantium, i, s. Byzanc, današnji Carigrad.

C.

Cachinnatio, onis, ž. grohotno smijanje.
cachinnor, smijati se grohotom.
cacūmen, ĭnis věrh, věrhunac.
cadāver, ěris s. měrtvac, truplo.
cado, cecĭdi, casum, 3. pasti.
cadūcus, a, um, loman, slab, kěrhak.

caeco, 1. slĕpiti.
caecus, a, um, slĕp, ćorav.
caedes, is. ž. ubojstvo.
caedo, cecīdi, caesum, 3. sĕći, cĕpati, ubiti.
Caesar, ăris, glasovit rimski vodja.
calamĭtas, ătis, nesrĕća, nevolja, bĕda.
calamitosus, a, um, nesrĕćan.
calămus, i, m. tĕrstika.
calcar, āris, s. ostruga ; nukalo, ponuka.
calcĕus, i, m. postol, cipela.
calcĭtro, 1. pikati, ritati se.
calefacio, feci, factum, 3. grijati.
caleo, ui, 2. plamtiti, gorĕti.
calesco, 3. planuti, upaliti se.
calĭdus, a, um, vrуć, topao.
caligo, gĭnis, ž. mrak.
Caligŭla, ae, m. okrutan rimski car.
calix, ĭcis, čaša, kalež.
calleo, ui, 2. znati, razumĕti.
callidĭtas, ātis, lukavost, pretvornost.
callĭdus, a, um, lukav.
calor, ōris, m. toplina, vrućina.
calumnia, ae, ž. kleveta, ogovor.
calx, cis, ž. peta.
camēlus, i, m. deva.
campus, i, m. polje, ravnica.
cancelli, orum m. rešetka, ograda, pregrada.
cancer, cri, m. rak.
candēla, ae, ž. svĕća.
candĭdus, a, um, bio.
canesco, 3. sĕdim.
canicŭla, ae, ž. pasja zvĕzda, pasji dani.
canis, is, m. i ž. pas, kuja.
Cannae, arum, ž. malo mĕstance u dolnjoj Italiji, glasovito pobĕdom Hannibala nad Rimljani.
cano, cecĭni, cantum, 3. pĕvati.
canōrus, a, um, jasnoglasan.
cantillo, 1. (po klasički),dim. od pĕvati.

canto, 1. pĕvati.
cantus, us, m. pĕv, pĕvanje.
canus, a, um, šed.
capax, ācis, prostran,
caper, ri, m. jarac.
capesso, īvi, ītum, 3. pograbiti, primiti se.
capillus, i, m. vlas. vlasi, kose.
capio, cepi, captum, 3. dĕržati, uloviti, pograbiti, zauzeti, osvojiti.
capitālis, e, zaglavan.
Capitolium, i, kula, grad u Rimu.
capo, onis, m. kopun.
capra, ae, ž. koza.
captīvus, a, um, ulovljenik, zarobljenik.
capto, 1. loviti.
captura, ae, ž. lov.
caput, ĭtis, s. glava, poglavlje, glavni grad.
carbo, ōnis, m ugljen.
carcer, ĕris, m. zatvor, uza, tamnica; višeb. ograda, pregrada.
cardo, ĭnis, m. kanjol (od vratah).
carduus, i, m. badilj, osat, stručak (trava).
careo, ui, ĭtum, 2. neimati česa.
carĭca, ae, ž. suha smokva.
caritas, ātis, ž. ljubav, njeжnost, skupoća.
carmen, ĭnis, s. pĕsma.
Carneades, is, m gĕrčki filosof.
carnifex, ĭcis, m. kĕrvnik.
caro, carnis, ž. meso.
carpo, psi, ptum, 3. tĕrgati, ubrati.
Carthaginiensis, e, kartažki, samos. Kartažanin.
Carthāgo, gĭnis, ž. glasovit tĕrgovački grad u Africi.
carus, a, um, skup, dragocĕn, drag, mio.
casa, ae, koliba.
Cassander, ri, m. macedonski kralj.
cassis, is, mreža za lovljenje pticah i zvĕrih, obično u višeb.
cassis, idis, ž. kaciga.
castellum, i, s. kasteo, tvĕrdja.

castīgo, 1. koriti, kazniti.
Castor, ŏris, m. polubog, dvojci s Polluxom.
castra, orum, s. tabor.
castus, a, um, čist.
casus, us, m. pad, slučaj.
catēna, ae, ž. lanac.
Cato, ōnis, glasovit Rimljanin.
catŭlus, i, m. mladi (od životinjah), skot.
cauda, ae, ž. rep.
caulis, is, m. struk.
causa, ae, ž. uzrok.
cautus, a, um, opazan.
cavea, ae, ž. kèrletka
caveo, cavi, cautum, 2. čuvati se.
cavus, a, um, šup, šupalj.
cedo, cessi, cessum, 3. odstupiti, popustiti, *fatis-*umrěti.
cedrus, i, ž. cedar.
celeber, bris, e, glasovit tim, što se mnogo polazi.
celebrĭtas, atis, množtvo; jak pohod, glasovitost s jaka polaženja.
celĕbro, 1. hvaliti, slaviti.
celer, ĕris, ĕre, bèrz.
celerĭtas, ātis, ž. bèrzina.
cella, ae, soba za hranu, pivnica.
celo, 1. sàkrivati, tajiti.
celsus, a, um, visok, uzvišen, uznosit.
census, us, m. procěna imetka.
Cephīsus, i, m. rěka u Atici.
cera, ae, ž. vosak.
cerăsum, i, s. črešnja, trešnja.
cerăsus, i, m. trešnja (stablo).
Ceres, erĕris, ž. božica žita.
cerno, crevi, cretum, 3. odděliti, motriti.
certāmen, ĭnis, s. borba, mejdan.
certo, 1. boriti se.
certus, a, um, siguran, izvěstan, jasan.
cervix, īcis, ž. zatiljak, šija.
cervus, i, m. jelen.
cesso, 1. kèrzmati, otezati.
ceteri, ae, a, ostali.
ceterum, u ostalom.
ceu, pris. kano.

chalybs, ybis, m. ocel.
Charidēmus, i, m. atenski govornik.
Charybdis, is. ž. pogibeljan vir u siciljanskom zalěvu.
charta, ae, ž. papir.
chlamys, ĭdis, ž. gèrčka gornja oděća.
chorda, ae, ž. crěvo; struna.
chrystallīnus, a, um, od kristala, kristalan.
cibarius, a, um, za hranjenje, *panis cibarius,* kruh za hranjenje, višeb. *cibaria, orum,* hrana.
cibus, ı, m. hrana.
Cicero, onis, m. najslavniji rimski govornik.
ciconia, ae, ž. roda.
cicur, ŭris, krotak.
cieo, 2. pobuditi, potaknuti, dići, prouzročiti.
Cilicia, ae, ž. pokrajina u maloj Aziji.
cingo, nxi, nctum, 3. ogèrnuti, opasati, obkoliti.
cinis, ĕris, m. pepeo.
circa, circum, pred. oko, okolo.
circĭter, pred. po prilici, od prilike.
circuitus, us, m. okrug.
circŭlus, i, m. kolo, družtvo.
circumăgo, egi, actum, 3. okrenuti, obèrnuti.
circumdo, dĕdi, dătum, 1. obkoliti.
circumeo, ii, ītum, ĭre, obići, obilaziti.
circumfundo, fŭdi, fusum, 3. obteći, obticati, obkoliti, obuhvatiti.
circumspecto, 1. obazirati se, ogledavati se.
circumsto, stěti, 1. stajati oko česa.
circumvenio, veni, ventum, 4. obkoliti, prevariti.
cista, ae, ž. škrinja, ormar.
citerior, ovostran.
cithara, ae, ž. lutnja.

cito, pris. běrzo.

citra, cis, ovkraj.

civīlis, e, gradjanski.

civis, is, m. gradjanín.

civĭtas, ātis, ž. gradjanstvo, děržava, pravo gradjansko.

clades, is, ž. poraz.

clam, potajno, kradom.

clamĭto, 1. često, jako vikati.

clamo, 1. vikati.

clamor, ōris, m. vika.

clandestīnus, a, um, potajan.

clarus, a, ɩɩm, jasan, glasovit.

classis, is, ž. brodovlje.

claudo, si, sum, 3. zatvoriti, obkoliti.

clavis, is, ž. ključ.

clavus, i, ɴ̨. kěrmilo.

clemens, tis, blag, dobar, milostiv.

clementia, ae, ž. blagost, dobrota, oproštenje, pomilovanje.

Cleopătra, ae, ž. kraljica egipatska.

clitellae, arum, ž. sedlo, sprava jahaća.

clivus, i, m. stěrmen, brěžuljak.

cloāca, ae, ž. (kloaka), proplav, konao za čištjenje smrada.

clypeus, ei, m. štit.

coalesco, lui, 3. stopiti se.

coarguo, ui, ūtum, 3. osvědočiti koga, naval iv na njega s važnimi razlozi.

coelestis, e, nebeski.

coelum, i, s. nebo, zrak, vrěme.

coena, ae, ž. oběd, večera.

coeno, 1. jěsti, obědvati, večerati.

coenosus, a, um, blatan, gliban, močvaran.

coëo, ii, ivi, itum, ire, sastati se, udariti se, sklopitɩ, sliti se, spojiti se.

coepi, coepɩsse, početi.

coёrceo, cui, cĭtum, 2. stegnuti, upokoriti, obuzdati.

coetus, us, m. skupština.

cogitalio, onis, ž. moć mišljenja, misli.

cogitatum, i, s. misao.

cogĭto, 1. misliti, rɑzmišljati.

cognatio, ōnis, ž. rod, rodbinstvo.

cognātus, a, um, rodjak.

cognitio, onĭs, ž. znanje.

cognōmen, ĭnis, s. prezime.

cognosco, nōvi, nĭtum, 3. poznati, spoznati.

cogo, coёgi, coactum, 3. sakupiti, natěratĭ u jedno, silovati.

cohaereo, si, sum; 2. skopčan biti, spojen biti.

cohorresco, horrui, 3. ježiti se, tĕrnuti, trepetati.

cohors, tis, ž. kohorta, (dio vojske, deseta čest legije).

cohortor, 1. opomenuti

colăphus, i, m. pljuska, ćuška.

collabefacio, feci, factum, 3. razslabiɪi, narušiti, poniziti.

collabor, lapsus sum, 3 srušiti se.

collaudo, 1. pohvaliti.

collēga, ae, m. drug u časti.

collīgo, 1. svezati.

collĭgo, egi, ectum, 3. pobrati, sabrati, brati.

collis, is, m. brěžuljak, bĕrdɑšce.

collŏco, 1. postaviti, naměstiti.

colloquium, i, s. pogovor, dogovor.

collŏquor, locŭtus sum, 3. pogovarati se, dogovarati se.

collum, i, s. vrat.

collustro, 1. razjasniti.

colo, colui, cultum, 3. obdělati, štovati.

colonia, ae, ž. naselbina.

colōnus, i, m. poljodělac.

color, oris, m. boja.

columba, ae, ž. golub.

columna, ae, ž. stup.

colus, i, ž. preslica.

coma, ae, ž. kosa.

combūro, ussi, ustum, 3. sažgati.

comēdo, ēdi, ēsum, 3. jěsti, pojěsti.

comes, ĭtis, m. drug na putu; saputnik, provodič.

comētes, ae, m. rɕpatica (zvězda).

comĭcus, a, um, komički.

comĭtas, ātis, ž. prijaznost, uljudnost.

comis, e, prijazan, uljudan.
comitia, orum, s. sabor izbornički.
comitor, 1. pratiti.
commeātus, us, m. hrana u ratu.
commemŏro, 1. napomenuti.
commendo, 1. priporučiti.
commeo, 1. ići, putovati.
commilĭto, ōnis, m. savojnik.
comminuo, ui, ŭtum, 3. razstaviti, sdrobiti, slomiti.
committo, misi, missum, 3. poveriti, učiniti, počiniti.
commodĭtas, ātis, ž. narednost, udobnost.
commŏdum, i, s. korist.
commŏdus, a, um, naredan, udoban, prikladan.
commonefacio, feci, factum, 3. sětiti koga na što.
commōneo, ui, ĭtum, 2. sětiti koga, opomenuti.
commōror, 1. baviti se, desiti se, boraviti.
commoveo, movi, motum, 2. sklonuti.
communĭco, 1. priobćiti.
communio, īvi, itum, 4. učvėrstiti.
commūnis, e, obćenit.
commūto, 1. zaměniti.
comoedia, ae, ž. vesela igra; komedia.
compăro, 1. pripraviti, spremiti, oružati, steći.
comperio, pěri, pertum, 4. saznati.
compes, ědis, ž okovi, negve, lisičine.
compesco, cui, 3. ukrotiti, upokoriti, obuzdati.
complector, xus sum, 3. obseći, obajeti, zagėrliti, dohvatiti.
compleo, ēvi, ētum, 2. napuniti.
complĭco, avi, atum (ui, ĭtum), 1. zaplesti.
complūres, više nj:h, mnogo njih.
compōno, posui, posĭtum, 3. složiti, spremiti, sjediniti, sastaviti, utišati, ureći.

comporto, 1. snesti.
compos, ŏtis, imati něšto.
compositio, onis, ž. sastavljanje, slaganje.
comprehendo, di, sum, 3. pograbiti, zateći.
comprimo, pressi, pressum, 3. stisnuti.
comprŏbo, 1. odobriti, potvėrditi.
conātus, us, m. nastojanje, pokus, kušanje.
concăvus, a, um, jamast.
concēdo, cessi, cessum, 3. dopustiti, priznati.
concīdo, di, sum, 3. saseći.
concĭdo, cĭdi, 3. pasti, srušiti se.
concilio, 1. sjediniti, pomiriti, sebi koga privėržena učiniti, steći.
concilium, i, s. skupština, sabor.
concino, cinui, centum, 3. pěvati s kim.
concio, ōnis, ž. pučka skupština
conciōnor, 1. govoriti puku.
concipio, cepi, ceptum, 3. shvatiti, doseći, sgrabiti.
concĭto, 1. potaknuti, pobuniti, těrati, goniti.
conclāmo, 1. poviknuti, uzkliknuti.
conclāve, is, s. soba.
concŏquo, xi, ctum, 3. probaviti.
concordia, ae, ž sloga.
concors, dis, složan.
concupisco, īvi, ītum, 3. poželiti.
concurro, curri, cursum, 3. steći se.
concursus, us, m. stečenje, navalu.
concutio, cussi, cussum, 3. uzdėrmati.
condemno, 1. osuditi.
condimentum, i, s. začin
condio, īvi, ĭtum, 4. začiniti, pomelemiti.
conditio, ōnis, ž. narav, pogodba, položaj.
condĭtor, ōris, m. sagraditelj, utemeljitelj, ustrojitelj.

condo, dĭdi, dĭtum, 3. utemeljiti, sagraditi, spraviti, sakriti.

condōno, 1. pokloniti, darovati, oprostiti.

conductiŭus, a, um, pogodjen, najmljen.

condūco, xi, ctum, 3. svezti, pogoditi, najmiti.

conf̆ero, tŭli, collātum, snesti, prispodobiti, učiniti; se - poći kamo.

confestim, pris. taki, namah, s města.

conficio, feci, factum, 3. svěršiti, dogotoviti, poraziti, potrošiti, iztrošiti, razslabiti.

confīdo, fisus sum, 3. uzdati se.

confirmo, 1. jačiti, sloboditi, hrabriti.

confiteor, fessus sum, 2. priznati, izpověditi.

conflāgro, 1. izgoriti.

conflīctor, 1. boriti se.

conflīgo, xi, ctum, 3. potući se.

conflo, 1. spuhati.

confluo, xi, ctum, 3. steći se, sakupiti se.

confodio, fodi, fossum, 3. probosti.

conformo, 1. oblik dati.

confugio, fugi, fugĭtum, 3. uteći se.

congĕro, gessi, gestum, 3. snesti, sakupiti.

congrĕgo, 1. sakupiti.

congredior, gressus sum, 3. udariti se, boriti se.

conjectura, ae, ž. nagadjanje, gatanje.

conjicio, jeci, jectum, 3. baciti, misliti.

conjŭgo, 1. sdružiti, spojiti.

conjunctio, onis, ž. sdruženje, spojenje.

conjungo, xi, ctum, 3. spojiti, sdružiti.

conjurātus, a, um, urotjen; samost, urotnik, buntovnik.

conjūro, 1. urotiti se.

conjux, ugis, ž. žena.

connecto, nexui, nectum, 3. skopčati, svezati, speti.

conor, 1. nastojati, pokusiti, usuditi se.

conquĕror, questus sum, 3. potužiti se.

conquiesco, evi, etum, 3. zadovoljiti se čim, pristati uza što.

conquīro, quisīvi, quisītum, 3. tražiti, iztraživati.

conscendo, di, sum, 3. uzaćí, popeti se.

conscientia, ae, ž. samosvěst, savěst, duša.

conscius, a, um, zna, da je — učinio.

consĕcro, 1. posvetiti, obožavati, medju bogove uvěrstiti.

consenesco, senui, 3. ostaréti.

consensus, us, m. suglasje.

consentaneus, a, um, shodan.

consentio, si, sum, 4. sudarati se, slagati se.

consĕquor, cutus sum, 3. slěditi, dostići, postići.

consĕro, sevi, sĭtum, 3. posijati,

conservo, 1. uzděržati, sačuvati.

consessus, us, m. sědnica, skupština.

consīdĕro, 1. smatrati.

consīdo, sedi, sessum, 3. posaditi se, sěsti.

consilium, i, s. razbor, savět, nakana, naměra.

consisto, stĭti, stitum, 3. stajati, stati.

consocio, 1. sdružiti.

consolatio, ŏnis, ž. utěha.

consōlor, 1. těšiti.

conspectus, us, m. pogled.

conspergo, si, sum, 3. poškropiti, popěrskati.

conspicio, spexi, spectum, 3. smotriti, opaziti.

conspĭcor, 1. smotriti, ugledati, viditi.   [měran.

conspicuus, a, um, odličan, zaconstans, tis, postojan, stalan.

constantia, ae, ž. postojanost, stalnost.

constituo, *ŭi,* *ūtum,* 3. ureći, odrediti, ustrojiti.

consto, *stiti,* 1. sastojati iz česa, koštati, stajati, *constat,* zna se.

consuesco, *ēvi,* *ētum,* 3. privaditi se, navaditi se.

consuetūdo, *ĭnis,* ž. navada.

consul, *sŭlis,* m. konzul.

consulāris, *e,* konzularan, samost. bivši konzul.

consulātus, *us,* m. konzulat.

consŭlo, *sului,* *sultum,* 3. s dat. brinuti se za koga, s akuz. posavětovati se s kim, pitati koga za savět.

consulto, 1. razmatrati.

consulto, pris. navlaš, hotomice.

consūmo, *sumpsi,* *sumptum* *(sumsi, sumtum)* 3. potrošiti.

consurgo, *rexi, rectum,* 3. ustati.

contamĭno, 1. okaljati, opėrzniti.

contemno, *tempsi,* *temptum* *(temsi, temtum),* 3. prezrěti.

contemplatio, *onis,* ž. smatranje, gledanje.

contemplo, 1. smatrati, gledati.

contemtus, *us,* m. preziranje, prezor.

contendo, *di,* *tum,* 3. napeti, tvėrditi, prepirati se, poći někamo.

contentio, *onis,* ž. prepiranje, prepirka.

contentus, *a, um,* zadovoljan.

contěro, *trīvi, trītum,* 3. satěrti, poraziti, pogaziti.

continens, *tis,* neprekinut, čvėrst, čest, samost. kopno.

continentia, *ae,* ž. uzpiegnutje, uměrenost.

contineo, *tinui, tentum,* 2. stegnuti, obuzdati, sadėržavati, ukrotiti, upokoriti.

contingo, *tĭgi, tactum,* 3. dodirnuti, dotaknuti; *contingit,* biva, dogadja se (osobito o srěći).

continuus, *a, um,* neprestan, neprekinut.

contra, proti, nasuprot.

contrăho, *xi, ctum,* 3. stegnuti,

dobaviti se něčesa, navući na se što.

contrarius, *a, um,* protivan.

contrecto, 1. dodirnuti, dotaknuti.

contremisco, 3. uzdėrhtati

controversia, *ae,* ž. prepirka.

contumelia, *ae,* ž. sramota, pogėrda, prikor, psovka.

contundo, *tūdi, tusum,* 3. otupiti, oslabiti.

conturbo, 1. pomesti, smesti, pobuniti.

convalesco, *lui,* 3 ozdraviti.

convěho, *exi, ctum,* 3. svezti, snesti.

conveniens, *tis,* shodan, priměran.

convenio, *vēni, ventum,* 3. sastati se, s. akuz. posětiti.

convěnit, pristoji se.

converto, *ti, sum,* 3. obėrnuti, pretvoriti, posvetiti.

convicium, *i, s.* psovka.

convicior, 1. psovati, opadati.

convinco, *vici, victum,* 3. osvědočiti.

convīva, *ae,* ž. m. gost.

convivium, *i, s.* gostba.

convŏco, 1. sazvati.

coorior, *ortus sum,* 4. postati, nastati, poroditi se.

copia, *ae,* ž. obilnost, množtvo, višeb. vojska.

copiosus, *a, um,* obilan, bogat.

coquo, *xi, ctum,* 3. kuhati.

coquus, *i, m.* kuhar, sokač; *coqua,* kuharica.

cor, *cordis, s.* sėrce.

coram, pred. pred.

Corfinium, *i, s.* grad u Italiji.

Corinthius, *a, um,* korintski samost. Korintijanac.

Corinthus, *i, ž.* Korint, glasovit gėrčki tėrgovački grad.

Cornelia, *ae,* ž. glasovita Rimljanka.

cornix, *īcis,* ž. vrana.

cornu, *u, s.* rog, krilo vojske.

corōna, *ae,* ž. věnac, kruna.

corōno, věnčati, kruniti.

corporeus, a, um, tělovan, tělesan.

corpus, ŏris, s. tělo.

corrĭgo, rexi, rectum, 3. popraviti.

corripio, ripui, reptum, 3. pograbiti.

corrōdo, si, sum, 3. ogrizti, pregrizti.

corrumpo, rupi, ruptum, 3. pokvariti, podmititi.

corrŭo, ŭi, 3. srušiti se, strovaliti se.

cortex, ĭcis, m. kora, lupina, ljuska.

corvīnus, a, um, gavranov.

corvus, i, m. gavran.

cos, colis, ž. brus.

costa, ae, ž. rebro.

cōturnix, ĭcis, ž. prepelica.

crapŭla, ae, ž. pijanstvo, vinošum

cras, sutra

crassus, a, um, debeo.

crastinus, a, um, sutrašnji.

Crates, is, m. gěrčki filosof.

creātor, ōris, m. stvoritelj.

creber, ra, rum, čest, gust.

credibĭlis, e, věrovatan, věrojatan.

credo, dĭdi, dĭtum, 3. věrovati, poveriti.

credulĭtas, ātis, ž. lakověrnost.

credulus, a, um, lakověran.

cremo, 1. izgoriti.

creo, 1. učiniti, imenovati, stvoriti.

crepo, ui, ĭtum, 1. pucati, praskati.

cresco, crevi, cretum, 3. rasti.

crimen, ĭnis, s. oběda, prigovor, opačina, zločin.

crinis, is, m. las, vlas.

crinītus, a, um, rcpat, stella crinita, repatica.

crocodilus, i, m. krokodil.

Croesus, i, m. prebogat kralj lidski.

Croton, ōnis, m. ž. grad u dolnjoj Italiji.

Crotoniates, ae, m. Krotoniatjanin.

Crotoniensis, e, krotoniatski.

cruciatus, us, m. muka.

crucio, 1. mučiti.

crudēlis, e, okrutan.

crudus, a, um, sirov (o mesu).

cruentus, a, um, kěrvav.

crumēna, ae, ž. mošnja.

cruor, oris, m. kěrv.

crus, cruris, s. kost, stegno.

cubicŭlum, i, s. spavaonica.

cubīle, is, s. postelja, město za ležanje

cubo, ŭi, ĭtum, 1. ležati.

cucŭlus, i, m. kukavica.

cucurbita, ae, ž. buča, misirača, tikva.

cudo, di, sum, 3 kovati.

cujas, ātis, odakle je?

culex, ĭcis, m. komar, komarac.

culpa, ae, ž. krivnja.

culter, tri, m. nož.

cultor, oris, m. štovatelj.

cultus, us, m. nastojanje, obdělavanje, štovanje, nošnja.

cum, pred. s, sa.

cum, bolje quum, kad, budućda, jer, premda, što.

cumŭlo, 1. kupiti, prenapuniti, obtěršiti.

cumulus, i, m. kup.

cunae, arum, ž. zibka, kolěvka.

cunctatio, onis, ž. otezanje, kěrzmanje, kašnjenje.

cunctor, 1. otezati, kěrzmati oklevati.

cunctus, a, um, cio, ukupan.

cunicŭlus, i, m. kunac, kunelić; podzemaljska hodaja.

cupidiarius, i, m. slaštičar.

cupidĭtas, atis, ž. pohota, pohotnost.

cupĭdus, a, um, željan.

cupio, īvi, ītum, 3. želiti, hotěti.

cupressus, i, ž. cipres, kupres.

cuprum, i, s. bakar.

cur, zašto?

cura, ae, ž. briga, skěrb.

curia, ae, ž. věćnica.
curatio , onis , ž. izlěčenje, ozdravljenje.
curo, 1. skěrbiti, proskěrbiti.
curro, cucurri, cursum, 3. teći, těrčati.
currus, us, m. voz, kola.
curūlis, currūlis , e , vozan, kolan.
curūlis sella, kurulska stolica.
curvus, a, um, kriv, gěrbav, krivudast.
custodia, ae, ž. straža, uza, tamnica.
custodio, ivi, ītum, 4. stražiti, čuvati.
custos, ōdis, m. ž. stražar, čuvar.
cutis, is, ž. koža.
cymba, ae, ž. čun.
Cyme, es, ž. grad u Aziji.
Cyrus, i, m. utemeljitelj perzijanske děržave.

D.

Dama, ae, ž. košuta.
damno, 1. neodobriti, osuditi.
damnōsus, a, um, škodan, štetan.
damnum, i, s. škoda, šteta.
Danubius, i, m. Dunaj, Dunav.
Dardanĭdes, ae, m. potomak Dardanov, Dardanović.
Dardănus, i, m. stari trojanski kralj.
Darius, ii, m. perzijanski kralj.
Datămes, is, m perzijanski vodja.
Datis, is, m. perzijanski vodja.
de, predl. sa, iz, o, glede.
dea, ae, ž. božica
deambŭlo, 1. šetati.
debeo, ui, ĭtum, 2. dugovati, zahvaliti, pripisati, trěbati, těrp. pristoji, doliči, ići.
debĭlis, e, slab
debilĭto, 1. slabiti.
decēdo, cessi, cessum, 3. ukloniti se, odići, umrěti.
decemvir, i, m. decemvir, jedan od one desetorice, što su někoč u Rimu vladali.

decerno, crevi, cretum, 3. odrediti, odlučiti.
decerpo, psi, ptum, 3. ubrati, utěrgnuti.
decet, uit, 2. pristoji se, doliči.
decĭdo, idi, 3 spasti.
decīdo, cīdi, cīsum, 3. odsěći.
decipio, cepi, ceptum, 3. prevariti, obmamiti, obsěniti, zaslěpiti.
declāro, 1. očitovati, dokazati.
decor, ōris, m. pristojnost.
decōrus, a, um, pristojan.
decrepĭtus, a, um, iztrošen, věrlo star.
decresco, crevi, cretum, 3. spasti, osěknuti, umaljiti se.
decrētum, i, s. odluka.
decumbo, cubui, cubĭtum, 3. leći.
decurro, cucurri i curi, cursum, 4. protěrčati, dole těrčati, sletiti se dole, prebaciti.
decus, ōris, s. ures, dika.
decutio, cussi, cussum, 3. stresti.
decumānus (miles), m. vojak desete legije.
dedĕcet, uit, 2. nepristoji se.
dedĕcus, ŏris, s. sramota.
dedĭco, 1. posvetiti.
dedīsco, didici, 3. zaboraviti.
deditio, onis, ž. predaja.
dedĭtus, a, um, privěržen, sklon.
dedo, dĭdi, dĭtum, 3. predati, se dedere, predati se.
dedūco, xi, ctum, 3. odvesti, sprovoditi.
defatīgo, 1. utruditi.
defectio, onis, ž. umaljivanje, manjak, def. solis, poměrčanje sunca.
defectus, us, m. pomanjkanje.
defendo, di, sum, 3. braniti.
defensio , ōnis , ž. branjenje, obrana.
defensor, ōris, m. branitelj.
defĕro, tuli, latum, ferre, doněti, javiti, tužiti, prokazati, preněti.
defervesco, ferbui i fervi, 3. utažiti se, umiriti se.

deficio, feci, fectum, 3. manjkati, onemoći, odpasti, odmetnuti se.
definio, ivi, itum, 4. ograničiti, odrediti.
deflagro, 1. izgoriti.
deflecto, xi, xum, 3. ukloniti se.
defleo, flevi, fletum, 2. oplakati.
deformis, e, gèrd, nagèrdjen,
deformitas, atis, ž. gèrdoba, rugota.
defungor, functus sum, 3. obaviti, svèršiti, pretèrpiti, umrěti.
degěner, ěneris, izopačen.
degeněro, 1. izopačiti se, izroditi se.
deglubo, psi, ptum, 3. komiti, trěbiti, guliti, derati.
dego, degi, 3. stanovati, živiti.
dehortor, 1. odgovarati.
deinde, za tim, po tom.
deinceps, izasebice, za tim, po tom.
dejicio, jeci, jectum, 3. sbaciti, strovaliti, stèrmoglaviti.
delabor, lapsus sum, 3. spasti.
delectatio, onis, ž. zabava, naslada.
delector, 1. veseliti, zabavljati.
deleo, ēvi, ētum, 2. izbrisati, iztèrti, razoriti.
deliberatio, onis, ž. posavětovanje.
delibero, 1. světovati se, savětovati.
delicātus, a, um, dražestan, razkošan.
deliciae, arum, ž. nasladnost, ljubimac.
delictum, i, s. prestupak, zločin, opačina.
deligo, legi, lectum, 3. izabrati.
delinquo, liqui, lictum, 3. pregrěšiti, prestupiti.
deliquesco, licui, 3. raztopiti se, raztaliti se.
deliro, 1. poluditi, ludovati.
delirus, a, um, lud.
Delius, a, um, delski, iz otoka Dela.

Delos, i, ž. glasovit gèrčki ostèrv.
Delphi, orum, m. Delfi, gdě je bilo najglasovitije gatalište u Gèrčkoj.
decens, ntis, pristojan.
Delphicus, a, um, delfički.
delphīnus, i, m. dupin.
delūdo, si, sum, 3. prevariti, zaseniti.
demens, ntis, bezuman.
dementia, ae, ž. bezumnost, ludost.
demergo, si, sum, 3. utopiti.
demēto, messui, messum 3. pokositi.
Demetrius, ii, m. s priděvkom Poliorcetes, ae, Gradoborac, glasoviti sin kralja Antigona.
demigro, 1. izseliti se.
demitto, misi, missum, 3. poslati od ozgo, spustiti.
demo, dempsi, demptum, (demsi, demtum), 3. oduzeti.
Democrītus, i, m. glasovit gèrčki filosof.
demolior, ītus sum, 4. razoriti.
demonstro, 1. pokazati, dokazati.
Demosthěnes, is, m. najglasovitiji gèrčki govornik.
demum, napokon.
denarius, i, m. rimski srebèrni novac.
deněgo, 1. uzkratiti.
denique, napokon, konačno.
dens, ntis, m. zub.
densitas, atis, ž. guštjina.
densus, a, um, gust.
denuntio, 1. javiti.
denuo, opet.
depascuo, pavi, pastum, 3. popasti.
depello, puli, pulsum, 3. otěrati, odvèrnuti, odvratiti.
depingo, pinxi, pictum, 3. narisati, naslikati.
deploro, 1. oplakati.
depono, posui, positum, 3. složiti.

Latinska čitanka.

8

deposĭtum, i, s. pověreno dobro, zalog.

deprāvo, 1. pokvariti.

deprěcor, 1. prositi, prositi za oproštenje.

deprehendo, di, sum, 3. pograbiti, uloviti, zateći.

deprĭmo, pressi, pressum, 3. pritisnuti, poniziti.

derideo, risi, risum, 2. izsmijati, rugati se.

derīsor, ōris, m. rugalac.

derīvo, 1. zavěrnuti, dovesti, odvratiti, odvoditi.

descendo, di, sum, 3. snići.

descrībo, psi, ptum, 3. prepisati, opisati.

descriptio, oni s, ž. opis.

desero, serui, sertum, 3. ostaviti, zapustiti.

desertum, i, s. samoća, pustara.

deses, idis, bezposlen.

desiderium, i, s. čeznutje.

desiděro, 1. čeznuti, želiti, neimati.

desidia, ae, ž. danguba, bezposlenost.

desĭdo, sēdi, 3. slеći se.

designo, 1. označiti, naznačiti, odrediti, imenovati.

desilio, silui, sultum, 4. skočiti.

desĭno, sivi i sii, sĭtum, 3. prestati.

desisto, stĭti, stĭtum, 3. odustati

despēro, 1. sdvojiti.

despicio, spexi, spectum, 3. pogledati dole, prezrěti.

destituo, ŭi, ūtum, 3. ostaviti, zapustiti.

desum, fui, nebiti.

desŭper, sgora.

detěgo, xi, ctum, 3. odkriti.

detergeo i detergo, si, sum, 2. 3. utěrti, ubrisati.

deterior (3. st. *deterrĭmus*) gori.

detěro, trĭvi, trĭtum, 3. těrti, otěrti, ribati, izribati.

deterreo, ui, ĭtum, 2. odstrašiti, uplašiti.

detestor, 1. proklinjati, měrziti.

detondeo, dı, sum, 2. odstrići.

detrăho, xi, ctum, 3. odkinuti, ukloniti, udaljiti.

detrecto, 1. kratiti.

detrimentum, i, s. gubitak, šteta, škoda.

detrūdo, si, sum, 3. srinuti, sgurnuti.

Deus, i, m. Bog.

devasto, 1. opustošiti.

devěho, vexi, vectum, 3. odvezti.

devenio, vēni, ventum, 4. doći, dospěti, zapasti, pasti.

devinco, vīci, victum, 3. poběditi, svladati.

devius, a, um, stranputan, nepristupan, neprohodan.

devŏro, 1. progutnuti.

dexter, tra, trum (tĕra, tĕrum), desan.

dialectĭca, ae, ž dialektika.

dialectus, i, ž. narěčje.

Diāna, ae, ž. božica lova.

dico, xi, ctum, 3. reći, govoriti, imenovati.

dictātor, oris, m. diktator.

dictatūra, ae, ž. diktatura.

dicto, 1. diktirati, naricati, nareći.

dictum, i, s. rěč, izrěka.

dies, ēi, m. dan (ž. rok).

differo, distŭli, dilatum, ferre, odgoditi, razlikovati se.

difficilis, e, těžak.

diffido, fisus sum, 3. neuzdati se.

diffindo, fĭdi, fissum, 3. razkoliti, razcěpati.

digitus, i, m. pěrst, palac.

dignĭtas, atis, ž. čast.

dignor, 1. udostojiti.

dignosco, novi, notum, 3. razlučiti.

dignus, a, um, vrědan.

dijudĭco, 1. razsuditi.

dilābor, lapsus sum, 3. srušiti se, razići se, razpěršiti se.

dilācěro, 1. raztěrgnuti.

dilanio, 1. razderati, razměrcvariti.

dilatio, onis, ž. odgod, odgodjenje.

diligens, tis, marljiv, poman, skėrban.
diligentia, ae, ž. pomnja, škėrb, brižljivost.
diligo, lexi, lectum, ljubiti, štovati.
dimico, 1. boriti se
dimidius, a, um, pol, samost. sr. polovica, pola.
dimitto, misi, missum, 3. odpustiti, razpustiti.
Diogĕnes, is, m. gėrčki filosof.
Dion, ōnis, m. glasovit Syrakuzanac.
Dionysius, i, m. ime dvojice tiranah sirakuzanskih.
dirĭgo, rexi, rectum, 3. upraviti, okrenuti.
dirĭmo, emi, emtum, 3. razstaviti, odlučiti, rěšiti, svėršiti.
diripio, ripui, reptum, 3. plěniti.
dirŭo, ŭi, ŭtum, 3. razoriti.
dirus, a, um, grozan, grozovit.
discedo, cessi, cessum, 3. razići se, odići.
discepto, 1. prepirati se.
discerno, crevi, cretum, 3. razlučiti, razlikovati.
discessus, us, m. odlazak.
discidium (dissidium), i, s. razdor, svadja.
discindo, scĭdi, scissum, 3. razsėci, razrězati, raztėrći.
disciplīna, ae, ž. zapat, odhranjenje, podučavanje.
discipŭlus, i, m. učenik.
disco, didĭci, 3. učiti se.
discordia, ae, ž nesloga, razdor.
discors, rdis, nesložan.
discrīmen, ĭnis, s. razlika, pogibelj.
discurro, cucurri i *curri, cursum,* 3. tėrčati amo, tamo.
discutio, cussi, cussum, 3. raztėrzati, raztepsti, razpėršiti.
disertus, a, um, rěčit.
disjicio, jeci, jectum, 3. razbaciti, raztresti.
disjungo, junxi, junctum, 3. razstaviti.

dispensātor, ōris, m. kućni narednik, dvorski.
dispergo, spersi, spersum, 3. raztresti.
dispicio, spexi, spectum, 3 opaziti, uviditi.
displiceo, cui, cĭtum, 2. nedopadati se.
dispōno, posui, positum. 3. poděliti, razděliti, urediti.
dispŭto, 1. razložiti, govoriti o něčem.
dissentio, si, sum, 4. neslagati se, nesudarati se.
dissĕro, serui, sertum, 3. govoriti, razložiti o něčem.
dissĭdeo, sēdi, sessum, 2. sěditi razom, nesudarati se, neslagati se.
dissimilis, e, različan, nesličan, nespodoban.
dissimilitūdo, ĭnis, ž. nesličnost, nespodobnost.
dissimulatio, ōnis, ž. pretvaranje.
dissimŭlo, 1. zatajiti, pretvarati se, licuměriti.
dissipo, 1. raztepsti, raztipati.
dissocio, 1. razdružiti.
dissolvo, solvi, solutum, 3. rěšiti, razrěšiti.
distendo, di, sum, 3. razapeti.
distineo, ēre, ui, entum, dėržati razom, zabaviti.
distinguo, nxi, nctum, 3. razlikovati, resiti.
disto. 1. biti daleko.
distrăho, xi, ctum, 3. raztegnuti, razstaviti.
distribuo, ui, ūtum, 3. poděliti, razděliti.
ditio, ōnis, ž. vėrhovna vlast, vlast, oblast
dito, 1. bogatiti.
diu, dugo, *diutius, diutissime.*
dius, a, um, bužanski, *sub dio,* pod vedrim nebom.
diuturnus, a, um, dugotrajan.
divello, velli (vulsi), vulsum, 3. razčupati, raztėrći, razstati se.

diversus, a, um, različit.
dives, itis, bogat.
divido,. visi, visum, 3. děliti, razděliti.
divinatio, ōnis, ž. gatanje.
divinitus, adv. od Boga, Bogom.
divīnus, a, um, božanski.
divitiae, arum, ž. bogatstvo.
divus, a, um, obožen, obožavan, uvěrštjen medju bogove.
divulgo, 1. razturiti glas medju puk, izbèrbljati.
do, dědi, dātum, 1. dati.
doceo, cui, cium, 2. učiti.
docĭlis, e, naučljiv, mek, krotak.
doctrina, ae, ž. obučanje, učenost.
doctor, ōris, m. učitelj.
doctus, a, um, učtn.
Dolabella, ae, m. ime někoga Rimljanina.
doleo, ui, ĭtum, boleti, žalostiti se.
dolor, ōris, m. bol.
dolosus, a, um, prevaran, lukav.
dolus, i, m. prevara, lukavost.
domestĭcus, a, um, domaći.
domicilium, i, s. stan.
domina, ae, ž. gospodarica.
dominatio, onis, ž. gospodovanje, gospodstvo.
domĭnor, 1. vladati.
domĭnus, i, m. gospodar, gospodin.
domo, ui, ĭtum, 1. krotiti, uzprezati.
domus, us, ž. kuća.
Dores, um, m. gèrčki puk.
donec, vez. dok.
dono, 1. darovati, pokloniti.
donum, i, s. dar, poklon.
dormio, ivi, itum, 4. spavati.
dorsum, i, s. hèrbat.
dos, tis, ž. pèrćija, miraz, svojstvo (višeb).
drachma, ae, ž. gèrčki novac.
Druĭdes, um, i *Druidae, arum, m.* galski svetjenici.
Drusus, i, m. rimsko mužko ime.
dubito, 1. dvojiti, uztezati se.
dubius, a, um, dvojan, dvouman.
duco, xi, ctum, 3. voditi, vuéj,

ravnati, dèržati za što, upisati u.
dudum, davno.
dulcēdo, ĭnis, ž. slast, milina.
dulcis, e, sladak, mio, ugodan
dum, vez. dok, kad.
dummŏdo, vez. da samo.
dumne, vez. da samo ne.
dumus, i, m. tèrn, tèrnjak.
duplex, icis, dvostruk.
duplĭco, 1. podvostručiti, podvojiti.
duritia, ae, ž. tvèrdoća, tvèrdina.
duro, 1. utvèrditi, učvèrstiti, trajati.
durus, a, um, tvèrd.
dux, cis, m. ž. provodić, vodja.
dynastes, ae, m. moćnici, vlaaari, velikaši.

E.

E-ex, iz.
ebĭbo, bĭbi, bĭbĭtum, 3. izpiti.
ebrius, a, um, pijan.
ebur, ŏris, s. bělokost, slonova kost.
eburneus, a, um, bělokostan, iz slonove kosti.
ecce, evo.
ecquis, ecqua, ecquod, město *num quis?* da li iko?
edax, ācis, proždèrljiv, iztrošljiv.
edīco, xi, ctum, 3. izreći, odrediti.
edisco, edidĭci, 3. naučiti na pamet, na izust.
edĭtus, a, um, uznosit, visok.
edo, ēdi, ēsum, 3. jesti.
edo, edĭdi, edĭtum, 3. izdati, izněti na vidělo, proizvesti, oglasiti, javiti.
edoceo, docui, doctum, 2. doučiti koga, obučiti, javiti, izvěstiti.
educatio, ōnis, ž. odhranjenje.
edŭco, 1. odhraniti.
edūco xi ctum, 3. izvesti.
effector, ōris, m tvorac.
effectus, us, m. učinak.
effemĭno, 1. poženščiti, razmaziti.

effero, extuli, elātum, efferre, iznesti, zakopati, uzněti, uzvisiti.

effēro, 1. podivljačiti, učiniti ga divljom zvěri.

efficax, ācis, uspěšan, moćan; *est* — děluje.

efficio, feci, fectum, 3. proizvesti, učiniti.

effigies, ēi, ž. slika, struk.

effingo, finxi, fictum, 3. izraziti, naslikati.

efflo, 1. izpuhnuti, izdahnuti.

effloresco, florui, 3. procvasti.

effluo, fluxi, fluxum, 3. izteći, minuti, proći.

effodio, fōdi, fossum, 3. izkopati.

effrenātus, a, um, razuzdan.

effrēno, 1. razuzdati.

effugio, fūgi, fugītum, 3. uteći, poběći.

effundo, fudi, fusum, 3. izlijati.

egēnus, a, um, potrěban.

egĕo, ui, 2. trěbati.

egestas, ātis, ž. potrěbština, siromaštvo.

egredior, gressus sum, 3. izići, preći, prekoračiti.

egregius, a, um, vèrstan, vèrli.

eheu! medm. oh, oj, vaj.

ejaculor, 1. izbaciti, izrinuti.

ejicio, jeci, jectum, 3. izbaciti, protěrati, prognati.

ejusmŏdi, takov.

elābor, lapsus sum, 3. uteći, izpuznuti.

elabōro, 1. učiniti što mukom, izmučiti se, nastojati, tèrsiti se.

elĕgans, ntis, ukusan, ugladjen.

elegantia, ae, ž. ukus, ugladjenost.

elementum, i, s. živalj, početak, početni temelj.

elephantus, i (elĕphas, ntis), m. slon.

elĕvo, 1. dići.

elicio, licui, licĭtum, 3. izvabiti.

elīdo, līsi, līsum, 3. izrinuti, izgnonuti.

elīgo, legi, lectum, 3. izabrati.

elŏquens, ntis, rěčit.

eloquentia, ae, ž. rěčitost.

eluceo, luxi, 2. sjati, viditi se.

elūdo, lusi, lusum, 3. izsmijati, rugati se, spèrdati se.

emāno, 1. izteći, razglasiti se.

emendo, 1. izpraviti.

emergo, mersi, mersum, 3. izroniti, izaći na vidělo.

emĭco, cui, 1. skočiti napred, izplivati.

emineo, ui, 2. stèršiti, proviriti, odlikovati se.

eminus, pris. iz daleka, daleko.

emitto, misi, missum, 3. izpustiti, poslati van.

emo, emi, emtum, 3. kupiti.

emollio, īvi, ītum, 4. umekčati.

emolumentum, i, s. korist.

emtor, ōris, m. kupac.

en, evo.

enarro, 1. pripovědati.

enăto, 1. izplivati.

enervo, 1. razslabiti.

enim, vez. jer, bo, jerbo.

enimvēro, vez. doista, da što.

enĭtor, nisus ili *nixus sum,* 3. napeti se, roditi.

ensis, is, m. mač.

enumĕro, 1. izbrojiti.

enuntiatio, onis, ž. izraženje, izrěka.

enuntĭo, 1. izreći.

eo, onamo, dotle.

co, īvi, ĭtum, ire, ići.

Epaminondas, ae, m. glasoviti thebanski vodja.

ephēbus, i, m. mladić.

Ephĕsus, i, ž. glasovit grad u Aziji.

ephŏrus, i, m. efor, špartanski častnik.

epigramma, ătis, s. napis, vèrst pěsničtva.

Epirōtes, ae, m. Epirotjanin.

Epīrus, i, ž. pokrajina izmedju Macedonije, Tessalije i Joničkoga mora.

episcŏpus, i, m. biskup, vladika.

epistŏla, ae, ž. list.

epŭlor, 1. gostiti se.

epulvm (višeb. *epulae, arum,* ž.), *i, s.* gostba, obĕd.

eques, ĭtis, m. konjanik, vitez.

equester,- stris,- stre, konjanički, vitežki.

equĭdem, doista, jamačno, što se mene tiče.

equitātus, us, m. konjaničtvo.

equĭto, 1. jahati.

equus, ĭ, m. konj.

eradīco, 1. izkorĕniti.

erga, predl. prama.

ergo, vez. dakle, poradi.

erĭgo, rexi, rectum, 3. uzdići, dići, podići.

eripio, ripui, reptum, 3. ugrabiti.

erro, 1. bluditi, basati, grĕšiti.

error, ōris, m. pogrĕška.

erubesco,- rubui, 3. pocĕrveniti se, zastiditi se.

erudio, īvi, itum, 4. obučati.

eruditio, ōnis, ž. obučanje, učenost.

eruditus, a, um, učen.

erumpo, rupi, ruptum, 3. provaliti.

eruptio, onis, ž. provala, buknutje.

esca, ae, ž. hrana, jestvina, mama, mamac, jeska.

esurio, ivi, ītum, 4. biti gladan.

et, vez. i, *et-et,* i-i.

etĕnim, vez. jer.

etiam, vez. i, tja, čak.

etiamsi, vez. da i, premda, sve da i.

Etrusci, orum, m. starodavan puk u gornjoj Italiji.

etsi, vez. premda, akoprem.

Euclīdes, is, m. gèrčki filosof.

Euphrātes, is, m. rĕka u Aziji.

Euripĭdes, is, m. gèrčki tragik.

Eurōtas, ae, m. rĕka kod Šparte.

evādo , vāsi, vāsum, 3. uteći, postati. (nestati.

evanesco, vanui, 2. izčeznuti,

evĕho, vexi, vectum, 3. izvezti, izvisiti, iznĕti.

evello, velli (vulsi), vulsum, 3. iztèrgnuti, izkorĕniti.

evĕnit, evēnit, evenire, 4. izaći, bivati.

eventum, i, s. ili *eventus, us, m.* svèrha, uspĕh.

everto, verti, versum, 3. okrenuti, obèrnuti, razoriti.

evigĭlo, 1. probuditi se.

evīto, 1. izbĕgavati, uklanjati se.

evŏco, 1. izazvati, pozvati koga, da se s njim ogleda.

evŏlo, 1. izletiti.

evŏmo, vomŭi, vomĭtum, 3. izbaciti, bljuvati.

exacerbo, 1. sèrditi, ljutiti.

exalbesco, 3. biti bio, poblĕditi.

exāmen, inis, s. roj pčelah.

examĭno, 1. izpitivati, iztrazivati.

exanĭmo, 1. ubiti.

exardesco, arsi, 3. planuti.

exăro, 1. izorati, pisati.

exaudio, īvi, itum, 4. slušati, uslišati, neoglušiti se.

excēdo, cessi, cessum, 3. izaći, prekoračiti.

excellens, ntis, izvèrstan, odličan.

excello, ui, 3.- odlikovati se.

excelsus, a, um, visok, uznosit.

excīdo, īdi, īsum, 3. izsĕći, razoriti.

excidium, i, s. razor.

excipio, cepi, ceptum, 3. izuzeti, uloviti, dočekati, primiti.

excĭto, 1. potaknuti, sloboditi.

exclāmo, 1. uzkliknuti.

exclūdo, si, sum, 3. izključiti, odstraniti, ukloniti.

excogĭto, 1. izmisliti.

excŏlo, colui, cultum, 3. obrazovati, izobraziti.

excŏquo, coxi, coctum, 3. izkuhati.

excubiae, arum, ž. straža.

excŭbo, cubŭi, cubĭtum, 1. stražiti.

excūso, 1. izgovoriti.

èxcutio, cussi, cussum, 3. stresti, otresti.

exĕdo, ēdi, ēsum, izjesti, iztrošiti.

exĕdra, ae, ž. stolica.
exemplum, i, s. primĕr.
exentĕro, 1. izvaditi drob i crĕva.
exeo, ii, ĭtum, ire, izaći, izpasti.
exerceo, cui, cĭtum, 2. vĕžbati, tĕrati.
exercitatio, ōnis, ž. vĕžbanje.
exercitus, us, m. vojska.   \
exhaurio, hausi, haustum, 4. izcĕrpiti, procĕrpiti, potrošiti.
exherēdo, 1. izbaštiniti.
exhibeo, hibui, hibĭtum, 2.
exhilăro, 1. razveseliti.
exhortor, 1. opominjati, nagovarati, sloboditi.
exĭgo, egi, actum, 3. izagnati, svĕršiti, dočeti, boraviti.
exiguus, a, um, sitan, neznatan.
exīlis, e, tanak, mĕršav.
exĭmius, a, um, izvĕrstan, odličan.
eximo, emi, emtum, 3. izuzeti, iznĕti.
exinde, za tim, po tom.
existimatio, ōnis, ž. mnĕnje, sud.
existĭmo, 1. dĕržati za što, mnĕti.
existo, stĭti, 3. nastati, pojaviti se, stupiti na vidĕlo.
exitium, i, s. propast.
exĭtus, us, m. izhod, izlaz, uspĕh.
exopto, 1. želiti.
exorior, ortus sum, 4. izaći, roditi se, nastati.
exorno, 1. uresiti, nakititi.
exōro, 1. izprositi, umoliti.
expavesco, 3. uplašiti se.
expedio, ivi, itum, 4. osloboditi, svĕršiti, *expĕdit,* koristi.
expedītio, onis, ž. vojna, vojnica.
expello, expuli, pulsum, 3. iztĕrati, protĕrati.   [probuditi.
expergefacio, feci, factum, 3.
expergiscor, perrectus sum, 3. probuditi se.
experientia, ae, ž. izkustvo.
experimentum, i, s. pokus, dokaz.
experior, pertus sum, 4. pokusiti, izkusiti.
expers, rtis, bez česa biti, lišen.
expeto, petivi, ili *petii, petītum,* 3. želiti, zahtĕvati.

expleo, evi, ētum, 2. izpuniti, ovĕršiti.
explĭco, avi, ātum i *ui, ĭtum,* 1. razviti, razjasniti.
explorātor, ōris, m. uhoda.
explōro, 1. uhoditi, iztražiti.
expōno, posui, positum, 3. izložiti, razložiti, razjasniti.
exposco, poposci, 3. tražiti, zahtĕvati.
exprĭmo, pressi, pressum, 3. izraziti, oponašati.
exprŏbo, 1. predbaciti, prigovoriti.
exprōmo, msi, mtum, 3. izvaditi.
expugno, 1. osvojiti, zauzeti.
expulsor, ōris, m. protĕrač.
exquīro, quisīvi, quisītum, 3. iztražiti.
exsĕcrr, 1. prokleti.
exsĕquor, secutus sum, izvĕršiti, izpuniti.
exsilium, i, s. prognanstvo.
exsors, rtis, neimajući, nebiti dionik.
exspectatio, ōnis, ž. očekivanje.
exspīro, 1. izdahnuti, umrĕti.
exstimŭlo, 1. podbosti.
exstīnguo, stinxi, stinctum, 3. ugasiti, ubiti.
exstirpo, 1. iztrĕbiti, izkorĕniti.
exsto, stiti, stāre, 1. stĕršiti, ima ga.
exstruo, xi, ctum, 3. sagraditi.
exsul, sŭlis, m. ž. prognanik, — ica.
exsŭlo, 1. živiti u prognanstvu.
exsulto, 1. poskakivati, veseliti se.
exsurgo, surrexi, surrectum, 3. ustati.
extemplo, netom, iznenada.
extendo, di, sum i *tum,* 3. raztegnuti, protegnuti, razprostĕrti, produljiti.
extenŭo, 1. utančiti, umaliti.
extermĭno, 1. protĕrati, udaljiti, prognati.
exterreo, ui, itum, 2. uplašiti.
extĕrus, a, um, spoljašan.
extimesco, timui, 3. pobojati se.

extollo, tŭli, 3. uznĕti.

extorqueo, torsi, tortum, 2. oteti, iztèrgnuti.

extrăho, xi, tractum, 3. izvući.

extrinsecus, pris. spolja, izvana.

exuo, ui, ūtum, 3. svući, okaniti se, odbaciti.

F.

Faba, ae, ž. bob.

fabella, ae, ž. basna.

faber, ri, m. rukotvorac, zanatlija.

Fabius, i, m. rimsko mužko ime.

fabrica, ae, ž. dělaonica.

fabrico, i fabricor, 1. dělati, praviti.

Fabricius, i, m. rimski vodja.

fabŭla, ae, ž. basna, pripovĕst, igra (kazalištna).

fabŭlor, 1. pripovĕdati.

fabulōsus, a, um, izmišljen.

facetiae, arúm, ž. dosĕtak.

facetus, a, um, ugladjen, dosĕtljiv.

facies, ei, ž. lice, stas.

facĭlis, e, lasan.

facinus, ŏris, čin, zločin, opačina.

facio, feci, factum, 3. činiti, dělati, cĕniti.

factio, ōnis, ž. stranka.

factum, i, s. čin.

facultas, atis, ž. imetak, sposobnost, prilika.

facundus, a, um, rěčit.

fagus, i, ž. bukva.

falco, ōnis, m. sokol.

fallax, ācis, prevaran.

fallo, fefelli, falsum, 3. prevariti.

falsus, a, um, neistinit, laživ.

falx, falcis, ž. sèrp.

fama, ae, ž. glas, slava.

famelĭcus, a, um, gladan.

fames, is, ž. glad.

familıa, ae, ž. čeljad, obitelj.

familiāris, e, prijateljski, samost. prijatelj; res familiaris, gospodarstvo, imetak.

familiarĭtas, ātis, ž. pouzdano, uzko prijateljstvo.

famŭlus, i, m. sluga.

fanum, i, s. hram.

fas, neskl. pravo.

fascicŭlus, i, m. svežanj.

fascis, is, m. svežanj.

fastidĭum, i, s. oholost, preziranje, ogavnost.

fastigıum, i, s. vèrh, slĕme.

fateor, fassus sum, 2. priznati.

fatīgo, 1. umoriti, utruditi.

fatum, i, s. udes.

faux, cis, ž. gèrlo, požirak, ždrĕlo, ponor

faveo, favi, fautum, 2. prijati, hotĕti komu dobro.

favor, oris, m. milost

fax, facis, ž. baklja, zublja.

febris, is, ž. groznica, zimnica.

fecundus, a, um, plodan, rodan.

felis, is, ž mačka.

felicĭtas, ātis, ž. srĕća.

felix, īcis, srĕćan.

femĭna, ae, ž. ženska

femīneus, a, um, ženski.

ferax, ācis, plodan, rodan.

fere, pris. malone, po prilici.

ferio, 4 tući, udariti, razsĕći, ubiti, zaklati.

ferīnus, a, um, zvĕrski, divlji.

feritas, ātis, ž. divljač.

ferme, pris. malone, po prilici.

fero, tŭli, latum, ferre, nositi, donĕti.

ferox, ōcis, divlji, hrabar, neprestrašan, dèrzovit.

ferreus, a, um, željezan, gvoždjen.

ferrum, i, s. željezu, gvoždje.

fertĭlis, e, plodan, rodan.

ferus, a, um, divlji, fera (bestia), zvĕr; ferae, divljačina.

ferveo, bui, 2. vruć biti.

fessus, a, um, trudan, umoran.

festinatio, onis, ž. hitnja, preša, sila.

festīno, 1. hititi, žuriti se.

festus, a, um, svetčan.

fictĭlis, e, zemljan, ilan.

ficus, us, ž. smokva, smokvino dèrvo, i ficus, i, ž.

fidēlis, e, věran.

fidelĭtas, ātis, ž. věrnost.

fides, ĕi, ž. věra, poštenje.

fido, fisus sum, 3. uzdati se, pověriti se.

fiducia, ae, ž. pověrenje, podanje.

fidus, a, um, věran, odan, privěržen.

figŭlus, i, m. lončar.

figūra, ae, ž. slika.

figūro, 1. ličiti, oblik dati.

filia, ae, ž. kći.

filius, i, m. sin.

filum, i, s. nit, konac.

findo, fidi, fissum, 3. cěpati.

fingo, fixi, fictum, 3. satvoriti, učiniti, izmisliti.

finio, ivi, itum, 4. svěršiti.

finis, is, m. svěrha, konac, višeb. granice.

finitĭmus, graničan, susědan.

fio, factus sum, fieri, učinjen biti, sbiti se, bivati.

firmĭtas, atis, ž. čvěrstoća, stalnost.

firmo, 1. učvěrstiti.

firmus, a, um, čvěrst, trajan.

fiscus, i, m. košara, žep.

fistŭla, ae, ž. svirala, cěv.

fistulōsus, a, um, cěvast.

fixus, a, um, čvěrst, nepomičan.

flagello, 1. bičevati.

flagellum, i, s. bič.

flagitiosus, a, um, opak.

flagitium, i, s opačina, krivnja.

flagĭto, 1. zahtěvati.

flagro, 1. goriti.

flamen, ĭnis, m. svetjenik pojedinoga boga.

flamma, ae, ž. plam, plamen.

flatus, us, m. puhanje, puh.

flavesco, 3. žutiti se.

flavus, a, um, žut, plav.

flebĭlis, e, kukavan.

flecto, xi, xum, 3. prignuti, skloniti.

fleo, ēvi, etum, 2. plakati.

fletus, us, m. plač, žalost.

flexuōsus, a, um, krivudast.

flexus, us, m. krivudanje, zavoj.

floccus, i, m. pram.

floreo, ŭi, 2. cvasti, biti gledan ili srěćan, odlikovati se čim.

flos, ōris, m. cvět, cvatnja.

flumen, ĭnis, s. rěka.

fluo, xi, xum, 3. teći.

fluvius, i, m. rěka.

focus, i, m. ognjište.

fodio, fodi, fossum, 3. kopati.

foedus, a, um, gěrd, gadan.

foedus, ěris, s. savez.

foetus, us, m. skot, mladi.

folium i, s. list.

fons, ntis, m. izvor, vrutak, vrělo.

foras, pris. van.

foris, is, ž. vrata.

foris, pris. vani.

forma, ae, ž. slika, lěpota.

formīca, ae, ž. mrav.

formīdo, ĭnis, ž. strah, bojazan.

formidulōsus, a, um, strašiv, bojazljiv.

formo, 1. oblik dati.

formositas, atis, ž. lěpota, krasota.

formōsus, a, um, lěp, krasan.

fors, tis, ž. slučaj, forte, slučajno.

fortasse, možebiti.

fortis, e, hrabar, jak.

fortitūdo, ĭnis, ž. hrabrost.

fortuĭtus, a, um, slučajan.

fortūna, ae, ž. udes, srěća.

forum, i, s. těrg.

fossa, ae, ž. graba, jama.

fossio, onis, ž. kopanje.

foveo, fovi, fotum, 2. grijati, nastojati.

fragĭlis, e, loman, slab.

frango, fregi, fractum, 3. potěrti, razbiti.

frater, tris, m. brat.

fraudo, 1. prevariti.

fraus, dis, ž. prevara.

fremo, ui, ĭtum, 3. měrmljati, zavijati, rogoboriti.

frenum, i, s. uzda.

frequens, ntis, čest, mnogobrojan.

frequento, 1. polazim često.

122

fretus, a, um, uzdajuć se.
frigidus, a, um, studen, mèrzao.
frigus, ŏris, s. studen.
frons,˗ ndis, ž. grana, kita, višeb. lištje, vije.
frons, ntis, ž. čelo.
fructus, us, m. plod.
frugālis, e, uměren.
frugalĭtas, ātis, ž. uměrenost.
frugĭfer, a, um, plodonosan, plodan.
frumentum, i, s. žito.
fruor, fruitus ili *fructus sum,* 3. uživati.
frustra, zaludu.
frutex, ĭcis, m. gèrm.
fruticētum, i, s. gèrmovlje, šikara.
fruges, um, poljski plod.
fuga, ae, ž. bĕg.
fugio, fŭgi, fugĭtum, 3· bĕžati, pobĕći.
fugo, 1. natĕrati u bĕg, raztĕrati, razagnati.
fulcio, fulsi, fultum, 4. podupèrti.
fulgeo, fulsi, 2. sjati, sĕvati, svĕtliti se.
fulgŭrat, 1. sĕva.
fulgur, ŭris, s. munja.
fulguratio, ōnis, ž. sĕvanje.
fulmen, ĭnis, s. munja.
fumus, i, m. dim.
fundamentum, i, s. temelj.
fundus, i, m. dno, zemlja, polje.
fungor, functus sum, 3. upravljati, obavljati.
funis, is, m. konop, uže
funus, ĕris, s. pokop, sprovod.
fur, is, m. tat.
furcilla, ae, ž. vile.
furfur, ŭris, m. posije, trice.
furia, ae, ž. sèrda, furija.
furo, 3. bĕsniti.
furor, ōris, m. bĕs, bĕsnoća, bĕsnilo.
furor, 1. krasti.
furtum, i, s. kradnja, tatbina.
fusus, a, um, obširan, prostran.
fustis, is, m. kijača, cep, batina.

futĭlis, e, nespretan, nevaljao, neznatan.
futurus, a, um, budući.

G.

Galea, ae, ž. kaciga.
gallicus, a, um, galski.
gallīna, ae, ž. kokoš.
gallinaceus, a, um, kokošji, *gallus gallinaceus,* kokot, oroz, pĕtao, pĕvac.
Gallus, i, m. Gal, pĕvac, kokot.
garrio, īvi, ītum, 4. bèrbljati klopotati, blebetati.
garrŭlus, a, um, bèrbljav.
gaudeo, gavisus sum, 2. veseliti se.
gaudium, i, s. veselje, radost.
gelĭdus, a, um, studen, leden.
gelu, u, s. studen, mraz, led.
gemĭnus, a, um, dvostruk.
gemĭtus, us, m. uzdisanje, stenjanje, uzdah.
gemma, ae, ž. drag kamen.
gemĭno, 1. podvojiti, podvostručiti.
gemo, ŭi, ĭtum, 3. uzdisati, stenjati.
gener, ĕri, m. zet.
generosĭtas, ātis, ž. dobrota, plemenitost.
generōsus, a, um, blagorodan, plemenit, odličan, zaměran.
genĭus, i, m. duh čuvar.
genus, ĕris, s. pleme, vèrst, kolĕno.
Germania, ae, ž. Němačka.
Germānus, i, m. Němac.
gero, gessi, gestum, 3. nositi, obavljati, izvadjati; *bellum gerere,* boj voditi; *se gerere,* vladati se; *rem gerere,* posao obaviti; *curam gerere,* brinuti se, skerbiti.
gesto, 1. nositi.
gestus, us, m. kret, stav, višeb. kretanje.
gibbus, i, m. gèrba.
gigas, antis, m. orijaš, gorostas.
gigno, genui, genĭtum, 3. roditi.

glacies, ei, ž. led.
gladiator, ōris, m. mačevnik, borac.
gladius, i, m. mač.
glans, ndis, ž. želud.
globōsus, a, um, okrugao, okruglast.
globus, i, m. krugla.
gloria, ae, ž. slava.
glorior, 1. slaviti se, ponositi se.
gloriōsus, a, um, slavan.
Gorgias, ae, m. ime gėrčkoga sofiste.
Gracchus, i, m. ime dvojice glasovitih Rimljanah.
gracĭlis, e, vitak, tanak.
gracŭlus, i, m. vrana.
gradus, us, m. korak, stupanj, stupa.
Graecia, ae, ž. Gėrčka.
Graecŭlus, i, m. Gėrk, govoreć pospėrdno.
Graecus, i, m. Gėrk, graecus, a, um, gėrčki.
gramen, ĭnis, s. trava.
gramineus, a, um, travan, od trave.
grandaevus, a, um, star.
grandis, e, velik.
grando, ĭnıs, ž. tuča, grad.
granum, i, s. zėrno.
gressor, 1. ići, navaliti, bėsniti.
gratia, ae, ž. milost, hvala, gratias agere, zahvaliti se.
gratis, pris. badava.
gratŭlor, 1. čestitati.
gratus, a, um, ugodan, zahvalan.
gravis, e. težak, dosadan, strog, važan, ozbiljan.
gravĭtas, atis, ž. težina, ozbiljnost, dostojanstvo.
gravo, 1. obtėršiti, obteretiti.
grex, gregis, m. stado.
grus, gruis, m. ž. ždrao.
gubernacŭlum, i, s. kėrmilo.
gubernator, oris, m. kėrmilar, ravnatelj.
guberno, 1. ravnati, vladati.
gula, ae, ž. požirak, gėrlo, gėrkljan, ždrėlo.

gusto, 1. kušati.
gustus, us, m. ukus.
gutta, ae, ž. kaplja, kap.

H.

Habēna, ae, ž. uzda.
habeo, ŭi, ĭtum, 2. imati, dėržati, vladati se.
habĭlis, e, sposoban, prikladan.
habitatio, onis, ž. stan.
habĭto, 1. stanovati
habĭtus, us, m. narav, stas, odėća, nošnja.
haereo, haesi, haesum, 2. visėti, zapeti, čamiti, biti u smetnji.
haesitatio, onis, ž. čamljenje, smetnja, neodvažnost, neodlučnost.
haesĭto, 1. čamiti, biti neodlučan.
Hamilcar, aris, m. kartažki vodja.
hariŏlus, i, m. gatalac, pogadjač.
harpăgo, ōnis, m. čaklja.
haruspex, ĭcis, m. žėrtvokobnik.
hasta, ae, ž. koplje, sulica.
hastĭle, is, s. kopljište, koplje.
haud, ne.
haudquaquam, nikako, nipošto.
haurio, si, stum, 4, cėrpiti, piti, izpiti.
hebĕto, 1. slabiti, otupiti.
Hector, ŏris, m. glasovit trojanski vodja.
Helĕna, ae, ž. žena gėrčkoga kneza Menelaja.
Helvetia, ae, ž. Švajcarska.
Helvetius, i, m. Švajcar.
Hephestĭon, ōnis, m. prijatelj Alexandra velikoga.
herba, ae, ž. trava.
herbidus, a, um, pun trave.
hercle, doista.
Hercŭles, is, m. glasoviti gėrčki polubog Herkule
hereditarĭus, a, um, baštinski.
heredĭtas, ātis, ž. baština.
heres, ēdis, m. ž. baštinik, baštinica.
heri, jučer.
herus, i, m. gospodar, gazda.

Hesiŏdus, i, m. glasoviti gèrčki pěsnik Hesiod.
hesternus, a, um, jučerašnji.
heu! heus! ho!
hiātus, us, m, otvor, pukotina, prosěd.
hibernus, a, um, zimski.
hic, haec, hoc, ovaj; prisl. hic, ovdě.
hiemo, 1. zimovati.
hiems, ěmis, ž. zima.
Hierosolyma, ae, ž. orum, Jerusolim.
hilăris, e, veseo.
hilarĭtas, ātis, ž. veselje, dobra volja.
hinc, odavle, dakle.
hinnio, īvi, ītum, 4, hèrzati.
hinnĭtus, us, m. hèrzanje.
hippocentaurus, i, m. bajoslovan stvor, pola konja, pola čověka.
hircus, i, m. jarac, kozao.
hirvndo, ĭnis, ž lastavica.
Hispania, ae, ž. Španjolska.
historia, ae, ž. pověstnica.
historicus, i, m. pověstnik.
histrio, ōnis, m, kazalištni igrač.
hodie, danas.
hoedus, i, m. jarčić, kozlić.
Homērus, i, m. najglasovitiji gèrčki pěsnik Homer.
homicīda, ae, m. ubojica.
homicīdium, i, s. ubojstvo.
homo, ĭnis, m, čověk.
homunculus, i, m. čověčić, kad se pospèrdno govori.
honestas, ātis, ž. poštenje, pristojnost.
honestus, a, um, pošten, pristojan.
honor, oris, m. čast, višebr, časti.
honorifĭcus, a, um, častan.
honoro, 1. častiti.
hora, ae, ž, sat, ura.
hordeum, i, s. jačam, ječam.
horreo, ui, 2, prepasti se, sgroziti se.
horrěum, i, s. hambar, žitnica.
horribilis, e, grozovit, strašan.
horrĭdus, a, um, hrapav, surov, naježen.

horror, ōris, m, groza, strah.
hortātus, us, m. i hortatio, ōnis, ž. opomena, opominjanje.
Hortensius, i, m. glasovit rimski govornik.
hortor, 1. opomenuti.
hortulānus, i, m. vèrtlar.
hortus, i, m. vèrt.
hospes, itis, m, gost, gazda, tudjanin.
hospitium i, s. gostoljubnost.
hostĭlis, e, dušmanski.
hostis, is, m. dušmanin.
huc, prisl. amo, ovamo, huc illuc, amo tamo.
hujusmodi, ovakov.
humanitas, ātis, ž. čověčnost, čověkoljubnost, izobraženje, uljudnost.
humānus, a, um, čověčan, izobražen.
humĕrus, i, m. rame.
humĭdus, a, um, vlažan.
humĭlis, e, nizak, nezñatan, ponizan.
humo, 1. zakopati, ukopati.
humor, ōris, m. vlaga.
humus, i, ž. zemlja humī na tlih.
hydrus, i, m. vodna zmija.

I et J.

Jaceo, ŭi, ĭtum, 2. ležati.
jacio, jeci, jactum, 3. baciti.
jactatio, ōnis, ž. hvastanje.
jacto, 1. razbacivati, tresti, hvastati se, graditi se.
jactūra, ae, ž. gubitak.
jactus, us, m. domet, poteg (mrěže).
jacŭlor, 1. bacati, metati,
jacŭlum, i, s. strěla, strělica,
jam, jur, sada, već.
Janicŭlum, i, s. jedno od sedam rimskih bèrdah.
janŭa, ae, ž. vrata.
ibi, prisl. ondě.
ibĭdem, prisl. baš ondě.
ibis, is ili idis, ž. ibida, ptica.
ico, ici, ictum, 3. pogoditi, udariti, gurati.

ictus, us, m. udar, udarac.
idcirco, prisl. zato, s toga.
idem, eadem, idem, isti,
ideo, prisl. zato, dakle.
idoneus, a, um, sposoban, prikladan.
idus, uum, ž. 15. dan u mesecih: Ožujku, Svibnju, Serpnju i Listopadu, u ostalih 13.
igitur, vez. dakle.
ignarus, a, um, nevešt, neumetan.
ignavia, ae, ž. lěnost, plašljivost.
ignavus, a, um, lěn, trom, plašljiv,
igneus, a, um, ognjen, vatren.
ignis, is, m. oganj, vatra.
ignobilis, e, neplemenit.
ignominia, ae, ž. psovka, sramota,
ignominiosus, a, um, sramotan.
ignorantia, ae, ž. neznanstvo.
ignoratio, onis, ž neznanje, nepoznanje.
ignoro, 1. neznati, nepoznati.
ignosco, novi, notum, 3. oprostiti.
ignotus, a, um, nepoznan.
Ilias, adis, ž. *Iliada,* pěsmotvor Homerov.
Ilium, i, s. grad Ilij (*Troja*) u Aziji.
illacrimo (or), 1. plakati, oplakati.
ille, illa, illud, onaj.
illecebra, ae, ž. čar, dražest, pomama.
illic, prisl. ondě.
illico, umah, namah, taki.
illido, si, sum, 3. udariti, sraziti se.
illinc, prisl. odanle.
illino, levi (livi), litum, 3. pomazati, namazati.
illiteratus, a, um, neizobražen.
illuc, prisl. onamo.
illucesco, luxi, 3. svanuti, svitati, daniti se.
illudo, si, sum, 3. izsmijati.

illustris, e, glasovit, slavan.
illustro, 1. razsvětliti, razjasniti,
imago, inis, ž. slika.
imbecillis, e, slab.
imbecillitas, atis, ž. slaboća, slabina,
imber, bris, m, pljuštavica.
imberbis, e, golobrad.
imbuo, ui, utum, 3. poškropiti, umočiti, ugnjuriti.
imitatio, onis, ž. naslědovanje, oponašanje
imitor, 1. naslědovati, oponašati.
immanis, e, golem, gerdan.
immaturus, a, um, nezrio.
immemor, oris, nesětiti se, nespominjati se, nepamtiti.
immensus, a, um, neizměran.
immerens, ntis, nezaslužan, nedužan, nevin.
immergo, si, sum, 3. uroniti, ugnjuriti.
immineo, 2. biti blizu, primicati se, predstojati, očekivati.
imminuo, ui, utum, 3. umaliti, oslabiti.
imminisceo, miscui, mixtum, mistum, 2. uměšati, poměšati.
immitto, misi, missum, 3. pustiti, upustiti, poslati, *se immittere,* sernuti.
immobilis, e, nepomičan,
immodicus, a, um, nemalen, neuměren, pretěran.
immortalis, e, neumro, neumerla-lo. [lost.
immortalitas, atis, ž. neuměrimo, dapače.
impar, aris, nejednak, nepar, nemogućan.
impatiens, ntis, netèrpljiv, neuztèrpan.
impedimentum, i, s. zaprěka, pèrtljaga.
impedio, ivi, itum, 4. zaplesti, zaměrsiti, prěčiti, preprěčiti.
impello, puli, pulsum, 3. nagnati, natěrati.
impendeo, 2. visěti ponad čim, primicati se, predstojati.

impensa, ae, ž., trošak.
imperātor, ōris, m. vodja, car.
imperītus, a, um, neizkusan, nevěšt.
imperium, i, s. zapověd, věrhovna vlast, zapovědničtvo, vlada, vlast, děržava.
impěro, 1, zapovědati.
impertio, ivi, itum, 4. poděliti.
impětro, 1. postići.
impětus, us, m. navala, naglost, žestina.
impietas, ātis, ž. bezbožnost.
impĭgre, neutrudljivo:
impingo, pēgi, pactum, 3. udariti o što, zapeti, udariti, baciti.
impĭus, a, um, bezbožan, opak.
implacabĭlis, e, nepomiriv.
impleo, ēvi, ētum, 2. napuniti.
implĭco, avi, atum, i *ŭi, ĭtum,* 1. zaplesti, zaměrsiti.
implōro, 1. zaprositi, zazvati.
impōno, posui, posĭtum, 3. metnuti, nametnuti, natovariti.
importo, 1. unesti, uvesti.
importunĭtas, atis, ž. nepriličnost, dosadljivost.
importūnus, a, um, nepriličan, dosadljiv.
impŏtens, ntis, nemogućan, nemoćan.
imprīmis, poglavito, osobito.
imprīmo, pressi, pressum, 3. utisnuti.
improbĭtas, ātis, ž. opakost.
imprŏbo, 1. neodobravati.
imprŏbus, a, um, opak, bezbožan
improvĭdus, a, um, nesmotren, neprovidan.
improvīsus, a, um, nenadan, nepredvidjen.
imprūdens, ntis, nesmotren, nevěšt.
imprudentia, ae, ž. nesmotrenost, nerazboritost.
impūbes, eris, nedorasao, nejak.
impŭdens, ntis, nesraman, bezstidan.

impudentia, ae, ž. bezsramnost, bezstidnost.
impūne, prisl. prosto.
impunĭtas, atis, ž. bezkazan, bezkažnjenost.
impūrus, a, um, nečist.
in, presl. u, za, prama, proti, na.
inānis, e, prazan, ništetan, uzaludan.
inanĭmis, e, i *inanimus, a, um,* zapuhan, mȅrtav.
inaudītus, a, um, nečuven.
incautus, a, um, nesmotren.
incedo, cessi, cessum, 3. hodati.
incendium, i, s. pogor.
incendo, di, sum, 3, upaliti, užgati.
inceptum, i, s. puduzetak, poduzetje, naměra.
incertus, a, um, neizvěstan, nesiguran.
incesso, īvi (ītum), 3. navaliti, napasti.
inchŏo, 1. početi.
incīdo, cīdi, cīsum, 3. usěći, urezati.
incīdo, cidi, 3. pasti u što; pasti na um, zapasti medju, dogodi se.
incipio, cēpi, ceptum, 3. početi.
incitamentum, i, s. ponuka.
incĭto, 1. nukati, poticati.
inclāmo, 1. poviknuti.
inclaresco, clarui, 3. proslaviti se.
inclūdo, si, sum, 3. zatvoriti, saděržati.
inclytus, a, um, glasovit.
incognĭtus, a, um, nepoznan.
incŏla, ae, m. stanovnik.
incolŭmis, e, cio, čitav, zdrav.
incolumitas, atis, ž. neoskvěrnjivost.
incommŏdum, i, s. škoda, šteta kvar.
inconsiderātus, a, um, neopazan, nerazsudan.
inconstantia, ae, ž. nestalnost.
inconsultus, a, um, nesmostren, neopazan.
incorruptus, a, um, nepokvaren.
incredĭbilis, e, nevěrojatan.

incrementum, i, s. narastak, naraštaj.
increpo, 1. *avi, atum* i *ui, itum,* izpsovati, izgèrditi, navaliti.
incruentus, a, um, nekèrvan.
incultus, a, um, neobdělan, neugladjen.
incumbo, cubui, cubitum, 3. ležati, dati se na što.
incurro, cucurri i *curri, cursum,* 3. tèrčati u što.
incursio, ōnis, ž. navala.
incutio, cussi, cussum, 3. natěrati u.
indāgo, 1. iztražiti.
inde, prisl. odavle.
indecōrus a, um, nepristojan.
India, ae, ž. Indija.
indicium, i, s. tužba, znak, dokaz.
indĭco, 1. piikazati, javiti, tužiti.
indigeo, ui, 2. trěbati.
indigena, ae, m. domaći.
indignabundus, a, um, sèrdit.
indignatio, onis, ž. gnjev, sèrditost, ljutost.
idĭgnor, 1. sèrditi se, ljutiti se.
indignus, a, um, nevrědan.
indiligens, ntis, nemaran, lěn.
indisertus, a, um, nerěčit.
indo, dĭdi, ditum, 3. dodati, priklopiti.
indoctus, a, um, neučen.
indōles, is, ž. narav, ćud.
induciae. arum, ž. primirje.
indūco, xi, ctum, 3. uvesti, skloniti, zavesti.
indulgeo, si, tum, 2. podati se, gledati komu što kroz pèrste, oprostiti.
indulgentia, ae, ž. potèrpljenje, uztèrpnost.
induo, ŭi, ūtum, 3. navući, obući.
industria, ae, ž. obèrtnost, prometnost.
industrĭus, a, um, obèrtan, prometan,
inedĭa, ae, ž. uzdèržanje od jela.

ineo, ii, itum, ire, ući, sklopiti, početi.
ineptus, a, um, neprikladan, nespretan.
inermis, e, neoboružan.
iners rtis, nespretan, trom.
inertia, ae, ž. tromost.
inexpugnabilis, e, neosvojiv, nepobědiv.
infamia, ae, ž. sramota.
infāmis, e, razvikan, zla glasa.
infans, ntis, m. ž. děte.
infaustus, a, um, zlokoban, nesrećan
infectus, a, um, neučinjen.
infelicĭtas, ātis, ž. nesrěća.
infēlix, ĭcis, nesrećan.
infensus. a, um, razsèrdjen, razljutjen.
inferiae, arum, ž. žèrtvovanje za mértv·.
infēro, tuli, illātum, infèrre, unesti počiniti, prouzročiti; *bellum inferre alicui,* navěstiti komu boj.
īnfĕrus, a, um, dolnji; višebr. *inferi,* mèrtvi podzemaljski svět.
infesto, 1. uznemirivati, zadirkivati, učiniti opasnim.
infestus, a, um, razsèrdjen, razljutjen
infĭgo, xi, xum, 3. zabosti, zaděnuti.
infinĭtus, a, um, neograničen, bezkrajan.
infirmĭtas, ātis, ž. slabina.
infirmus, a, um, slab.
infitiae, arum, ž. tajenje, nijekanje.
infĭtias, ire, tajiti, nijekati.
infĭtior, 1. tajiti, nijekati.
inflammo, 1. razplamtiti.
inflecto, xi, xum, 3. svinuti skloniti.
inflīgo, xi, ctum, 3. tući, biti, počiniti, prouzročiti.
inflŭo, xi, xum, 3. uteći u što.
infortunium, i, s. nesrěćn.
infra, predl. pod.

infringo, fregi, fractum, 3. slomiti, satèrti, oslabiti.
infŭla, ae, ž. kapa svetjenička.
infundo, fŭdi, fusum, 3. ulijati.
ingemisco, gemŭi, 3. uzdisati, stenjati.
ingeniosus, a, um, uman.
ingenium, i, s. duh, ćud, narav, značaj.
ingens, ntis, golem, gèrdan.
ingenŭus, a, um, slobodnjak, plemenit.
ingrātus, a, um, neugodan, nezahvalan.
ingredior, ingressus sum, 3. unići, stupiti, doći nutar.
ingrŭo, ui, 3. primicati se, pomoljivati se.
inhabitabĭlis, e, neobitan, gdě se nemože stanovati. [tan.
inhabĭlis, e, nesposoban, nespre-
inhaereo, haesi, haesum, 2. biti privezan, usěći se, skopčan biti.
inhibeo, ŭi, ĭtum, 2. prěčiti, preprěčiti.
inhumanitas, atis, ž. neuljudnost, neugladjenost.
injicio, jeci, jectum, 3. baciti u něšto.
inimicitia, ae, ž. neprijateljstvo.
inimicus, i, m. neprijatelj; *inimicus, a, um,* neprijateljski.
inīquus, a, um, nepravičan.
initium, i, s. početak.
injungo, xi, nctum, 3. naložiti, napèrtiti.
injuria, ae, ž. krivica, uvrěda.
injustitia, ae, ž. nepravica, krivica.
injustus, a, um, nepravičan.
innascor, natus sum, 3. priroditi, prirodjeno biti.
innocentia, ae, ž. nedužnost, nevinost.
innŏcens, ntis, nedužan, nevin.
innoxĭus, a, um, neškodljiv.
innumerabĭlis, e, nebrojan.
inopia, ae, ž. pomanjkanje, potrěba.

inops, ŏpis, bezpomoćan, potrěban.
inquam, g. m. velim.
insania, ae, ž. ludost.
insatiabĭlis, e, nezasitan.
inscitia, ae, ž. neznanstvo.
inscĭus, a, um, neznajući.
inscrĭbo, psi, ptum, 3. upisati.
insĕquor, secutus sum, 3. progoniti.
insĕro, serui, sertum, 3. uvèrstiti, umetnuti, ucěpiti, uplesti.
inservio, ivi, ītum, 4. služiti, dvoriti.
insīdiae, arum, ž. zasěde.
insīdior, 1. prežati, raditi što iz prevare.
insīgnis, e, izvèrstan, sjajan; *insigne, is, s.* znakovi.
insimŭlo, 1. oběditi, opasti, potvoriti.
insipiens, ntis, lud.
insisto, stiti, 3. stajati na čem, stupati.
insŏlens, ntis, oběstan, ohol.
insons, ntis, nekriv, nedužan.
inspīcio, spexi, spectum, 3. zaviriti, smatrati.
inspīro, 1. udahnuti, uliti, ucěpiti.
instar, neskl. slika, stas, kano, poput.
instauro, 1. ponoviti.
insterno, strāvi, strātum, 3. postlati, prostreti, posuti, pokriti.
instituo, ŭi, ūtum, 3. urediti, odrediti, uročiti, obučati.
institutio, ōnis, ž. uredjenje, obučanje.
institūtum, i, s. ustroj, načelo.
insto, stiti, stare, 1. približiti se, primaknuti se, navaliti, dodijati.
instrumentum, i, s. orudje.
instruo, xi, ctum, 3. urediti, opremiti, oružati, providiti, obučati.
insuāvis, e, neugodan. [dan
*insuetus, a, um, nevičan, nenava-

insŭla, ae, ž. otok, ostěrv.
insulsus, a, um, neslan, dosadan.
insulto, 1. psovati, zlostaviti, prezirati.
insŭper, věrhu toga, pa i.
insuperabĭlis, e, nedobitan, neosvojiv.
insusurro, 1. prišaptnuti.
intactus, a, um, nedotaknut, nedodirnut.
integer, gra, grum, cio, čitav, podpun, bezprikoran.
integrĭtas, atis, ž. podpunost, bezprikornost. nedužnost.
intellĭgo, lexi, lectum, 3. razuměti, uviděti, doznati.
intemperans, ntis, neuměren.
intemperantia, ae, ž. neuměrenost.
intendo, tendi, tentum, 3. napeti, upraviti, naperiti.
intentio, onis, ž. napor.
intentus, a, um, napet, pozoran, pazljiv.
inter, predl. medju, dok; *inter se,* medju sobom.
intercēdo, cessi, cessum, 3. posrědovati, zaprěčiti.
intercipio, cepi, ceptum, 3. uloviti.
interclūdo, si, sum, 3. obkoliti, presěci.
interdīco, xi, ctum, 3. zabraniti.
interdiu, danju.
interdum, kadšto, kadkad.
interěa, medjutim.
interěo, ii, ĭtum, 4. propasti, poginuti.
interfector, ōris, m. ubojica.
interficio, feci, fectum, 3. ubiti.
interfluo, fluxi, fluxum, 3. teći, proteći, teći kroz, prěko, po.
intěrim, prisl. medjutim.
interĭmo, emi, emtum, 3. ubiti.
intermitto, misi, missum, 3. propustiti.
internuntius, i, m. posrědnik, poslanik.
interpellatio, onis, ž. prekinutje, obustavljenje.

Latinska čitanka.

interpello, 1. obustaviti.
interpōno, posŭi, posĭtum, 3. metnuti medju, dati, rabiti.
interpres, prětis, m. ž. tumač.
interpretatio, onis, ž. tumačenje.
interprětor, 1. tumačiti.
interrogatio, ōnis, ž. pitanje.
interrŏgo, 1. pitati.
interrumpo, rupi, ruptum, 3. prekinuti, presěcati.
intersum, fui, esse, biti kod, razlikovati se; *interest,* do toga je.
intervallum, i, s. prostor medju.
intervenio, veni, ventum, 4. nadoći, oprěti se, jamčiti.
intĭmus, a, um, sěrdačan.
intra, predl. nutri, snutra.
īntrepĭdus, a, um, neprestrašan.
intro, 1. unići.
introdūco, xi, ctum, 3. uvesti.
introëo, ii, itum, ire, unići.
intuěor, tuĭtus sum, motriti.
intumesco, tumui, 3. oteći, nabreknuti.
intus, prisl. nutri.
inultus, a, um, neosvetjen, nekažnjen.
inundo, 1. potopiti, poplaviti.
inungo, unxi, unctum, 3. namazati, pomazati.
inutiatus, a, um, neobičajan, nenavadan.
inutĭlis, e, nekoristan.
invādo, si, sum, 3. ići někamo, navaliti, udariti.
invěho, vexi, vectum, 3. uvezti, uněti, těrp. uvezti se, dojahati, navaliti psovati, kuditi.
invenic, veni, ventum, 4. naći, proiznaći.
inventio, onis, ž. ili *inventum, i, s.* iznašaštje.
inventor, ōris, m. iznašatelj.
inventrix, īcis, ž. iznašateljica.
inverto, ti, sum, 3. obērnuti, izvěrnuti.
investīgo, 1. iztraživati.
inveteratus, a, um, zastario.
invictus, a, um, nesvladan.

9

invideo, vidi, visum, 2. zavīditi, nenavīditi.

invidia, ae, zavist, měržnja, nemilost.

invīdus, a, um, zavidan, nenavidan.

inviolātus, a, um, neoskvěrnjen.

invitatio, ōnis, ž. poziv.

invīto, 1. pozvati.

invītus, a, um, primoran, nehotice.

invius, a, um, neprohodan.

invōco, 1. zazivati.

involo, 1. letiti na što.

jocor, 1. šaliti se.

jocus, i, m. šala.

Iphicrātes, is, m. glasovit atenski vodja.

ipse, a, um, sám.

ira, ae, ž. sěrditost.

iracundia, ae, ž. sěrditost.

iracundus, a, um, sklon na sěrditost, sěrdit.

irascor, iratus sum, 3. sěrditi se.

irātus, a, um, sěrdit, razljutjen.

irreparabīlis, e, nenaknadan.

irrēpo, psi, ptum, 3. uvući se, ukrasti se.

irretio, īvi, itum, 4. zaplesti.

irrīdeo, risi, risum, 2. izsmijati.

irrīgo, 1. nakvasiti, namočiti.

irritamentum, i, s. poticaj, vabljenje.

irrīto, 1. poticat', dražiti, vabiti.

irritus, a, um, zaludan

is, ea, id, onaj.

Isocrātes, is, m. glasovit atenski govornik Isokrat.

Issus, i, ž. grad u maloj Aziji.

iste, a, ud, ovaj tvoj.

Ister, tri, m. Dunav.

Isthmus, i, m. prěčba.

istic, prisl. onde gdě si ti.

istinc, pris'. odonde gdě si ti.

istuc, prisl. onamo gdě si ti.

ita, prisl. tako, ovako.

ităque, vez dakle, zato, s toga.

item, prisl. i, takodjer.

iter, itiněris, s. put, cesta.

itěro, 1. ponoviti, opetovati.

itěrum, prisl. opet, po drugi put.

itidem, prisl. upravo onako ili ovako.

jubeo, jussi, jussum, 2. zapovědati, dati.

jucundĭtas, atis, ž. ugodnost.

jucundus, a, um, ugodan.

judex, ĭcis, m. ž. sudac.

judicium, i, s. sud.

judĭco, 1. suditi, misliti, uměti.

jugěrum, i, s. ral zemlje, jutro.

juglans, ndis, ž. orah.

jugŭlo, 1. zadaviti, zaklati, ubiti.

juçŭlum, i, s. gěrlo, gěrkljan.

jumentum, i, s. teglěća marha.

jungo, xi, ctum, 3. svezati, spojiti.

Juno, ōnis, ž. Junona žena Jupitrova.

Jupiter, Jovis, m najveći bog u Rimljanah.

jurgium, i, s. pravda, svadja, razmirica.

juro, 1. priseći.

jus, juris, s. juha, čorba.

jus, juris, s. pravo; *in jus vocare,* tužiti koga, pozvati koga na sud.

jusjurandum, — jurisjurandi, s. prisega

justītia, ae, ž. pravica.

justus, a, um, pravičan, pravedan.

juvenīlis, e, mladjahan.

juvěnis, is, m. ž. mlad, mladić.

juventus, ūtis, ž. mlados*, mladež.

juvo, juvi, jutum, 1. pomoći, podupřeti; *juvat,* trěbati, koristi, veseli.

juxta, predl. pokraj, do, blizu.

L.

Labefacto, 1. uzkolebati, uzděrmati.

labes, is, ž. kuga.

labor, lapsus sum, 3. puziti, pasti.

labor, ōris, m. dělo, napor, trud.

laboriosus, a, um, poslen, radin.
laboro, 1. raditi, poslovati, bolovati.
labrum, i, s usna, ustnica.
lac, lactis, s. mleko.
Lacaena, ae, ž. Lacedemonka, Špartanka.
Lacedaemon, onis, ž. Šparta, glasovit grad u Peloponezu.
Lacedaemonius, a, um, lacedemonski, samost. Lacedemonac.
lacero, 1. razderati, raztergati.
lacerta, ae, ž. gušterica.
lacesso, sivi, situm, 3. dražiti.
Laco, onis, m. Lacedemonac.
Laconicus, a, um, lacedemonski.
lacrima, ae, ž suza.
lacus, us, m jezero.
laedo, si, sum, 3. ozlediti, uvrediti.
laetifico, 1. razveseliti.
laetitia, ae, ž. veselje.
laetor, 1. veseliti se.
laetus, a, um, veseo.
laevus, a, um, levi.
lamentatio, onis, ž. jadikovanje.
lamentor, 1. jadikovati.
Lampsacus, i, ž. grad u maloj Aziji.
lana, ae, ž. vuna.
lancea, ae, ž. koplje.
laneus, a. um, vunen.
languor, oris, m. mlitavost, mledost.
laniatus, us, m. mercvarenje, razdiranje.
lanio, 1. mercvariti, razdrapiti.
lapideus, a, um, kamenit.
lapillus, i, m. kamenčić.
lapis, idis, m. kamen.
laqueus, i, m. uže, zanjka.
largior, itus sum, 4. darovati.
largitio, onis, ž. darovanje, poklanjanje.
largus, a, um, bogat. [stan.
lascivus, a, um, nestašan, objelasso,* 1. utruditi, umoriti.
lassus, a, um, trudan, umoran.
latebra, ae, ž. rupa, kut, skrovište.

lateo, ui, 2. biti sakriven.
latitudo, inis, ž. širina.
latomiae, lautomiae, arum, ž. kamenik.
latro, 1. lajati.
latro, onis, m. razbojnik.
latrocinium, i, s. razbojničtvo.
latus, a, um, širok, prostran.
latus, eris, s. bok, strana.
laudabilis, e, pohvalan, hvale vredan.
laudatio, onis, ž. hvaljenje, pohvalan govor. [vornik.
laudator, oris, m. pohvalan golaudo,* 1. hvaliti.
laurus, i, ž. lovorika.
laus, dis, ž. hvala.
lautus, a, um, sjajan.
lavo, lavi, lautum, lotum (lavavi, lavatum), 1. prati, kupati.
lectica, ae, ž. nosiljka, postelja za počinak.
lectio, onis, ž čitanje.
lectus, i, m. postelja.
legatio, onis, ž. legija, dio vojske rimske. [birati.
lego, legi, lectum, 3. čitati, polegislator, oris, m.* zakonodavac.
lenis, e, blag, krotak. [koća.
lenitas, atis, ž. blagost, krotlentus, a, um,* lagan.
leo, onis, m. lav. [tanski.
Leonidas, ae, m. kralj sparleoninus. a, um,* lavlji.
lepus, oris, m. zec.
letalis, e, smertan.
Leuctra, orum, s. grad u Beotiji.
Leuctricus, a, um, leuktriski.
levis, e, lagak.
levitas, atis, ž. lakoća, vetrenost, lahkoumnost.
levo, 1. olakotiti.
lex, gis, ž. zakon, pogodba, uvet, *legem ferre,* zakon dati.
Libanus, i, m Libanon, gora u Siriji.
libellus. i, m. knjižica.
libens (ntis), rado, dragovoljno *(lubens).*

9*

liber, bri, m. knjiga.

liber, ĕra, erum, slobodan.

liberālis, e, darežljiv, plemenit.

liberalitas, ātis, ž. darežljivost, plemenitost.

liberator, ōris, m. osloboditelj.

libĕri, ōrum, m. dĕca.

libertas, ātis, ž. sloboda, otvorenost, odpĕrtost.

libertus, i, m. oslobodjen, slobodnjak.

libet (lubet), buit, 2. dopada se.

libīdo, ĭdinis, ž.

libra, a'e, ž. funt.

librarius, a, um, književan, samost. prepisatelj knjigah, tajnik.

licentia, ae, ž. razuzdanost, razpuštjenost. [dno je.

licet, cuit, 2. prosto je, slobo.

licet, vez. da i premda.

lictor, ōris, m. liktor.

lignātor, ōris, m. dĕrvocĕpac.

ligneus, a, um, dĕrven.

lignor, 1. dĕrvariti.

lignum, i, s. dĕrvo.

ligo, 1. vezati.

ligo, ōnis, m. motika.

lima, ae, ž. lima.

limen, ĭnis, s. prag.

limus, a, um, škiljav, razrok.

linea, ae, ž. linija, redak.

lineamentum, i, s. potez, naris.

lingua, ae, ž. jezik.

linter, tris, ž. čun, čamac.

liquĭdus, a, um, tekuči, židak.

liquor, ōris, m. tekućina, židčina.

lis, litis, ž. pravda, parnica.

litigiosus, a, um, pravdaš, zavadan, svadljiv.

litigo, 1. svadjati se, prĕti se, pravdati se.

littera, ae, ž. (litera) slovo, višebr. list, znanost.

litterātus, a, um, učen.

litus, ōris (littus), s. brĕg, obala, primórje.

loco, 1. postaviti, položiti, najmiti, u najam dati.

locŭples, ētis, bogat.

locuplēto, 1. bogatiti.

locus, i, m. mĕsto.

longinquĭtas, ātis, ž. daljina, zabitnost.

longinquus, a, um, dalek, zabitan.

longitūdo, ĭnis, ž. duljina, dužina.

longus, a, um, dug.

loquacĭtas, ātis, ž. bĕrbljavost, blebetljivost.

loquax, ācis, bĕrbljav, blebetljiv.

loquor, locutus sum, 3. govoriti.

lubrĭcus, a, um, sklizak.

luceo, xi, 2. svĕtliti, sjati.

lucerna, ae, ž. lampa, uljenica.

lucĭdus, a, um, svĕtao, jasan.

lucror, 1. dobiti.

lucrum, i, s. dobitak.

luctor, 1. boriti se, hĕrvati se.

lucus, i, m. lug, gaj.

ludibrium, i, s. spĕrdnja, smĕh.

ludibundus, a, um, igrajuć.

ludo, si, sum, 3. igrati se, šaliti se.

ludus, i, m. igra, kazalište, učiona.

lugeo, xi, 2. žalovati.

lugubris, e, žaloban.

lumen, ĭnis, s. svĕtlo.

luna, ae, ž. mĕsec.

luo, ui, luitum, 3. platiti, biti kažnjen.

lupa, ae, ž. vučica.

lupus, i, m. vuk.

luscinia, ae, ž. slavulj.

lustratio, ōnis, ž. razgledanje, razgled, muštra.

lustro, 1. razgledati, muštrati.

lusus, us, m. igra, šala.

lux, lucis, ž. svĕtlo, svĕtlost.

luxuria, ae, ž. razkoš, naslada, bludnost, razsipnost.

luxuriosus, a, um, razkošan, nasladan, bludan, razsipan.

luxus, us, m. razsipnost, suvišak, sjajnost.

Lycia, ae, ž. pokrajina u maloj Aziji.

Lycurgus, i, m. glasoviti špartanski zakonodavac.

Lydia, ae, ž. pokrajina u maloj Aziji.

lyra, ae, ž. lira.

Lysander, dri, m. glasovit špartanski vodja.

M.

Macědo, ōnis, m. Macedonac.

Macědonia, ae, ž. Macedonija.

macer, cra, crum, měršav.

macěro, 1. měršaviti.

machina, ae, ž. makina, stroj.

machinatio, ōnis, ž. spletke.

machǐnor, 1. izumiti, snovati, kovati.

macies, ěi, ž. měršavost.

macilentus, a, um, měršav.

macto, 1. zaklati.

macǔla, ae, ž. ljaga.

macǔlo, 1. okaljati, opěrzniti.

madefacio, feci, factum, 3. pomočiti, ovlažiti.

madeo, ui, 2. pomočiti se, pokisnuti, mokar biti.

Maecěnas, ātis, m. prijatelj cara Augusta i zaštitnik znanostih i umětnostih.

magis, pris. više, maxime, najviše, što višč.

magister, ri, m. učitelj.

magistra, ae, ž. učiteljica.

magistrātus, us, m. poglavarstvo, ured.

magnanǐmus, a, um, velikodušan.

magnifǐcus, a, um, sjajan, veličanstven.

magnitūdo, inis, ž. veličina.

magnōpere, prisl. věrlo, veoma.

magnus, a, um, velik; *majores,* predji.

magus, i, m. vračar, gatar, mag.

majestas, ātis, ž. veličanstvo.

maledīco, xi, ctum, 3. s dat. psovati, kleti.

maledictum, i, s. psovka, kudnja.

maledǐcus, a, um, jezičan, jezičljiv, uštipljiv.

maleficium, i, s. zločin, zločinstvo.

maleficus, a, um, zločinac, bezbožan, samost. zločinac.

malevǒlus, a, um, zlohotan, zloban.

malignus, a, um, zloban.

malitia, ae, ž. zloba.

malo, malui, malle, voliti.

malum, i, s. jabuka.

malus, a, um, zločest ; *malum, i, s.* zlo, nesrěća.

mancipium, i, s. rob.

mando, 1. naložiti.

mane, jutro; s jutra, u jutru.

maneo, mansi, mansum, 2. ostati, čekati, predstojati.

manifestus, a, um, očit.

mansuetūdo, ǐnis, ž. blagost, krotkoća, tihoća.

mansuētus, a, um, blag, krotak, tih.

Mantinēa, ae, ž. grad u Arkadiji.

manus, us, ž. ruka, šaka ljudih, vojska.

Marǎthon, ōnis, m. poljana u Atici.

Marǎthonǐus, a, um, maratonski.

mare, is, s. móre.

margo, ǐnis, m. kraj, okrajak, rub.

marīnus, a, um, mórski.

marǐtimus, a, um, mórski.

marītus, i, m. muž (suprug).

Marius, ǐ, m. glasovit rimski konzul i vodja.

marmor, ǒris, s. mramor.

marmorěus, a, um, mramoran.

Mars, Martis, m. bog boja u Rimljanah.

mas, maris, m. mužkarac, samac.

mater, tris, ž. mati.

materǐa, ae. ž. gradivo.

maternus, a, um, materinski.

matrimonium, i, s. ženidba.

matrōna, ae, ž. gazdarica, gospodarica, gospodja.

maturesco, rǔi, 3. zrěliti.

maturitas, ātis, ž. zrělost.

matūro, 1. zrěliti, pospěšiti.

134

matūrus, a, um, zrio.
mátutīnus, a, um, jutarnji.
maximopĕre, prisl. vèrlo, veoma.
medeor, 2. lěčiti, vidati.
Media, ae, ž. Medija, pokrajina u Aziji.
medicāmen, ĭnis, s. lěk.
medicamentum, i, s. lěk.
medicīna, ae, ž. lěk.
medĭcus, i, m. lěčnik, lěčitelj.
mediocrĭtas, ātis, ž. srědnost, srědnje ruke.
mediŏcris, e, srědnji.
meditatio, ōnis, ž. razmišljanje.
medĭtor, 1. razmišljati.
medĭus, a, um, osrědan.
medulla, ae, ž. mòzag.
Medus, i, m. Med.
Megăra, ae, ž. grad u Gèrčkoj.
mehercŭle, prisl. jamačno, doista, tako mi.
mel, mellis, s. med.
membrāna, ae, ž. koža.
membrum, i, s. član, ud, udo.
memĭni, isse, sětjati se, spominjati se.
memor, ŏris, spominjajuć se, sětjajuć se.
memorabĭlis, e, znatan, znamenit.
memoria, ae, ž pamet, uspomena.
memŏro, 1. spomenuti.
mendacium, i, s. laž.
mendax, ācis, lažljiv.
mens, ntis, ž. duša, um, misao, naměra.
mensa, ae, ž. stol.
mensis, is, m. měsec.
mensūra, ae, ž. měra.
mentha, ae, ž. metvica.
mentio, ōnis, ž. napomenutje.
mentior, ītus sum, 4. lagati.
mentum, i, s. brada, podbradak.
mercator, ōris, m. tèrgovac.
mercatūra, ae, ž. tèrgovina.
mercātus, us, m. sajam, vašar.
merces, ēdis, ž. platja.
Mercurius, i, m. bog Merkur.
mereo, ui, itum, (mereor, merĭtus sum), 2. zaslužiti.

merges, ĭtis, ž. snop.
mergo, mersi, mersum, 3. roniti ugnjuriti, uroniti, utopiti.
meridies, ēi, m. poldan.
merĭto, prisl. pravom, po zasluzi.
meritum, i, s. zasluga.
mǝrŭla, ae, ž. kos.
merus, a, um, sam, čist, suh (zlato, vino).
Messenĭus, a, um, mesenski.
messis, īs, ž. žetva.
meta, ae, ž. cilj.
metallum, i, s. kov (ruda).
metior, mensus sum, 4. měriti.
meto, messui, messum, 3. žeti, kositi.
metor, 1. odměriti.
metuo, ŭi, 3. bojati se.
metus, us, m. strah.
meus, a, um, moj.
mico, ŭi, 1. blěskati, sjati.
migrātio, ōnis, ž. seljenje, seoba.
migro, 1. seliti se.
miles, ĭtis, m. vojak, vojnik.
Milesius, a, um, Miletjanin.
militāris, e, vojnički; *res militaris,* vojničtvo, poslovi bojni.
militia, ae, ž. vojnička služba.
milito, 1. služiti u vojsci, vojničiti.
mīlle, tisuća, hiljada.
millarium, i, s. milja (stup od milje).
Miltiădes, is, m. glasovit atenski vodja.
milvus, i, m. piljuh, kanja (ptica).
mimĭcus, a, um, mimički.
mina, ae, ž. mina, svota novacah u Gèrčkoj.
minae, arum, ž. grožnje, prětnje.
minax, ācis, grozeći, prěteći.
Minerva, ac, ž. božica Minerva.
minime, prisl. barem, nipošto.
minister, stri, m. poslužnik.
ministerium, i, s. služba.
ministro, 1. poslužiti, podvoriti.
minĭtor i *minor,* 1. groziti, prětiti.
minŭo, ui, ūtum, 3. umaliti.

minus, prisl. manje.
mirabĭlis, e, čudnovit.
miracŭlum, i, s. čudo.
mirifice, prisl. vêrlo, osobito.
miror, 1. čuditi se.
mirus, a, um, čudnovit, izvan-
redan.
misceo, miscui, mixtum i *mistum,*
2. mêšati.
miser, a, um, nevaljan, bêdan.
miserabĭlis, e, plačan, vrêdan
požaljenja.
miserandus, a, um, dostojan po-
žaljenja.
misereor, misertus sum, 2. smi-
lovati se.
miseret, neos. 2. žao mi je.
miseria, ae, ž. milosêrdje.
misericors, rdis, milosêrdan.
misĕror, 1. požaliti.
mitesco, 3. ukrotiti se.
Mithridates, is, m. glasoviti kralj
Fonta, dêržave pokraj cêrnoga
móra.
mitĭgo, 1. um'riti, ublažiti.
mitĭs, e, blag, tih, krotak.
mitto, misi, missum, 3. poslati,
odapinjati.
mobĭlis, e, gibljiv.
mobilĭtas, ātis, ž. gibljivost.
moderatio, ōnis, ž. umêrenost.
moderātus, a, um, umêren:
modĕror, 1. ravnati, upravljati,
vladati.
modestia, ae, ž. čednost.
modestus, a, um, čedan.
modĭcus, a, um, umêren, posrê-
dnji.
modius, i, m. rimska mêra za
žito, vagan.
modo, prisl. samo, sad; *modo
ne,* samo da ne.
modus, i, m. mêra, način.
mōenia, ium, s. zidovi, bedemi
grada.
moereo, ui, 2 tugovati.
moeror, ōris, m. žalost, tuga.
moestitia, ae, ž. žalost.
moestus, a, um, žalostan.
moles, is, ž. têrh.

molestia, ae, ž. dosadnost, ne-
prilika.
molestus, a, um, tegotan, do-
sadan, nepriličan.
molior, ītus sum, 3. poduzeti.
mollio, īvi, itum, 4. umekčati,
razmaziti.
mollis, e, mekan, blag, razmažen.
mollitia, ae (mollīties, ei), ž.
mekoća, razmaženost.
momentum, i, s. čas, uzrok,
upliv, važnost.
monĕo, ui, itum, 2. sêtiti, opo-
menuti.
monĭtum, i, s. sêtjanje, opomena.
mons, ntis, s. bêrdo.
monstro, 1. pokazati.
monstrum, i, s. nakaza.
monumentum, i, s. spomenik.
mora, ae, ž. odgod, odgodjenje
kêrzmanje, kašnjenje.
morātus, a, um, ćudoredan.
morbus, i, m. bolest.
mordax, ācis, ugrižljiv.
mordeo, momordi, morsum, 2.
grizti, vrêdjati
morior, mortuus sum, 3. umrêti.
morōr, 1. zadêržati se.
morōsus, a, um, zlovoljan, na-
mêrgodjen.
mors, tis, ž. smêrt.
morsus, us, m. ujêdina.
mortālis, e, umêrli.
mortĭfer, a, um, smêrtan, smêr-
tonosan.
mos, mōris, m. navada, običaj,
višebr. ćudorednost, značaj.
motus, us, m kretanje.
moveo, movi, motum, 2. kretati,
dirnuti.
mox, prisl. taki, namah.
mulceo, si, sum, 2. gladiti, mi-
lovati, militi.
mulgeo, si (ctum), 2. muzti.
muliĕbris, e, ženski.
mulier, ĕris, ž. žena.
multitudo, inis, ž. množtvo,
množina.
multo, 1. nametnuti globu.
multus, a, um, mnogi.

mulus, i, m. mazga.
mundānus, a, um, světski, svě-
tovni.
mundus, i, m. svět.
mundus, a, um, čist.
municeps, cĭpis, m. gradjanin
slobodna grada.
municipium, i, s. grad, koji je
imao pravo rimskoga gra-
djanstva.
munificentia, ae, ž. blagodarnost,
darežljivost.
munificus, a, um, blagodaran,
darežljiv.
munio, īvi, ītum, 4. učvěrstiti,
utvěrditi
munus, ěris, s. služba, dar.
munuscŭlum, i, s. darak.
muraena, ae, ž. murena (riba).
murus, i, m. zid.
mus, muris, m. miš.
musa, ae, ž. muza, ime deveto-
rice božicah znanostih i umět-
nostih.
musca, ae, ž. muha,
muscŭlus, i, m. mišić.
musĭca, ae, ž, glasha (muzika).
mutabĭlis, e, proměnljiv.
mutatio, ōnis, ž. proměna.
muto, 1. proměniti, zaměniti.
mutus, a, um, něm.
mutuus, a, um, medjusoban, uzaj-
mljen, posudjen; *mutuo dare,*
uzajmiti, posuditi.
Myndus, i, ž, grad u' maloj Aziji.

N.

Nabis, is, m. vladar u Šparti.
nam i *namque,* vez. jer.
nanciscor, nactus sum, 3. dobiti,
steći.
Narbo, ōnis, m. grad u Galiji.
naris, is, ž. nosnica, višeb. *na-
res, ium,* nos.
narratio, ōnis, ž. pripověst.
narratiuncula, ae, ž. pripověd-
čica.
narro, 1. pripovědati.
nascor,- natus sum, 3. roditi se,
postati.

natio, ōnis, ž. kolěno, narod,
puk.
nato, 1. plivati.
natūra, ae, ž. narav, ćud.
naturālis, e, naravan, naravski.
naufragium, i, s. brodolomlje.
naufrăgus, a, um, brodoloman.
nauta, ae, m, brodar, mornar.
nautĭcus, a, um, mornarski.
naVālis, e, brodovan, pugna na-
valis, pomórska bitka.
navigātio, ōnis, ž. brodjenje.
navĭgo, 1. broditi.
navigium, i, s. brod, ladja i sve,
na čem se brodi.
navis, is, ž. brod.
ne, vez. dá ne, ne (sa zapověd.
nač.); *nequidem,* niti; prilěp-
ljena pěrvoj rěči u izrěci, na-
značuje, da je to upitna izrěka,
n. p. *dormitne?* spava li?
nebula, ae, ž. magla.
nec, neque, vez. i ne; *nec-nec,
neque-neque,* niti-niti.
necdum, i još ne, još ne.
necessarius, a, um, potrěbit, po-
trěban.
necesse, neskl. trěba.
necessitas, ātis, ž. potrěba.
neco, 1. ubiti.
nectar, ăris, s. nektar.
necto, nexui, nectum, 3. svezati,
splesti, spojiti.
nefarius, a, um, opak.
nefas, s. neskl. krivica, opa-
čina, grěh.
neglĭgens, ntis, lěn, nemaran.
negligentia, ae, ž. nemarnost,
lěnost.
negligo, glexi, glectum, 3. zane-
mariti.
nego, 1. nijekati, odbiti, uzkratiti.
negotiator, ōris, m. těrgovac.
negotior, 1. těrgovati.
negotium, i, s. posao.
nemo (ĭnis genit. neima, město
njega *nullīus),* nitko.
nempe, prisl. naime.
nemus, ŏris, s. šuma.
neo, nevi, netum, 2. presti.

nepos, ōtis, m unuk.
neptis, is, ž unuka.
Neptūnus, i, m. bog móra.
nequam, prisl. neskl. nevaljao, zločest, opak.
nequāquam, prisl. nikako, nipošto.
nequeo, ivi i ĭi, ĭtum, ire, nemoći.
nequidquam, prisl. uzalud.
nequitia, ae, ž. zločestoća, opakost.
Nero, ōnis, m. okrutan rimski car.
nervus, i, m. živac, struna, tetiva.
nescio, īvi, ītum, 4. neznati.
nescius, a, um, nevěšt, neznajući.
Nestor, ŏris, m. gěrčki junak, koji je bio vèrlo star.
neuter, tra, trum, nijedan izmedju dvojice.
neve-et ne, i da ne.
nex, necis, ž. ubojstvo, silovita smèrt,
nexus, us, m. vez, dužnost.
ni, město nisi, ako ne.
nidŭlor, 1. gnjezditi, gnjezdo praviti.
nidus, i, m. gnjezdo.
niger, gra, grum, cèrn.
nihil, ništa.
nihilum, i, s. ništa.' ništica.
nil, město nihil, ništa.
Nilus, i, m. rěka u Egiptu.
nimīrum, prisl. naime, da što, naravski.
nimis, prisl. odviše, preveć.
nīmius, a, um, premnogo, prevelik.
ningit, ninxit, 3. sněg pada.
nisi, vez. ako ne, osim.
niteo, ui, 2. sjati, lěp biti.
nitĭdus, a, um, sjajan.
nītor, ōris, m. sjajnost.
nitor, nisus i nixus sum, 3. nasloniti se, osnivati na čem, uzdati se u što.
nix, nivis, ž. sněg.

no, 1. plivati.
nobilis, e, odličan plemenit, slavan,
nobilitas, ātis, ž. odličnost, ugled, plemenitost.
nobilĭto, 1. proslaviti, oplemeniti.
noceo, ŭi, ĭtum, 2. škoditi.
noctu, prisl. noćju.
noctua, ae, ž. sova.
nocturnus, a, um, noćan.
nodus, i, m. uzao, čvor.
nolo, nolui, nolle, nehotěti.
nomen, ĭnis, s. ime.
nomĭno, 1. imenovati.
non, prisl. ne.
Nonae, arum, ž. 7. dan u měsecih: Ožujku, Svibnju, Sèrpnju i Listopadu, u ostalih 5.
nondum, prisl. ne još.
nonne (upit.), nije li?
nonnihil, něšto, něšto malo.
nonnulli, ae, a, někoji.
nonnunquam, prisl. kadkad kadšto.
nos, mi.
nosco, novi, notum, 3. poznati, spoznati.
noster, stra, um, naš.
nostras, ātis, našinac.
nota, ae, ž. znak, znamenje.
notabilis, e, znamenit. (sar.
notarius, i, m. tajnik, bèrzopinotitia, ae, ž. poznanje. znanje, poznanstvo.
noto, 1. označiti, zabilježiti.
notus, a, um, póznan.
novĭtas, ātis, ž. novost.
novo, 1. ponoviti.
novus, a, um, nov.
nox, otis, ž. noć.
noxa, ae, ž. škoda, krivnja.
noxius, a, um, škodljiv.
nubes, is, ž. oblak.
nubo, psi, ptum, 3. udati se.
nucleus, i, m. jezgra od oraba.
nudo, 1. razgoliti.
nudus, a, um, gol.
nvgae, arum, ž. šala, igračka, trice, děčarija, zanovetka.

nugor, 1. šaliti se, zanovetati.
nullus, a, um, nijedan.
num (upit.) zar,
numen, ĭnis, s božanstvo.
numĕro, 1. brojiti.
numĕrus, i, m. broj, čislo.
Numidĭa, ae, ž. Numidija, pokrajina u sěvernoj Africi,
nummus i *numus, i, m.* novac, novci.
nunc, prisl. sada.
nuncŭpo, 1. imenovati.
nunquam, prisl. nikada.
nuntio, 1. obznaniti, javiti, izvěstiti.
nuntius, i, m. věstnik.
nuper, prisl. onomadne.
nurus, us, ž. snaha, nevěsta.
nusquam, prisl. nigdě.
nutrio, īvi, ītum, 4. hraniti.
nutus, us, m. mig.
nux, nucis, ž. orah.

O.

O! uzkl. o, oj, oh ; *o si,* da, o da.
ob, predl. radi, prěd.
obambŭlo, 1. šetati, obilaziti.
obcaeco, 1. oslěpiti.
obdormisco, mīvi, mītum, 3. zaspati.
obdūco, xi, ctum, 3. navući, pokriti, zastěrti.
obedientia, ae, ž. poslušnost.
obedio, īvi, ītum, 4. poslušati.
obeo, ĭi, ĭtum, ire, obaviti, poduzeti, umrěti.
oberro, 1. skitati se, bluditi, basati.
obĭtus us, m. smèrt.
objicio, jeci, jectum, 3. baciti, prědbaciti, prigovoriti, zacěniti.
objurgatio, ōnis, ž. prigovor, ukor.
objurgo, 1. prědbaciti, prigovoriti, ukoriti.
oblecto, 1. zabavljati, obradovati, razveseliti.
oblĭgo, 1. vezati, zadužiti

oblīmo, 1. zaglibiti, okaljati, poblatiti.
oblīquus, a, um, kos.
oblīvio, ōnis, ž. zaborava.
obliviscor, oblītus sum, 3. zaboraviti.
obmutesco, mutui, 3. zaněmiti, zašutiti,
obnoxius, a, um, podan, podvěržen. (pokriti.
obrŭo, ŭi, ŭtum, 3. obasipati,
obscūro, 1. potamniti.
obscūrus, a, um, taman, tmičan.
obsěcro, 1. moliti, zaklinjati.
obsequium, i, s poslušnost, dvornost.
obsěquor, secutus sum, 3. poslušati, pokoriti se.
observantia, ae, ž. opažanje. pozornost, štovanje.
observo, 1. motriti, opaziti.
obses, ĭdis, m. ž. talac.
obsideo, sedi, sessum, 2. obsěsti.
obsidio, onis, ž. obsědanje, obsada.
obsisto, stĭti, stĭtum, 3. protiviti se, oprěti se
obstinātus, a, um, oporan, tvèrdoglav.
obsto, stiti, stare, 1. prěčiti.
obstruo, xi, ctum, 3. doskočiti, zatěrpati, zabašuriti.
obstupesco, pui, 3. začuditi se.
obsum, fui, esse, protiviti se, škoditi.
obtěgo, texi, tectum, 3. pokriti.
obtempěro, 1. poslušati, pokoriti se.
obtineo, tinui, tentum, 2. imati, posědovati, dokazati, braniti, stěći, postići.
obtingo, tĭgi, 3. zapasti.
obtrectatio, ōnis, ž. umaljvanje, opadanje.
obtrectator, ōris, m. umaljatelj, protivnik, opadnik.
obtrecto, 1. umaljavati, opasti.
obtrunco, 1. odsěći, ubiti.
obtundo, tŭdi, tūsum, 3. otupiti, razslabiti.

obumbro, 1. potamniti.

obverto, *verti*, *versum*, 3. okrenuti, obèrnuti prama.

obviam, prisl. u susrèt. (tan.

obviu̇s, *a*, *um*, srètajući, susrè-

occasio, *ŏnis*, ž. prilika.

occāsus, *us*, *m.* zapad, pad.

occidens, *ntis*, *m.* zapad.

occĭdo, *occĭdi*, *occasum*, 3. zaći, zapasti, propasti.

occīdo, *cīdi*, *cīsum*, 3· ubiti.

occlūdo, *si*, *sum*, 3. zatvoriti.

ōcculto, 1. sakriti, zatajiti.

occultus, *a*, *um*, sakriven, tajan.

occumbo, *cubŭi*, *cubĭtum*, 3. pasti, podati se, neodolěti, svladanu biti od česa; *mortem occumbere*, umrěti.

occurro, *curri*, *cursum*, 3. stići u susrèt, srèsti, udariti, navaliti, oprěti se.

occupatio, *ōnis*, ž. zabava.

occŭpo, 1. zabaviti.

oceănus, *i*, *m.* móre, ocean.

octogenarius, *a*, *um*, osamdesetgodišnji.

ocŭlus, *i*, *m* oko.

odi, *odisse*, mèrziti.

odiosus, *a*, *um*, mèrzak

odinm, *i*, *s.* mèržnja.

odor, *ōris*, *m.* miris.

odorĭfer, *a*, *um*, mirisan.

offendo, *di*, *sum*, 3. zapeti, udariti, uvrěditi.

offensio, *ōnis*, ž. uvrěda.

offĕro, *obtuli*, *oblatum*, *offerre*, pružiti, nuditi.

officīna, *ae*, ž. dělaonica.

officio, *feci*, *fectum*, 3. prěčiti.

officium, *i*, *s.* ljubav, dvornost, dužnost.

olĕa, *ae*, ž. maslina

olĕum, *i*, *s.* ulje.

olfactus, *us*, *m.* njuh.

olim, prisl. někoč.

olor, *ōris*, *m.* labud. (tlina.

olus, *ĕris*, *s.* povèrtje, povèr-

Olympĭa, *ae*, ž. město u Elidi, gdě su se svake 4. godine slavile olimpske igre.

Olympĭcus, *a*, *um*, olimpski.

omen, *ĭnis*, *s.* slutnja.

omitto, *misi*, *missum*, 3. propústiti, pustiti, izostaviti.

omnīno, prisl. posve.

omnipŏtens, *ntis*, svemogućan.

omnis, *e*, svaki.

onĕro, 1. obtèršiti.

onerarĭus, *a*, *um*, fakin, težak; *navis oneraria*, teretni brod.

onus, *ĕris*, *s.* tèrb, tovar.

onustus, *a*, *um*, napèrtjen, natovaren.

opācus, *a*, *um*, sěnast.

opĕra, *ae*, ž. trud; *operam dare alicui rei*, raditi okó česa, dati se na što.

operĭo, *erui*, *ertum*, 4. pokriti.

opĕror, 1. raditi.

operosus, *a*, *um*, trudan, mučan.

opes, *um*, ž. moć, imetak, bogatstvo.

opifex, *fĭcis*, *m.* rukotvorac, tvorac.

opilio, *ōnis*, *m.* čoban.

opīmus, *a*, *um*, bujan, tust.

opinio, *ōnis*, ž. mněnje.

opinor, 1, mněti.

opitŭlor, 1· pomoći.

oportet, *uit*, neos. 2 trěba, valja.

opperior, *pertus sum*. 4, čekati.

oppĕto, *petivi*, *petĭi*, *petītum*, 3. pretèrpiti što; *mortem oppetĕre*, umrěti.

oppĭdum, *i*, *s.* grad.

oppōno, *posŭi*, *posĭtum*, 3. staviti usuprot.

opportunĭtas, *ātis*, ž. narednost, dobra sgoda i prilika.

opportūnus, *a*, *um*, naredan, sgodan, priličan, shodan.

opprĭmo, *pressi*, *pressum*, 3. udušiti, utažiti.

opprobrium, *i*, *s.* prigovor, psovka, prikor.

oppugnatio, *ōnis*, ž. obsědanje, jurišanje.

oppūgno, 1. obsědati, biti, jurišati.

ops, *opem*, *ope*, ž. pomoć; *opem ferre*, pomoći, doći u pomoć.

opsonium, i, s. prismok (mane-
štra).
opsōno, 1. kupovati jěla.
optabĭlis, e, poželjan.
optimates (ium i um), višebr. od-
lični muževi, velikaši.
opto, 1. želiti.
opulentus, a, um, bogat, mogu-
ćan.
opus, ěris, dělo, radnja.
opus, neskl. trěba; opus est,
trěba.
ora, ae, ž. obala, primorje.
oracŭlum, i, s. gatka, gatalište.
oratio, onis, ž. govor.
orātor, oris, m. govornik.
oratorius, a, um, govornički.
orbis, is, m. krug, zemlja.
orbo, 1. lišiti.
orbus, a, um, lišen.
ordĭno, 1. urediti, odrediti.
ordior, orsus sum, 4. početi.
ordo, ĭnis, m, red, věrsta.
oriens, ntis, m. iztok.
orīgo, ĭnis, ž. početak, izvor.
orior, ortus sum, 4. granuti, po-
stati.
ornamentum, i, s. ures, nakit,
naprava.
ornatus, us, m ures, nakit, na-
prava.
ornīthon, ōnis, m. kěrletka.
orno, 1. resiti, kititi.
oro, 1. prositi; causam orare,
braniti što na sudu.
ortus, us, m. izhod.
os, oris, s. usta, lice.
os, ossis, s. kost.
oscen, ĭnis, ž. (rědko) ptica, pě-
vačica.
oscŭlor, 1. ljubiti, cělovati.
oscŭlum, i, s. poljubac, cělov.
ostendo, di, sum i tum, 3. kazati,
izjaviti, dokazati.
ostentatio, onis, ž. hvalisanje,
hvastanje.
ostento, 1. kazati, hvalisati se,
hvastati se, graditi se.
ostium, i, s. vrata, uštje.
ostracismus, i m. ostrakizam.

otior, 1. dangubiti.
otiosus, a, um, bezposlen, dan-
guban.
otium, i, s. bezposlica, danguba,
lazno plandovanje.
ovis, is, ž. ovca.
ovum, i, s. jaje.

P.

Pabŭlum, i, s. kěrma.
paciscor, pactus sum, 3. sklopiti
ugovor.
pactio, ōnis, ž. ugovor, pogodba.
pactum, i, s. ugovor, pogodba.
paedagōgus, i, m. odhranitelj.
paene, prisl. malone.
pagus, i, m. selo.
palaestra, ae, ž. borište.
palam, prisl. javno.
palatium, i, s. carski dvor.
palātum, i, s. nebo (u ustijuh).
palearia, ium, s. potěrbušina (u
volovah).
pulla, ae, ž. duga, gornja halji-
na, zastor, zavěsa.
pallěo, ui, 2. poblěditi.
pallidus, a, um, blěd.
pallium i, s. kabanica.
palma, ae, ž. dlan, palmova
grana, nagrada, prědnost
palmātus, a, um, palmami izve-
zen.
palpěbra, ae, ž. vedja.
palus, ūdis, ž. močvara, bara,
mlaka.
Pan, anos, m. gěrčki pastirski
bog.
pando, pandi, pansum i passum,
3. razširiti, razapeti, razplesti.
pango, pepĭgi, pactum, 3. utvěr-
diti, sklopiti.
panis, is, m. kruh.
papāver, ěris, s. mak.
par, paris, jednak, moćan; sa-
most. par.
parasītus, i, m. zděloliz, namet-
puška.
paratus, a, um, pripravan, spreman.
parco, peperci, parsum (parsi, par-
citum), 3. štediti.

parcus, a, um, oskudan.
parens, ntis, m. ž. otac i mati,
višeb. roditelji.
pareo, ŭi, ĭtum, 2. poslušati, po-
koran biti.
paries, ĕtis, ž. zid, stěna.
pario, pepĕri, partum, 3. roditi,
prouzročiti, steći.
pariter, prisl. takodjer.
paro, 1. pripraviti, steći.
parricidium, i, s. otcoubojstvo,
ubojstvo (u obće).
pars, rtis, ž. dio, čest, stranka.
parsimonia, ae, ž. štedljivost.
particeps, ipis, dionik.
partim, koje.
partior, partītus sum, 4. dĕliti.
parturio, īvi, ītum, 4. radjati
(ali ne roditi).
partus, us, m. porod.
parum, prisl. malo.
parvŭlus, a, um, droban.
parvus, a, um, malen.
pasco, pavi, pastum, 3. pasti,
kĕrmiti, braniti.
pascuum, i, s. paša.
passer, ĕris, m. vrabac, vrebac.
passim, prisl, amo, tamo.
passus, us, m. korak.
pastor, ōris, m. pastir.
pastus, us, m. paša, brana.
patefacio, feci, factum, 3. otvoriti,
razglasiti, prokĕrčiti.
pateo, ui, 2. otvoren biti, prosti-
rati se.
pater, tris, m. otac.
patĕra ae, ž. zdělica.
paternus, a, um, otčinski.
patiens, ntis, tĕrpljiv.
patientia, ae, ž. terpljivost.
patior, passus sum, 3. podnĕti,
tĕrpiti.
patria, ae, ž. domovina.
patricius, a, um, patricijski, od-
ličan, plemenit.
patrimonium, i, s. otčinski ime-
tak, baština.
patrius, a, um, otčinski, mate-
rinski, domorodni.
patro, 1. počiniti.

patrocinium, i, s. zaštita, obrana.
patrocinor, 1. pomoći, štititi,
braniti.
patrōnus, i, m. zaštitnik, brani-
telj, odvětnik.
patruēlis, e, bratićki, samost.
bratić.
patrŭus, i, m. stric.
patŭlus, a, um, širok, granat.
pauci, ae, a, malo njih.
paucĭtas, ātis, ž. malina, maloća,
malen broj, šaka.
paulātim, malo po malo.
paulisper, malo vremena, kratko
vrěme.
paulŭlum, malo.
paulus, a, um, malo.
pauper, ĕris, siromak.
paupertas, ātis, ž. siromaštvo.
paveo, pavi, 2. tresti se, dĕrhtati.
pavĭdus, a, um, plašljiv, strašljiv.
pavo, ōnis, m. paun.
pavor, ōris, m. strah.
pax, cis, ž. mir.
peccatum, i, s. grěh.
pecco, 1. grěšiti.
pecten, ĭnis, m. češalj.
pectus, ŏris, s. pĕrsa.
peculātus, us, m. zatom.
peculiāris, e, osobit.
pecunia, ae, ž. novci.
pecus, pecŭdis, ž. i pecus, ŏris, s.
marva, stoka.
pedes, ĭtis, m. pĕšak.
pedester, stris, stre, pĕšački.
pedisĕquus, a, um, iduć uzastopce,
samost. poslužnik.
peditatus, us, m. pĕšačtvo.
pejĕro, 1. krivo prisećì.
pelăgus, i, s. more.
pellicio, pellexi, pellectum, 3. ma-
miti, vabiti, zavesti.
pellis, is, ž. koža.
pello, pepŭlli, pulsum, 3. tĕrati,
goniti, potĕrati.
Pelopĭdas, ae, m. glasovit te-
banski vodja.
Peloponnesus, i, ž. gĕrčki poluo-
tok, sad Morea. [kuća.
penates, ium, m. domaći bogovi,

pendeo, pependi (pensum), 3. visiti, obĕsiti,

pendo, pependi, pensum, 3. vagati, vlatiti.

penes, pred. u rukuh, u vlasti.

penĕtro, 1. prodrĕti.

penĭtus, prisl. posve, sasvim.

penna, ae, ž. pero.

pensĭliş, ê, viseći.

pensum, ĭ, s. zadatak, zadaća, nadnica.

penuria, ae, ž. oskudica.

per, predl. po, kroz. porad, za.

pera, ae, ž. torba.

perago, egi, actum, 3. obaviti, izvĕršiti, prodrĕti.

peragro, 1. proputovati.

perambŭlo, 1. proći, prolaziti

percĕllo, cŭli, cŭlsum, 3. uzdĕrmati, poklopiti, uplašiti.

perceptio, ōnis, ž. dohvat, prijam.

percipio, cepi, ceptum, 3. dohvatiti, dokučitĭ, opaziti.

percŏlo, colui, cultum, 3. obraditi.

percontor i *percunctor,* 1. izpitkivati.

percussor, ōris, m. ubojica, kĕrvnik.

percutio, cussi, cussum, 3. prohosti, udariti, probiti.

perdisco, didĭci, 3. doučiti, posve naučiti.

perdĭtus, a, um, opak, bezbožan.

perdix, icis, ž. jarebica.

perdo, dĭdi, dĭtum, 3. upropastiti, uništiti, izgubiti.

perdŏmo, ŭi, ĭtum, 1. ukrotiti, obuzdati.

perdūco, xi, ctum, 3. dovesti, voditi, ganuti, izvĕršiti.

perduellio, onis, ž. krivnja uvrĕdjena veličanstva.

perĕgre, prisl. u svĕt, u inostranu zemlju.

peregrinor, 1. putovati po svĕtu, po inostranoj zemlji.

peregrinus, a, um, tudj, samost. tudjinac.

perendie, prisl. posutra.

perennis, e, dug, dogotrajan.

pereo, ii, itum, irĕ, poginuti, izginuti.

perfectus, a, um, savĕršen.

perfĕro, tuli, latum, ferre, izručiti, donĕti, podnĕti tĕrpiti.

perficio, feci, fectum, 3. izvĕršiti, obaviti, dočeti.

perfĭdus, a, um, nevĕran.

perfringo, fregi, fractum, 3. probiti, prolomiti.

perfŭga, aę, m. uskok.

perfugium, i, s. utočište.

perfundo, fudi, fusum, 3. pomočiti, poškropiti.

perfungor, functus sum, 3. upravljati, obavljati, pretĕrpiti; *vita perfungi,* umrĕti.

pergo, perrexi, perrectum, 3. poći, produžiti, nastaviti, ići, putovati.

pergŭla, ae, ž. šatra, daščara, zahlad.

Perĭcles, is, m. glasovit atenski dĕržavljanin.

periclĭtor, 1. biti u pogibelji.

periculosus, a, um, pogibeljan, opasan.

periculum, i, s. pogibelj, opasnost.

perinde, prisl. isto tako.

peripateticus, a, um, koji uči šetajuć.

peritus, a, um, vĕšt.

perjurium, i, s. kriva prisega, krivorota.

perlĕgo, legi, lectum, 3. pročitati.

perlustro, 1. proputovati, razgledati.

permadesco (madui), 3. prokisnuti, promočiti se.

permaneo, mansi, mansum, 2. obstajati.

permĕo, 1. proći, proputovati.

permisceo, miscui, mistum ili *mixtum,* 2. pomĕšati, promĕšati.

permitto, misi, missum, 3. dopustiti, dozvoliti.

permoveo, mōvi, mōtum, 2. ganuti, skloniti.

permutatio, onis, ž. proměna, zaměna.

permūto 1. proměniti, zaměniti.

pernicles, ēi, ž. propast.

perniciosus, a, um, pogibeljan, opasan.

pernicitas, atis, ž. okretnost, běrzina.

perōsus, a, um, měrzak,

perpendo, pendi, pensum, 3. promotriti, razmisliti.

perpěram, prisl. zlo.

perpetior, pessus sum, 3. podněti, těrpiti.

perpětro, 1. učiniti, izvěršiti.

perpetvus, a, um, věčan, neprekinut, postojan.

perrumpo, rupi, ruptum, 3. probiti, prolomiti, raztěrgnuti, razbiti.

Persa, ae, m. Perzijanac.

perscribo, psi, ptum, 3 pisati, obširno pisati.

persěquor, secutus sum, 3. progoniti. produžiti, nastaviti

perseverantia, ae, ž. uztrajanje.

persevēro, 1. uztrajati.

persǐcus, a, um, perzijanski.

persisto, stǐti, 3. tvěrditi, ostati.

perspicio, spexi, spectum, 3. uviditi, opaziti.

perspicǔus, a, um, jasan.

perstringo, strinxi, strinctum, 3 dodirnuti, dirati, rešetati, u kratko napomenuti.

persuadeo, si, sum, 2. osvědočiti, nagovoriti.

perterreo, ǔi, ǐtum, 2. uplašiti, pres'rašiti.

pertimesco, ui, 3. bojati se.

pertinax, ācis, postojan, tvěrdokoran, tvěrdoglav.

pertineo, ui, 2. spadati, ići, protezati se; *ad aliquem.*

pertraho, xi, ctum, 3 povući, privući.

perturbatio, onis, ž. smetenost, zabuna, strast.

perturbo, 1. smesti, zabuniti, uznemiriti.

pervādo, si, sum, 3. proći, prodrěti.

pervenio, vēni, ventum, 4. doći, prispěti.

perversus, a, um, opak.

perverto, verti, versum, 3 okrenuti, izkvariti, oboriti, dokinuti, uništiti.

pes, pedis, m. noga.

pessumdo, dědi, datum, 1. upropastiti, ukloniti.

pestilentia, ae, ž. kuga.

pestilentus, a, um, kužan.

pestis, is, ž. kuga.

peto, īvi i *ii, itum,* 3. navaliti, udariti, težiti, zahtěvati.

petulans, ntis, oběstan, nestašan.

petulantia, ae, ž. oběst, nestašnost.

phalěrae, arum, ž konjski ures.

phalanx, angis, ž. falanks.

phasiānus, i, m. gnjeteo.

Philippus, i, m. ime dvojice glasovitih macedonskih kraljevah.

philosophia, ae, ž. filosofija.

philosophus, i, m. filosof, mudrac.

Phocion, ōnis, m. glasovit atenski vodja.

Phoenix, īcis, m Feničanin.

pica, ae, ž. svraka.

pictor, ōris, m. slikar.

pictūra, ae, ž. slika.

pietas, ātis, ž. ćut dužnosti, pobožnost, ljubav.

piger, ra, rum, lěn, trom.

piget, guit, neos. měrzi.

pignus, ŏris, s. zalog.

pigritia, ae, ž. lěnost, tromost.

pila, ae, ž. lopta

pilěus, i, m. klobuk, šešir, skěrljak.

pilōsus, a, um, dlakav, rutav.

pilum, i, s. hěrba, djilit, koplje.

pingo, pinxi, pictum, 3. slikati.

pinguis, e, tust.

pinna, ае, ž. pero, krilo od ribe, slěme.

pirāta, ae, m. gusar.

piratĭcus, a, um, gusarski.
pirum, i, s. kruška.
piscātor, ōris, m. ribar.
piscīna, ae, ž. ribnjak.
piscis, cis, m. riba.
piscor, 1. ribariti, ribe loviti.
Pisistrātus, i, m. glasovit, atenski vladar.
pius, a, um, pobožan, pošten.
placabĭlis, e, pomiriv.
placeo, cŭi, cĭtum, 2. dopasti se.
placĭdus, a, um, krotak, miran.
placo, 1. umiriti.
plaga, ae, ž. udarac, okolica.
plane, prisl. posve.
planities, ēi, ž. ravnina.
planta, ae, ž. raštje, bilje.
planto, 1. saditi.
planus, a, um, ravan, jasan.
Plato, ōnis, m. glasovit gèrčki mudrac (filosof).
plaudo, plausi, plausum, 3. bèr- bljati, pljeskati. [nice.
plaustrum, i, s. kola, voz, tar- *plausus, us, m.* pljeskanje, do- padnost.
plebejus, a, um, plebejski, sa- most. plebejac, prostački, pro- stak.
plebs, plebis, ž. prosti puk.
plecto, plexi, plexum, 3. plesti, kazniti.
plenus, a, um, pun.
plerique, aeque, ăque, mnogi, najviše njih.
plerumque, prisl. ponajviše.
Plinius, i, m. ime dvojice gla- sovitih rimskih pisacah.
ploro, 1. plakati, jaukati.
pluit, neosob. daždi, pada kiša.
pluma, ae, ž. pavuljica.
pluvia, ae, ž. kiša, dažd.
pocŭlum, i, s. čaša, kupica, žmulj.
poēma, ătis, s. pěsma.
poena, ae, ž. kazan, kazna; *poe- nas dare,* kažnjen biti.
poenitentia, ae, ž. pokajanje.
poenitet, uit, neos. kajati se.
Poenus, i, m. Kartažanin.
poĕsis, is, ž. pěsničtvo.

poĕta, ae, m. pěsnik; *poĕtria ae, ž.* pěsnica.
poĕtĭcus, a, um, pěsnički.
polio, īvi, ītum, 4. gladiti.
polleo, 2. moći, mogućan biti imati.
pollex, ĭcis, m. palac.
polliceor, cĭtus, sum, 2. obećati.
pollicĭtum, i, s. obećanje.
pomum, i, s. voće.
pondĕro, 1. vagati, razmisliti.
pondus, ĕris, s. těža, važnost.
pone, predl. otraga, straga.
pono, posŭi, posĭtum, 3. posta- viti, položiti, svèrći, skinuti.
pons, ntis, m. most.
Pontus, i, m. móre, *Euxīnus,* cèrno móre, 2. pokrajina kod cèrnoga móra.
populiscĭtum, i, s. pučka naredba, zakon.
populāris, é, pučki, samost. zemljak.
popŭlor, 1. pustošiti.
popŭlus, i, m. puk.
popŭlus, i, ž. topola, jablan.
porcus, i, m. prase, svinja, kèr- mak.
porrigo, rexi, rectum, 3. pružiti.
porro, prisl. na dalje.
porta, ae, ž. vrata.
portendo, tendi, tentum, 3. ko- biti, slutiti na zlo.
portĭcus, cus, ž. trěm.
portio, onis, ž. dio.
porto, 1. nositi.
portus, us, m. luka. [žiti.
posco, poposci, 3. zahtěvati, tra- *possessio, ōnis, ž.* posědovanje.
possessor, ōris, m. posědnik, vlastnik, gospodar.
possideo, sedi, sessum, 2. posě- dovati.
possum, potui, posse, moći.
post, predl. za, prisl. poslije.
postea, prisl. za tim, po tom.
posterĭtas, atis, ž. potomstvo.
postĕrus, a, um, slědujući; *po- steri,* potomci; *in postĕrum,* u buduće.

posthac, prisl. poɔlije toga, za tim.

prsticum, i, s. otražnja vrata.

postquam, vcz. pošto.

postridie, prisl. sutra.

postulatio, ōnis, ž. zahtěvanje, tražba.

postŭlo, 1. zahtěvati, tražiti, tužiti.

potens, ntis, mogućan.

potentia, ae, ž. moć, mogućnost.

potestas, ātis, ž. moć, vlast, dopuštjenje, prilika.

potio, onis, ž. pilo.

potior, ītus sum, 4. osvojiti, zauzeti.

potissimum, prisl. osobito, poglavito.

potius, prisl. radje.

poto, 1. piti.

potus, us, m. pilo, pitje.

prae, predl. od, osim.

praebeo, ŭi, ĭtum, 2. pružiti, dati; *se praebere,* pokazati se.

praecaveo, cavi, cautum, 3. predusrěsti.

praecedo, cessi, cessum, 3. ići napřed, preteći, nadkriliti.

praeceps, cipĭtis, stěrmoglav, běrm, stěrni.

praeceptor, ōris, m. učitelj.

praeceptum, i, s. pravilo, nauk.

praecido, cīdi, cīsum, 3. presčći, pokratiti.

praecipio, cepi, ceptum, 3. narediti, učiti, zapovědati.

praecipuus, a, um, osobit, vlastit, odličan, izvěrstan, věrli.

praeclarus, a, um, věrli, izvěrstan, slavan.

praeco, ōnis, m. telal, glasnik.

praecox, ōcis, preran.

praeda, ae, ž. plěn.

praedĭco, 1. hvaliti, slaviti.

praedīco, dixi, dictum, 3. proreći.

praedĭtus, a, um, obdaren, izpunjen, obskěrbljen.

praedium, i, s. dobro, imanje.

praedo, ōnis, m. razbojnik.

praedor, 1. plěniti.

praeĕo, īvi *(īi), ĭtum, gl. ire.*

praefectus, i, m. nastojnik, naměstnik.

praefero, tuli, lātum, 2. nositi prěd sobom, više cěniti.

praeficio, feci, fectum, 3. prědstaviti, metuuti na čelo.

praefinio, finīvi, finītum, 4. odrediti, ureći.

praemium, i, s. nagrada.

praenuntius, i, m. glasnik (prědglasnik).

praepăro, 1. pripraviti.

praepōno, posui, positum, 3. prědstaviti, više cěniti.

praescrībo, psi, ptum, 3. narediti, odrediti.

praesens, ntis, pribitan, prísutan, sadanji.

praesertim, prisl. osobito, najvećma. [pomoć.

praesidium, i, s. obrana, obsada,

praestans, ntis, věrli, izvěrstan.

praestantia, ae, ž. věrlina, izvěrstnost.

praestigiae, arum, ž. čarobija, obsěna.

praesto, stĭti, stĭtum, stare, 1. odlikovati se, nadkriliti, bolji biti, učiniti, platiti; *se praestare,* pokazati se, vladati se; *praestat,* holje je.

praesto, prisl. pri ruci.

praestŏlor, 1. čekati.

praesum, fui, esse, biti nad čim, upravljati, nastojati.

praeterĕa, prisl. věrhu toga.

praetereo, ii, ĭtum, ire, mimoići.

praeterfluo, fluxi, fluxum, 3. teći mimo.

praeterlābor, lapsus sum, 3. teći mimo, proći.

praetermitto, misi, missum, 3. pustiti mimo, preći, mimoići.

praeterquam, prisl. osim, izim.

praetervŏlo, 1. preletiti.

praetor, ōris, m. vodja, nastojnik, pretor.

praetorianus, i, m. (miles) vojnik carske tělovne straže.

praetorium, i, s, šator bojnoga
vodje.

praetorius, a, um, vodjin, samost. bivši pretor.

praetura, ae, ž. pretura, čast pretorska.

praevaleo, ui, 2. prevagnuti, nadkriliti.

praevenio, veni, ventum, 4. doći prije koga, prědusrěsti.

praevideo, di, sum, 2. prědviditi.

prandeo, di, sum, 2. ručati.

prandium, i, s. ručak.

pratum, i, s. livada.

pravitas, atis, ž. zločestoća.

pravus, a, um, zločest.

preces, um, ž. prošnje.

precor, 1. prositi.

prehendo, di, sum, 3. pograbiti, uloviti, zateći.

premo, pressi, pressum, 3. tiskati, obteretiti.

pretiosus, a, um, dragocěn.

pretium, i, s, cěna.

pridem, prisl. u oči.

Priene, es, ž. grad u Joniji.

primores, um, m. velikaši, odlični.

primum, prisl. pěrvo, najprije, s početka.

princeps, ipis, pěrvi, odličan, knez, vladar.

principatus, us, m, pěrvenstvo, vlada.

principium, i, s. početak, izvor.

priscus, a, um, starodavan.

pristinus, a, um, prědjasnji.

prius, prisl. prije.

priusquam, vez. prije nego.

privatim, posebno, nejavno.

privatus, a, um, što spada na pojedinca, poseban, samost. koji nije u děržavnoj službi.

privignus, i, m. pastorak.

privo, 1. lišiti,

pro, predl. prěd, sa, za, město, kano, po.

probitas, atis, ž, dobrota, poštenje.

probo, 1. pokusiti, odobriti.

probrum, i, s. pogěrda.

probus, a, um, dobar, pošten.

procax, acis, oběstan, pomaman. děrzovit.

procedo, cesci, cessum, 3. doći prěd, ići dalje, ići.

procella, ae, ž. oluja.

proceres, nm, m. velikaši, odlični.

proceritas, atis, ž. vitkost, višina.

proclivis, e, stěrm, nagnut, sklon.

proconsul, ulis, m, prokonzul, naměstnik i vodja u rimskih pokrajinah (provinciah).

procreo, 1. proizvesti, poroditi, prouzročiti.

procul, prisl. daleko.

procumbo, cubui, cubitum, 3. leći, pasti.

procurro, cucurri i curri, cursum, 3.

prodeo, ii, itum, ire, izaći,

prodigium, i, s. čudo.

prodigus, a, um, razsipan.

proditio, onis, ž. izdaja.

proditor, oris, m. izdajica.

prodo, didi, ditum, 3. pripověditi, predati, izdati.

produco, xi, ctum, 3. dovesti, izněti, na vidě'o, produžiti.

proelium, i, s. bitka.

profecto, prisl. doista.

profero, tuli, latum, ferre, proizvesti, razširiti, odgoditi,

proficio, feci, fectum, 3. napredovati, izvěršiti.

proficiscor, fectus sum, 3. putovati, ići. poći.

profiteor, fessus, sum, 2. očitovati, priznati, izpověditi.

profligo, 1. oboriti, razbiti, potući.

profluo, fluxi, fluxum, 3. teći, proteći.

profugio, fugi, fugitum, 3. běžati, poběći,

profugus, a, um, běgunac.

profundo, fudi, fusum, 3. proliti, razsipati.

profundus, a, um, dubok.

progenies, ei, ž. potomstvo.
progigno, genui genitum, 3. poroditi.
progressus, us, m. napredak.
prohibeo, ui, itum, 2. preprěčiti, odvratiti, uzkratiti.
proinde, prisl. zato, s toga.
projicio, jeci, jectum, 3. odbaciti, zabaciti.
prolabor, lapsus, sum, 3. pasti.
proles, is, ž. potomstvo.
promissum, i, s. obećanje.
promitto, misi, missum, 3. obećati.
promo, msi, mtum, 3. izvaditi.
promontorium, i, s. prědgorje.
promtus, a, um, pripravan, spreman.
pronuntio, 1. izgovoriti.
pronus, a, um, sklon na što,
propago, 1. razprostraniti, razploditi.
prope, prisl. blizu, malo ne.
propediem, prisl. ovih danah
propello, puli, pulsum, 3. protěrati, uzbiti.
propensus, a, um, sklon.
propero, 1. hititi, bĕrzati, žuriti se, nagliti.
propino, 1. napiti.
propinquo, 1. približiti sc.
propinquus, a, um, bližnji, rodjak.
propono, posui, positum, 3. predložiti.
propositum, i, s. naměra.
proprius, a, um, svoj, vlastit.
propter, prdl. do, blizu, porad,
propterěa, prisl. zato.
propulso, 1. odbiti, otěrati.
propylaeum, i, s. dvor, dvorište.
prora, ae, ž. prova, prednji dio broda.
prorsus, prisl. posve.
proruo, rui, rutum, 3. provaliti, porušiti, razoriti.
proscindo, scidi, scissum, 3. raztěrgati, razsěći, razrězati, psovati, kuditi.
proscribo, psi, ptum, 3. prognati.

proscriptio, onis, ž. prognanje, prognanstvo.
prosequor, secutus sum, 3. pratiti.
prosilio, silui, 4. skočiti van.
prospectus, us, m. vidik.
prosper, a, um, srěćan.
prospicio, spexi, spectum, 3, nazrěti, smotriti; skěrbiti se.
prosterno, stravi, stratum, 3. prostěrti, oboriti.
prosum, fui, esse, koristiti.
protěgo, texi, tectum, 3. braniti, pravdati.
protervus, a, um, razuzdan.
protinus, prisl. taki, namah, umah.
protraho, xi, ctum, 3 povući, vući, produžiti.
prout, prisl. kano, kano što.
provenio, veni, ventum, 4. pojaviti se, uzpěti.
proverbium, i, s. poslovica.
providentia, ae, ž. providnost, skěrb.
provideo, vidi, visum, 2. prědviditi, providiti, skerbiti se.
providus, a, um, opazan, smotren, obziran.
provincia, ae, ž. pokrajina (provincija).
provoco, 1. zametnuti, pozvati, prizvati se.
proxime, 3. stup. od prope, do, tik.
proximus, a, um, najbliži, bližnji.
prudens, ntis, pametan, mudar.
prudentia, ae, ž. pamet, mudrost.
pruina, ae, ž. mraz.
prunus, i, ž. (stablo) šljiva.
prunum, i, s. šljiva.
psittacus, i, m. papiga.
Ptolomaeus, i, m. ime mnogih egipatskih kraljevah.
publicus, a, um, děržavan, javan.
pudet, uit, ncos. 2. stiditi se, sramiti se.
pudor, oris, m. stid, sram, stidljivost, čednost.
puella, ae, ž. děvojka.

10*

puer, *ĕri, m.* děčak.
puerīlis, *e,* děčinski, dětinji.
pueritia, *ae, ž.* dětinstvo.
puerŭlus, *i, m.* děčaćić.
pugil, *ĭlis, m.* hėrvanje, šákanje (boj na šake).
pugillāres, *ium, m.* listnica.
pugna, *ae, ž.* bitka.
pugno, 1. boriti se, biti se.
pulcher, *chra, chrum,* lěp, krasan.
pulchritūdo, *ĭnis, ž.* lěpota, krasota.
pulex, *ĭcis, m.* buha.
pullus, *i, m.* mladi (od životinje).
pulso, 1. tući, biti, gurati.
pulvis, *ĕris, m.* prah.
punctum, *i, s.,* piknja, točka, odvět, pohvala, dopadnost.
pungo, *pupugi, punctum,* 3. bosti, bockati.
punĭcus, *a, um,* punički, kartažki.
punio, *īvi, ītum,* 4. kazniti.
pupilla, *ae, ž.* sirota (ženska), 2, ženica.
puppis, *is, ž.* kėrma.
purgo, 1. čistiti.
purpŭra, *ae, ž.* grimiz.
purpurātus, *a um,* oděven grimizom, samost. dvorski častnik.
purpureus, *a, um,* cėrven kano grimiz.
purus, *a, um,* čist.
pusillus, *a, um,* malen.
putāmen, *ĭnis, s.* ljuska.
puteus, *i, m.* zdenac.
puto, 1. mněti.
putresco, 1. sagnjiti, iztruniti.
putres, *e,* gnjil.
Pyrenaeus, *a, um,* pirenejski.
pyrītes, *e, m.* kremen.
Pyrrhus, *i, m.,* epirski kralj.
Pythagŏras, *ae, m.* glasovit gėrčki filosof.
Pythius, *a, um,* pitijski, Apolov.

Q.

Qua (t. j. parte), kuda.
quadrātus, *a, um,* cetverokutan.

quadriennium, *i, s.* četiri godine.
quadrigae, *arum, ž.* sprega od četiri konja.
quadrŭpes, *ĕdis,* četveronog.
quaero, *sīvi, sītum,* 3. iskati, sticati, pitati, sa *ex, de, ab.*
quaeso, neos. molim.
quaestio, *ōnis, ž.* pitanje, iztraživanje.
quaestor, *ŏris, m.* kvestor, rimski pěneznik.
quaestūra, *ae, ž,* kvestura, čast rimsk. pěneznika.
quaestus, *us, m.* stečevina.
qualis, *e,* kakov.
qualiscunque, kakovgod,
quam, kano, uzklik, l i, poslije 2. stupnja, o d, n e g o; pred 3. stup. služi za povećavanje, kano naš li; n. p. *quam maxima itinera facere,* daleko li putuješ.
quamdiu, prisl. koliko vremena, dok.
quamŏbrem, zato, s toga.
quamquam, vez. premda.
quamvis, vez. ako i.
quando, prisl. kad, budnć da, jer.
quandōque, kad jedrom, kad već jednoč, kadšto.
quandoquĭdem, buduć da.
quantopĕre, koliko.
quantus, *a, um,* kolik.
quantusvis i *quantuscunque,* kolikgod.
quapropter, zato.
quare, zato.
quasi, kano da.
quatio, *quassi, quassum,* 3. tresti, razdėrmati, tėrati, raztepsti, razrušiti.
que, vez. i prilěpi se rěči.
quemadmŏdum, kano.
queo, *quīvi, quītum,* moći.
quercētum, *i, s.* šuma hrastova, dubrava.
quercus, *us, ž.* hrast, dub.
querēla, *ae, ž.* tužba.
queror, *questus sum,* 3. tužiti, potužiti se, obtužiti.

qui, quae, quod, koji, koja, koje.
qui, město quomodo, kako?
quia, vez. jer.
quicunque, quaecunque, quodcunque, kojigod.
quidam, quaedam, quoddam i quiddam, nětko.
quidem, vez. istina, doduše, barem; ne-quidem, niti.
quidni, žašto ne?
quies, ētis, ž. mir.
quiesco, evi, etum, 3. mirovati.
quiētus, a, um, miran.
quilibet, quaelibet, quodlibet, svaki koga god hoćeš.
quin, vez. da ne, da, koji ne, dapače, doista, tâ.
quinam, quaenam, quodnam, tko, to.
quicunx, uncis, m. $5/_{12}$ asa, slika rimske V.
quinquennium, i, s. pet godinah.
quintilis, is, m, pěrvašnje ime měseca Sěrpnja
quippe, vez. da što, doista, tobože, jer.
Quirites, ium, m. kviriti, rimski gradjani.
quis, quid, tko, što (tko što).
quisnam, quidnam, tko to, što to.
quispiam, quaepiam, quidpiam, i quodpiam, něki, itko.
quisquam, quidquam, jedva tko, jedva što.
quisque, quaeque, quidque i quodque, svaki (od svih).
quisquis (quaeque), quidquid, tkogod, štogod.
quivis, quaevis, quidvis i quodvis, svaki, koga hoćeš.
quo, prisl. kamo.
quo, abl. da se tim.
quoad, dok.
quocirca, zato.
quocunque, prisl. kamogod.
quod, vez. da, budući da, jer.
quodammŏdo, někako.
quodsi, ako, na početku izrěke.
quomŏdo, kako?
quondam, prisl. někad, někoč.

quoniam, vez. jer.
quoque, vez. i, takodjer.
quorsum, prisl. kamo, čemu, zašto.
quot, koliko?
quotannis, prisl. svake godine.
quotidianus, a, um, svakidanji.
quotidie, svakidan.
quoties, koliko putah?
quotiescunqne, kolikogod putah.
quotus, a, um, koji
quotuscunque, quotacunque, quotumcunque, kojigod.
quousque, dokle?
quum (cum), kad, budući da.

R.

Rabies, ēi, ž. běs, běsnoća.
rabiosus, a, um, běsan.
radicītus, prisl. korěnom.
radius, īi, m zraka
radix, īcis, ž. korěn.
ramus, i, m. grana, svěrž.
rana, ae, ž. žaba.
rapa, ae, ž. repa.
rapax, ācis, grabežljiv, děrpljiv.
rapĭdus, a, um, běrz, silovit.
rapio, pui, raptum, 3. ugrabiti.
rapīna, ae, ž. plěn.
raptus, us, m. grabež, otmica.
rarĭtas, ātis, ž. rědkost.
raro, rědko
rarus, a, um, rědak.
rastrum, i, s. motika.
ratio, ōnis, ž. račun, obzir, um, narav, način, razlog.
ratiocĭnor, 1. umovati.
raucus, a, um, promukao.
Ravenna, ae, ž. grad u gornjoj Italiji.
rebello, 1. ponoviti boj, pobuniti se.
recedo, cessi, cessum, 3. odstupiti, uzmaknuti, povratiti se, udaljiti se, odmetnuti se:
recens, ntis, frižak, nov.
recenseo, sui, sĭtum i sum, 2. izbrojiti, razsuditi, razgledati.
receptus, us, m. uzmak.
recīdo, cĭdi, 3. pasti opet.

recīdo, cīdi, cīsum, 3. odrězati, iztrěbiti, izkoreniti.

recipio, cepi, ceptum, 3. uzeti natrag, primiti; se recipere, pověrnuti se.

recīto, 1. kazivati, predavati.

reclāmo, 1. opozvati, uzkliknuti.

reconcilio, 1. steći opet, pomiriti opet.

recondo, dīdi, dītum, 3. spraviti, sakriti.

recordor, 1. sětiti se.

recordatio, ōnis, ž. sětjanje.

recreatio, ōnis, ž. oporava.

recrěo, 1. razblažiti, oporaviti.

recte, prisl. pravo.

rectus, a, um, ravan, prav.

recumbo, cubui, cubītum, 3. leći.

recupěro, 1. dobiti natrag, dobiti.

recūso, 1. nijekati, uzkratiti, odbiti.

redarguo, ŭi, (ūtum), 3. opróvěrći, osvědočiti.

redeo, dīdi, dītum, 3. povratiti, pověrnuti.

redemptor, ōris, m. kupac, najmitelj.

redeo, ii, dītum, ire, povratiti se.

redīgo, egi, actum, 3. vratiti, sakupiti, povratiti, dovesti, natrag, pribaviti.

redīmo, ēmi, emtum, 3. odkupiti.

redītus, us, m. povratak, dohodak.

redūco, xi, ctum, 3. dovesti natrag.

redux, dŭcis, vratjajući se kući.

refello, felli, 3. oprověrći.

refěro, tŭlli, lātum, ferre, doněti natrag, vratiti, uvěrstiti, n. p. in deos, medju bogove.

rěfert, neos. do toga je.

refertus, a, um, pun, napunjen.

reficio, feci, fectum, 3. popraviti.

refrīgero, 1. ohladiti.

refugium, i, s. utočište.

refuto, 1. oprověrći.

regalis, e, kraljevski.

regia, ae, ž. kraljev dvor.

regīna, ae, ž. kraljica.

regio, ōnis, ž. okolica.

regius, a, um, kraljevski.

regno, 1. vladati, kraljevati.

regnum, i, s. kraljevstvo, kraljevina, vlada.

rego, xi, ctum, 3. ravnati, rukovoditi, vladati.

regredior, gressus sum, 3. vratiti se.

rejīcio, jeci, jectum, 3. odbiti, odbaciti, zabaciti, odpraviti, neposluhnuti, oglušiti se.

religio, ōnis, ž. savěst, věra.

religiosus, a, um, savěstan.

relīgo, 1. vezati, utvěrditi.

relinquo, liqui, lictum, 3. ostaviti.

reliquiae, arum, ž. ostanci, moći, ostanci svetih tělesah.

relīquus, a, um, ostao, drugi.

reluctor, 1. opirati se, boriti se.

remaneo, mansi, mansum, 2. ostati, preostati.

remedium, i, s. lěk.

remeo, 1. vratiti se.

reminiscor, 3. sětiti se, spomenuti se.

remitto, misi, missum, 3. poslati natrag, popustiti.

removeo, movi, motum, 3. maknuti, udaljiti, ukloniti.

renascor, natus sum, 3. preporoditi se.

renŏvo, 1. ponoviti.

renuntio, 1. javiti, izvěstiti, oglasiti.

repăro, 1. popraviti.

repello, pŭli, pulsum, 3. odtiti, uzbiti.

repente, prisl. naglo, iznenada.

repentīnus, a, um, nagao, nenadan.

reperio, pěri, pertum, 4. naći.

repetitio, ōnis, ž. ponavljanje, opetovanje.

repěto, īvi, ītum, 3. tražiti natrag, opetovati, ponavljati.

repetundae, arum, ž. ogloba.

repleo, ēvi, ētum, 2. napuniti.

repo, psi, ptum, 3. plaziti, militi.

repōno, posui, positum, 3. postaviti natrag, čuvati, postaviti, spraviti.

reporto, 1. nositi natrag.

repraesento, 1. predstaviti, predočiti.

reprehendo, di, sum, 3. koriti.

reprehensio, ōnis, ž. ukor.

reprehensor, ōris, m. koritelj.

reprĭmo , pressi , pressum, 3. uzbiti, obustaviti, stegnuti.

repudio, 1. odbiti, zabaciti.

repugno, 1. prigovoriti.

repulsa, ae, ž.

requiesco, 1. počinuti.

requīro, sīvi, sītum, 3. tražiti, zahtěvati, neimati.

res, rei, ž. stvar. predmet, slučaj, čin; res secundae, srěća ; res adversae , nesrěća; res militaris, vojničtvo; res familiaris, damaćija, imetak; res novae, novotarenje; res publica, děržava; res gestae, čini, děla.

resalūto, 1. odzdraviti.

resarcio, sarsi, sartum, 4. na gra iti, popraviti.

rescribo, psi, ptum, 4. odpisati.

resěco, secui, sectum, 1. odsěći.

resěro, 1. otvoriti.

resīdo, sedi, sessum, 3. posaditi se, nasěsti.

resilio, silŭi, sultum, 3. odskočiti, odbiti se.

resisto, stiti, stitum, 3. oprěti se.

resolvo, solvi, solūtum, 3. razrěšiti, raztopiti, razvěrći.

resŏno, 1. odzvoniti, razlěgati se.

respicio, spexi, spectum, 3. obazrěti se, u obzir uzeti.

respondeo, di, sum, 2. odgovoriti.

responsum, i, s. odgovor.

respuo, ūi, ūtum, 3. zabaciti, prezrěti.

restaūro, 1. ponoviti, popraviti.

restinguo, nxi, nctum, 3. ugu šiti, ugasiti.

restis, is, ž. konop, uže.

restitŭo, ŭi, ūtum, 3; povratiti, oporaviti, popraviti, spasiti.

resto, stĭti, stare, 1. preostati.

resuscĭto, 1. opet potaknuti, ponoviti.

rete, is, s. mrěža.

retěgo, texi, tectum, 3. odkriti.

retineo, tinui, tentum, 2. zaděržati, odvratiti.

retracto, 1. ponoviti, opet poduzeti, oprěti se.

retro, prisl. natrag, otraga.

retrorsum, prisl. natrag.

reus, i, m. tuženik.

reverentia, ae, ž. štovanje.

revereor, ĭtus sum, 2. štovati.

revertor, reverti, 3. povratiti se.

revŏco, 1. opozvati.

rex, regis, m. kralj.

Rhenus, i, m Ren.

rhetor, ŏris, m. govornik.

Rhodănus, i, m. rěka Rodan.

Rhodius, a, um, Rodjanin.

Rhodus, i, ž: ostěrv Rod.

rictus, us, m. ždrělo.

rideo, si, sum, 2. smijati se, izsmijati.

ridicŭlus, a, um, směšan.

rigeo, ui, 2. ukočiti se.

rima, ae, ž. pukotina.

ripa, ae, ž. brěg, obala.

risus, us, m. směh, osměh.

ritus, us, m. običaj, ritu, po običaju.

rivus, i, m. potok.

rixa, ae, ž. svadja

rixōsus, a, um, svadljiv.

robŏro, 1. jačiti, krěpiti.

robur, ŏris, s. jakost, snaga.

robustus, a, um, jak, jedar.

rodo, si, sum, 3. grısti, glodati.

rogatio, onis, ž. zakonski predlogı.

rogo, 1. pitati, prositi.

rogus, i, m. lomaca.

Roma, ae, ž. Rim.

Romānus, a, um, rimski, samost. Rimljanin.

ros, rōris, m. rosa.

rosa, ae, ž. ruža.

rostrum, i, s. kljun, višeb. govornica.
rota, ae, ž. kolo, točak.
roto, 1. okretati.
rotundus, a, um, okrugao.
rubeo, ui, 2. biti cěrven; *rubesco, rubui,* 3. pocěrveniti se.
ruber, bra, brum, cěrljen.
rubor, ōris, m. cěrljenilo, stidljivost, sramežljivost.
rubus, i, m. kupina, ostruga.
rudens, ntis, m. grimina, čelo.
rudis, e, sirov, neotesan.
rugītus, us, m. rik.
ruina, ae, ž. propast.
rumor, ōris, m. glas.
rumpo, rupi, ruptum, 3. raztěrgati, potěrti, těrp. puknuti, razkinuti se.
ruo, rŭi, ruĭtum, 3. srušiti se, provaliti.
rupes, is, ž. klisura.
rursum i rursus, prisl. opet.
rus, ruris, s. vanjština; *ruri,* na selu; *rure,* iz sela; *rus,* na selo.
rustĭcus, a, um, selski, samost. kmet, poljodělac.
rutĭlus, a, um, cěrvenkast.

S.

Saccus, i, m. vrěća.
sacer, cra, crum, svet; *sacra, orum,* svetost, sveti obredi, služba božja.
sacerdos, ōtis, m. ž. svetjenik, svetjenica.
sacrarium, i, s. čuvalište svetih stvarih.
sacrificium, i, s. žěrtvovanje.
sacrifico, 1. žěrtvovati.
sacro, 1. svetiti.
sacrosanctus, a, um, svet, neoskvěrnjen.
saepe, prisl. često, mnogo putah.
saevio, ivi, ītum, 4. běsniti.
saevītia, ae, ž. běsnoća, okrutnost.
saevus, a, um, okrutan, divlji.
saga, ae, ž. věštica, čarobnica.

sagax, ācis, dobra njuha, oštrouman.
sagīno, 1. toviti.
sagitta, ae, ž. strěla.
sagittarius, i, m strělac.
sal, salis, m. sol.
Salămis, īnos, ž. ostěrv blizu Atene.
salio, salui, saltum, 4. skakati.
sallo, salli, salsum, 3. soliti.
salsus, u, um, soljen, slan.
saltem, prisl. bar.
salto, 1. plesati.
saltus, us, m. skok.
salūber, bris, bre, zdrav, lěkonosan.
salubrĭtas, ātis, ž. zdravlje.
salus, ūtis, ž. spas.
salutāris, e, spasonosan.
salūto, 1. pozdraviti.
salveo, ere, 2. zdrav biti.
salvus, a, um, spašen.
Samnis, ītis, m. Samnitjanin.
sanabilis, e, izlěčiv.
sancio, sanxi, sanctum, ili *sancīvi,* sancitum, 4. odrediti, ureći.
sanctĭtas, ātis, ž. svetost, neporočnost.
sanctus, a, um, svet.
sane, prisl. doista, svakako, posve, da što, věrlo.
sanguis, ĭnis, m. kěrv.
sanĭtas, ātis, ž. zdravlje.
sano, 1. izlěčiti.
sanus, a, um, zdrav.
sapiens, ntis, mudar.
sapientia, ae, ž. mudrost.
sapio, ui, 3. ići u tek; mudar biti.
sapor, ōris, m. tek.
sarcina, ae, ž. pěrtljaga, tovar.
Sardes, ium, ž. glavni grad u Lidiji.
sat ili satis, prisl. dosta.
satelles, ĭtis, m. pratilac, višeb. pratnja.
satiĕtas, ātis, ž. sitost.
satio, 1. sititi.
satio, ōnis, ž. usěv.

satisfacio, feci, factum, 3. zadovoljiti.
satur, ŭra, ŭrum, sit.
satyra, ae, ž. satira.
saucio, 1. raniti.
saucius, a, um, ranjen.
saxum, i, s. klisura, kamen.
scamnum, i, s. klupa.
scando, di, sum, 3. lěsti, penjati se.
scapha, ae, ž. čamac, barka.
scelestus, a, um, opak.
scelus, ěris, s. zločin, opačina.
scena, ae, ž. pozorište.
schola, ae, ž učiona.
scientia, ae, ž. znanost, znanje.
scilicet, prisl. da što, tobože, naime.
scindo, scidi, scissum, 3. raztěrći.
scintilla, ae, ž. iskra.
scio, scivi, scitum, 4. znati.
Scipio, ōnis, m. ime glasovite rimske obitelji.
scipio, ōnis, m. batina, palica.
sciscitor, 1. biti znaličan, pitati, izpitivati.
scitus, a, um, věšt, ugladjen.
sciūrus, i, m. věverica.
scopŭlus, i, m. klisura, greben.
scopus, i, m. cilj.
scriba, ae, m. pisar.
scribo, psi, ptum, 3. pisati.
scrinium, i, s. škrinja.
scriptor, ōris, m. pisac, spisatelj
scriptum, i, s. pismo.
scriptūra, ae, ž. pismo.
scrutor, 1. iztraživati
sculpo, psi, ptum, 3. rezati.
sculptor, oris, m. kiporezac.
scutum, i, s. štit.
Scytha, ae, ž. Skit.
secerno, crevi, cretum, 3. oděliti, odružiti.
secessus, us, m. razstanak, samoća.
seco, secui, sectum, 1. sěći.
secrētum, i, s. tajna.
sectātor, ōris, m. pratilac, slědbenik.

sector, 1. slěditi.
secŭlum. i, s. věk, stolětje.
secundus, a, um, drugi, srěćan, povoljan.
secūris, is, ž. sěkira.
securĭtas, ātis, ž. sigurnost, bezbědnost.
secūrus, a, um, siguran, bezbědan
secus, prisl. inače.
sed, vez. ali.
sedeo, sedi, sessum, 2. sěditi.
sedes, is, ž. sědalo, stan.
seditio, ōnis, ž. urota, pobuna.
sedo, 1. umiriti, utišati.
sedulĭtas, ātis, ž. marljivost.
sedŭlus, a, um, marljiv.
seges, ětis, ž. usěv.
segnis, e, trom.
segnitia, ae, i segnities ei, ž. tromost, lěnost.
sejungo, junxi, junctum, 3. oděliti, razstaviti.
sella, ae, ž. stolica.
semen, ĭnis, s. sěme.
sementis, is, ž. usěv.
semianimis, e, poluměrtav, suměrtav.
semibarbarus a, um, poludivlji.
semĭno, 1. sijati.
semper, prisl. uvěk, svedj, svedjer.
sempiternus, a, um, neprestan. věčan
senator, ōris, m. senator, věćnik.
senātus, us, m. senat.
senecta, ae, ž. starost.
senectus, ūtis, ž. starost.
Senĕca, ae, m. glasovit rimski filosof., učitelj cara Nerona.
senesco, senui, 3. ostariti.
senex, is, 2. stup. senior, star, samost, starac.
senium, i, s. starost.
sensim, prisl. pomalo.
sensus, us, m. smisao, ćut, ćutjenje.
sententia, ae, ž. mněnje, odsuda, sud, izreka.
sentĭna, ae, ž. talog, smet.

sentio, sensi, sensum, 4. ćutiti, opaziti, misliti.

seorsim, prisl. *(seorsum)* napose.

sepăro, 1. oděliti, razstaviti.

sepelio, pelīvi, pultum, 4. ukopati, pokopati.

sepes, ıs, ž. plot.

sepio, psi, ptum, 4. ograditi, okružiti.

septentrio, ōnis, m. sěver.

sepulcrum, i, s. grob.

sepultūra, ae, ž. pokop.

sequor, secutus sum, 3. slěditi, povesti se.

serēnĭtas, ātis, ž. vedrina.

serenus, a, um, vedar, bistar.

series, ēi, ž. věrst, red.

sermo, ōnis, m. govor, dogovor.

sermocĭnor, 1. dogovarati se.

sero, sevi, satum, 3. sijati, saditi.

sero, prisl. kasno, dockan.

serpens, ntis, m. zmija, kača.

serpo, psi, ptum, 3. plaziti, militi.

sertum, i, s. věnac.

serva, ae, ž. robinja.

servātor, ōris, m. uzděržatelj, spasitelj

servīlis, e, robski.

servio, īvi, ītum, 4. služiti.

servītium, i, s. robstvo.

servĭtus. ūtis, ž. robstvo.

servo, 1. čuvati, uzděržati, spasiti.

servus, i, m. rob, sluga.

sestertius, i, m. sǔsterac, malen rimski sreberni novčić.

seu (sive), vez ili.

severĭtas, atis, ž. ozbiljnost, strogost, čast, dostojanstvo.

sevērus, a, um, ozbiljan, strog, častan.

sexus, us, m. plod.

si, vez. ako.

sibĭlus, i, m. piska.

sic, prisl. tako.

sica, ae, ž. mač.

sicco, 1. sušiti.

siccus, a, um, suh.

Sicilia, ae, ž. ostěrv Sicilija.

Sicūlus, a, um, sicilijanski, samost. Sicilijanac.

sicut (sicuti), kano.

sidus, eris, s. zvězda.

signĭfer, i, m. barjaktar, zastavnik.

signifĭco, 1. ozńačiti, napomenuti.

signum, i, s. znak, zastava.

silentium, i, s. šutenje, muk.

sileo, ui, 2. šutiti.

silex; ĭcis, m. kremen.

silva, ae, ž. šuma.

silvester, stris, stre, šumski, divlji.

silvōsus, a, um, šumovit.

simia, ae, ž. *(simius, i, m.)* opica.

simĭlis, e, sličan.

similitudo, ĭnis, ž. sličnost.

Simonĭdes, i, m. gěrčki pěsnik.

simplex, ĭcis, prost, iskren, odpěrt.

simul, prisl, ujedno, skupa; *simul ac,* čim, tek što.

simulācrum, i, s. slika.

simulatio, ōnis, ž. lukavost, pretvornost.

simŭlo, 1. pretvarati se, lagati.

sin, vez. ako, pako.

sin ērus, a, um, iskren, odpěrt.

singulāris, e, pojedini, izvěrstan, osobit.

sinister, stra, strum, lěv, nesrećan.

sino, sīvi, sĭtum, 3. ostaviti, dopustiti.

sinus, us, m. grudi, njedra, zalěv.

sītio, sīvi, sītum, 4. žedjati.

sitis, is, ž. žedja.

situs, a, um, položen, utemeljen.

sive, vez. ili; *sive-sive,* ili-ili.

smaragdus, i, m. smaragd.

sobŏles, is, ž. potomstvo, omlad na.

sobrius, a, um, trězan, uměren.

socer, ěri, m. tast, svekar.

socia, ae, ž. dıugarica.

sociĕtas, *ātis*, ž. družtvo, savez.
socio, 1. sdružiti, svezati.
socius, *a*, *um*, drug; *subst. socius*, drug, saveznik.
socordia, *ae*, ž. bezbrižnost,
Socrătes, *is*, *m.* najglasovitiji gėrčki filosof.
sodālis, *is*, *m.* ž. drug.
sol, *solis*, *m.* suncė.
solamen, *inis*, *s.* solatium, *ii*, *s.* utėha.
solennis, *e*, svečan.
solennitas, *ātis*, ž. svečanost.
soleo, *ĭtus sum*, 2 običavati.
solers, *tis*, vėšt, izkusan.
solertia, *ae*, ž. vėština, izkusnost.
solĭdus, *a*, *um*, gust, krut.
solitūdo, *ĭnis*, ž. samoća.
solium, *i*, *s.* prestol.
sollicĭto, 1. nukati, potaknuti, pobuniti, uznemiriti.
sollicitūdo, *inis*, ž. briga.
sollicitus, *a*, *um.* brižan.
Solon, *onis*, *m.* jedan od sedam gėrčkih mudracah, zakonodavac atenski.
solor, 1. tėšiti.
solum, *i*, *s.* zemlja, zemljište.
solum, prisl. samo.
solus, *a*, *um*, sam.
solvo, *solvi*, *solūtum*, 3. razrėšiti, osloboditi
somnium, *i*, *s.* sanja.
somnolentus, *a*, *um*, pospan.
somnus, *i*, *m.* san.
sonĭtus, *us*, *m*, zvuk.
sono, *ui*, *ĭtum*, 1. zvučiti, oriti se.
sons (sontis), kriv.
sonus, *i*, *m.* zvuk, glas.
sophistes, *ae (sophista)*, *m.* mudrac.
Sophocles, *is*, *m.* glasoviti gėrčki dramaturg.
sopio, *ivi*, *itum*, 4. uspavati, utišiti, umiriti.
sopor, *ōris*, *m.* san.
sorbeo, *sorpsi* i *sorbŭi*, *sorptum*, 2. sėrkati.
sordes, *ium*, ž. smrad, gad.

sordĭdus, *a*, *um*, blatan, smradan.
sorex, *ĭcis*, *m.* tėkunica.
soror, *sorōris*, ž. sestra.
sors, *rtis*, ž. udes.
sortior, *ītus sum*, 4. ždrėbati.
sospes, *ĭtĭs*, zdrav, neoštetjen.
spargo, *si*, *sum*, 3. raztrestĭ, sipati, razsuti.
Sparta, *ae*, ž. glavni grad Lakonski.
Spartānus, *i*, *m.* Spartanac.
spatium, *i*, *s.* prostor.
species, *ēi*, ž. slika, struk, na oko, prividnost.
specĭmen, *ĭnis*, *s.* dokaz.
speciosus, *a*, *um*, lėp.
spectabĭlis, *e*, vrėdan, pozoran.
spectacŭlum, *i*, *s.* vid, kazalištna igra, igrokaz.
spectātor, *ōris*, *m.* gledalac.
spectātus, *a*, *um*, izkušen, dokazan.
specto, 1. motriti, smatrati, ticati, ići.
spectrum, *i*, *s.* sablast, prikaza, strašilo.
speculātor, *ōris*, *m.* uhoda.
specŭlum, *i*, *s.* zėrcalo, ogledalo.
specus, *us*, š. špilja.
spelunca, *ae*, ž. špilja.
sperno, *sprevi*, *spretum*, 3. prezrėti.
spero, 1. ufati, nadati se.
spes, *ĕi*, ž. nada ufanje.
spica, *ae*, ž. klas.
spina, *ae*, ž. tėrn.
spinōsus, *a*, *um*, tėrnovit.
spinther, *ĕris*, *m.* kopča.
spirĭtus, *us*, *m.* dah.
spiro, 1. odisati, duhati.
spissus, *a*, *um*, gust.
splendeo, 2. sjati, svėtliti se.
splendĭdus, *a*, *um*, sjajan.
splendōr, *ōris*, *m.* sjajnost.
spolio, 1. lišiti.
spolium, *i*, *s* obično samo u višebr. plėn.
spondeo, *spopondi*, *sponsum*, 2. obećati, zavećati se.
spongia, *ae*, ž. spužva.

sponsio, ōnis, ž, ugovor, oklada,
sponte, dragovoljno.
spumo, 1. pěniti se.
squalor, ōris, m. smrad, gad.
squama, ae, ž. ljuska.
stabĭlis, e, čvěrst, postojan.
stabŭlum, i, s. štala.
stadium, i, s těrčalište.
stagnum, i, s. bara.
statim, prisl. taki, namah.
statua, ae, ž. kip.
statuarius, i, m. kiporezac.
statuo, ŭi, ūtum, 3. postaviti, odrediti.
status, us, m. stanje, stališ.
stella, ae, ž. zvězda.
sterĭlis, e, neplodan, jalov.
Stilpo, ōnis, m. gěrčki filosof.
stilus, i, m. šiljak.
stĭmŭlus, i, m. nagon, ponuka.
stipendium, i, s. vojnička platja.
stirps, stirpis, ž. kolěno.
sto, stěti, stātum, stare, stati.
stoicus, i, m. stoik.
stolĭdus, a, um, lud, budalast.
stomăchor, 1. gaditi se.
stomăchus, i, m. želudac.
strages, is, ž. poraz.
stramen, ĭnis, s. slama.
strangŭlo, 1. zadaviti.
stratum, i, s. pokrivalo.
strenŭus, a, um, hrabar.
strepĭtus, us, štropot, vika.
strepo, ui, ĭtum, 3. štropotati.
strideo, di, 2 škripati, zviždati.
stridor, ōris, m. škrip, zvižd.
struo, xi, ctum, 3 graditi.
struthiocamēlus, i, m. noj.
studeo, ui, 2. nastojati, posvetiti se.
studiosus, a, um, revan, poman.
studium, i, s. revnost, višeb. nauci, znanosti.
stultitia, ae, ž. ludost, bedastoća.
stultus, a, um, lud, bedast.
stupeo, 2. čuditi se, diviti se.
stupĭdus, a, um, bedast.
sturnus, i, m škvorac.
suadeo, si, sum, 3. světovati.
suavis, e, ngodan, mio, sladak.

suavitas, atis, ž. milina, ugodnost.
sub, predl. pod, blizu, prama.
subamārus, a, um, pogorak, požuhak.
subdĭtus, a, um, podložan.
subdo, dĭdi, dĭtum, 3. podložiti, podvěrći, dodati.
subeo, ii, itum, ire, unići, podvěrći se.
subĭgo, egi, actum, 3. podjarmiti.
subinde, prisl. za tim, uzastopce, kadšto.
subĭto, iznenada.
subĭtus, a, um, nenadan.
subjicio, jeci, jectum, 3. podvěrći.
sublevo, 1. pomoći, olakotiti, poduprěti.
sublicius, a, um, stupovan; *pons sublicius,* stupovnik, most stupovan.
sublīmis, e, visok.
submergo, si, sum, 3. uroniti, utonuti.
submissus, a, um, ponizan.
suborno, providiti, obskěrbiti, namaknuti, nagovoriti na zločest čin
subrideo, si, sum, 2. nasměhnuti se.
subsěco, secui, sectum, 1. podrězati, odrězati.
subsēquor, secutus sum, 3. slěditi, naslědovati.
subsĭdium, i, s. pomoć, podpora.
subsisto, stĭti, 3. ostati.
subter, predl. pod.
subterfugio, fugi, fugĭtum, 3. poběći, uteći.
subtīlis, e, tanak, točan.
subtrăho, xi, ctum, 3. uztegnuti.
subulcus, i, m. svinjar.
suburbanum, i (praedium), dobro do grada.
subvenio, veni, ventum, 4. doći u pomoć.
subvŏlo, 1. poletiti. [slěditi.
succedo, cessi, cessum, ići za kim,

succenseo, ui, 2. sěrditi se.
successor, ōris, m. naslědnik.
successus, us, m. dobar uspěh.
succumbo, cubŭi, cubĭtum, 3. pasti, neođolěti.
succurro, cucurri i curri, cursum, 3. priteći u pomoć.
succus, i, m. sok.
sudor, ōris, m. pot, znoj.
sufficio, feci, fectum, 3. dostati, doteći.
suffītus, us, m. kurenje.
suffoco, 1. ugušiti, zadaviti.
suffundo, fudi, fusum, 3. lěvati, oboriti, napuniti.
suffragium, i, s. glas, odvět, mněnje.
suggestus, us, m. govornica.
sum, fui, esse, biti.
summa, ae, ž. svota, saděržaj, glavna stvar.
summopěre, prisl. věrlo, veoma.
summus, a, um, najviši.
sumo, mpsi, mptum, 3. uzeti.
sumtuosus, a, um, skup, đrag.
sumtus, us, m. trošak.
sūpellex, ectĭlis, ž. pokućtvo.
super, predl. na, više od, věrhu.
superbia, ae, ž. oholost.
superbio, ivi, itum, 5. oholiti se
superbus, a, um, ohol.
superficies, ēi, ž. pověršje.
superflŭus, a, um, suvišan.
supěro, 1. naokriliti.
superstes, ĭtis, ostao, preostao.
superstĭtio, ōnis, ž. praznověrje.
superstitiosus, a, um, praznověran.
supersum, fui, esse, preostati.
supěrus, a, um, višnji.
supervacaněus, a, um, suvišan.
supervacŭus, a, um, suvišan.
supervenio, veni, ventum, 4. nadoći, zatcći.
supīnus, a, um, nauznak.
suppěto, petivi i petii, petĭtum, 3. dostati, doteći, imati.
supplex, ĭcis, ponizan, proseći.
supplicium, i, s. kazan, směrtna kazna.

supra, predl. pověrh.
surdus, a, um, gluh.
surgo, surrexi, surrectum, 3. podići se, ustati.
surripio, ripui, reptum, 3. oteti.
sursum, prisl. gore, u vis.
sus, suis, m. ž. prasac, svinja, kěrmak.
suscipio, cepi, ceptum, 3. preuzeti, poduzeti.
suscĭto, 1. potaknuti, probuditi.
suspectus, a, um, sumnjiv.
suspendium, i, s. věšanje, oběšenje.
suspendo, pensi, pensum, 3. oběsiti.
suspicĭo, ōnis, ž. sumnja.
suspĭcor, 1. sumnjati, slutiti.
sustento, 1. uzděržati.
sustineo, tinui, tentum, 2. uzděržati, nositi, podněti.
sutor, ōris, m. postolar, čižmar.
suus, a, um, svoj.
Sybăris, is, ž. grad u Gěrčkoj.
Syracusae, arum, ž. grad u Siciliji.
Syracusānus, a, um, Syrakuzanac.
Syria, ae, ž. Syrija.

T.

Tabella, ae, ž. tablica, list, slika.
tabellarius, ĭ, m. listonoša.
taberna, ae, ž. šatra, daščara, dućan, štacun.
tabernacŭlum, i, s. šator.
tabŭla, ae, ž. tabla.
taceo, cŭi, cĭtum, 2. šutiti, mučati.
tacitus, a, um, šutec.
tactus, us, m. opip.
taedet, ŭit, neos. 2. měrzi me.
taedium, i, s. omraza.
talentum, i, s. talenat, novac.
talis, e, takov.
talpa, ae, ž. kěrt.
tam, prisl. tako.
tamen, vez. ipak.
tametsi, vez. premda.
Tanais, is, m. rěka Don.

tandem, prisl. napokon, konačno.
tango, tetĭgi, tactum, 3. taknuti, dirnuti.
tanquam, prisl. kano da.
tantīdem, prisl. još toliko.
tantŏpere, prisl. toliko.
tāntum, prisl. samo.
tantummŏdo, samo.
tantus, a, um, tolik.
tardĭpes, pĕdis, tromonog.
tardĭtas, atis, ž. tromost.
tardus, a, um, trom.
Tarentīnus, a, um, tarentinski, samost. Tarentinac.
Tarentum, i, s. grad u velikoj Gĕrčkoj.
Tarquinius, i, m. ime dvojice rimskih kraljevah.
taurus, i, m. bik.
tectum, i, s. krov, stan.
tegmen, ĭnis, s. pokrivalo.
tego, texi, tēctum, 3. pokriti.
tegumentum, i, s. pokrivalo.
tellus, ūris, ž. zemlja.
telum, i, s. strĕla, oružje
temerarius, a, um, nesmotren, dĕrzovit.
temĕre, prisl. nesmotreno, netemeljito, lakoumno.
temerĭtas, ātis, ž. nesmotrenost, dĕrzovitost.
tĕmpĕrans, ntis, umĕren.
temperantĭa, ae, ž. umĕrenost.
tempĕro, 1, umĕriti.
tempestas, ātis ž. vrĕme, nepogoda, oluja.
templum, i. s. hram.
tempus, ŏris, s. vrĕme.
temulentus, a. um, pijan.
tenax, ācis, postojan.
tendo, tetendi, tensum i tentum, 3. napeti, ići.
tenĕbrae, arum, ž. tmina, tmica.
teneo, tenui, tentum, 2. dĕržati, tvĕrditi.
tener, a, ım, nježan, mladjahan.
tento, 1. pokusiti.
tentorium, i, s. čador, šator.
tenŭis, e, tanak, slab.
tepĭdus, a, um, mlačan.

tergiversor, 1. okrenuti ledja, uztezati se.
tergum, i, s. ledja, hĕrbat.
termĭnus, i, m. kraj, medjaš.
tero, trivi, tritum, 3. tĕrti, boraviti (tempus).
terra, ae, ž. zemlja.
terrēnus, a, um, zemljan, zemaljski.
terreo, ui, ĭtum, 2. uplašiti, uplašiti, se.
terrester, stris, stre, i terrestris, e, pozeman.
terribilis, e, strašan, strahovit.
territo, 1. plašiti.
terror, ōris, m. strah.
testa, ae, ž. crĕp, vĕrč.
testamentum, i, s. oporuka.
testis, is, m. ž. svĕdok.
testor, 1. svĕdočiti.
testudo, inis, ž. želva, pokrovača.
teter, tra, trum, gĕrd, gadan.
texo, texui, textum, 3. tkati.
Thales, is, (ētis), m. jedan od sedam gĕrčkih mudracah.
theatrum, i, s. kazalište.
Thebae, arum, ž. grad u Beotiji.
Thebānus, a, um, tebanski, samost. Tebanac.
Themistŏcles, is, m. glasovit atenski vodja.
Thermopylae, arum, ž. klanac izmedju Gĕrčke i Tessalije.
thesaurus, i, m. blago.
Thessalia, ae, ž. Tessalija.
Thrasybūlus, i, m. atenski vodja.
thronus, i, m. prestol.
thuribŭlum, i, s. kadionica.
thurĭfer, a, um, tamjanonosna, plodna tamjanom.
thus, thuris, s. tamjan.
Tibĕris, is, m. rĕka, kod Rima.
Tiberĭus, i, m. rimski car.
tibĭa, ae, ž. svirala, flauta.
tilīcen, inis, m. svirač.
tigris, is, ĭdis, ž. tigar.
tilĭa, ae, ž. lipa.
tinneo, ŭi, 2. bojati se.
timĭdus, a, um, bojazljiv, plašljiv.

timor, ōris, m. strah, bojazan.
tingo, tinxi, tinctum, 3. umočiti, uroniti, strojiti.
tintinnabŭlum, i, s. zvončić.
tiro, ōnis, m. početnik, novak.
titŭbo, 1. kolebati se, klimati se, teturati se.
titŭlus, i, m. naslov, napis, izlika.
Titus, i, m. rimski car.
toga, ae, ž. rimska haljina.
tolĕro, 1. podnositi, tèrpiti
tollo, sustŭli, sublatum, 3. dokinuti, uzdignuti, uzvisiti, unišiti.
tondeo, totondi, tonsum, 2. strići.
tonitru, us, s. grom, gèrmljavina.
tono, ui, 1. gèrmiti.
tonsor, oris, m. brijač.
tonsorius, a, um, brijački, *culter tons.* britva.
tormentum, i, s. muka, top.
torpeo, ui, 2. ukočiti se, čamiti.
torquco, torsi, tortum, 2. previti, okrenuti, mučiti.
torques, is, m. ž. ogèrlica.
torrens ntis, m. bèrzica, potok.
torus, i, m. jastuk, postelja,
tot, neskl. toliko.
totĭdem, neskl. toliko.
toties, prisl. toliko putah.
totus, a, um, sav.
trabs, bis, ž. greda.
tracto, 1. tèrati, voditi.
trado, dĭdi, dĭtum, 3. izručiti, izdati, pripovèdati, učiti.
tragĭcus. a, um, tragički.
tragoedĭa, ae, ž. žalostna igra (tragedija)
traho, xi, ctum, 3. vući.
trajĭcio, jeci, jectum, 3. prevaliti, prebroditi, donèti, baciti prèko, prebaciti, probosti.
tranquillĭtas, ātis, ž. mir, pokoj.
tranquillus, a, um, miran, pokojan.
trans, predl. onkraj. prèko.
transcendo, di, sum, 3. preći.
transdūco, xi, ctum, 3. prevesti.

transeo, ii, itum, ire, preći.
transfĕro, tŭli, latum, ferre, prenèti.
transfīgo, xi, xum, 3. prošupiti, probosti.
transfūga, ae, m uskok.
transfugio, fūgi, fugĭtum, 3. uskočiti, odmetnuti se.
transĭgo, egi, actum, 3. tèrati prèko, sklopiti izvèršiti.
transitio, onis, ž. prelaženje.
transitus, us, m. prelaz.
transmarīnus, a, um, prèkomorski.
transmitto, misi, missum, 3. propustiti.
transno i *trano,* 1. preplivati.
transporto, 1. prenèti.
transversus, a, um, kos.
tremo, ui, 3. tresti se.
tremor, ōris, m. trepet.
trepidatio, ōnis, ž. trepetanje.
trepĭdo, 1. tresti se, trepetati.
trepĭdus, a, um, plašljiv.
tribūnal, alis, s. sudačka stolica.
tribunātus, us, m. tribunat.
tribūnus, i, m. tribun pučki.
tribuo, ŭi, ūtum, 3. upisati, prisvojiti, podèliti.
tribus, us, ž. pleme.
tribūtum, i, s. porez.
triceps. ipĭtis, troglav.
triclīnium, i, s stol, stolica (gdè se jede) blagovalište.
triduum, i, s. tri dana.
triennium, i, s. tri godine.
triens, ntis, m 1/3 asa.
tristis, e, žalostan, turoban.
tristĭtia, ae, ž. žalost, turobnost.
trĭtĭcum, i, pšenica.
triumpho, 1. odèržati pobèdu, slaviti pobèdu.
triumphus, i, m. slavlje, slavodobitje.
triumvir, i, m, triumvir.
tropaeum, i, s. pobèdno znamenje,
trucīdo, 1. ubiti.
trunco, 1. osakatiti.
truncus, m, panj, trup.

trux, ucis, grozovit, divlji.
tuba, ae, ž. trublja
tubĭcen, ĭnis, m. trubljar.
tueor, tuĭtus sum, 2. motriti, braniti.
tum, prisl. zatim, onda; *tumtum,* i-i.
tumultus, us, m. buka, pobuna.
tumŭlus, i, m. brěžuljak, grob.
tunc, prisl. onda.
tunĭca, ae, ž. rimska doljnja oděća.
turba, ae, ž. množtvo, kup, jato.
turbĭdus, a, um, mutan, nemiran.
turbo, 1. uznemiriti, pobuniti.
turbulentus, a, um, nemiran, buntovan.
turdus, i, m. drozd.
turpis, e, sramotan, gèrd.
turris, is, ž. toranj.
tutēla, ae, ž. obrana.
tutor, ōris, m. branitelj, tutor.
tutor, 1. braniti.
tutus, a, um, obranjen, siguran.
tuus, a, um, tvoj.
tyrannis, ĭdis, ž. silničtvo, samovlada.
tyrannus, i, m. silnik, samovladalac.

U.

Uber, ubĕris, plodan.
uber, ĕris, s. sisa, vime.
ubertas, ātis, ž. plodan, bogat.
ubi, prisl. gdě, pošto, kad.
ubicunque, prisl. gděgod.
ubīnam, prisl gdě to?
ubīque, prisl. svigdě.
ulciscor, ultus sum, 3. osvetiti, osvetiti se.
ullus, a, um, itko.
ulterior, oris, onostran.
ulterius, prisl. dalje.
ultĭmus, a, um, zadnji.
ultio, ōnis, ž. osveta.
ultor, ōris, m. osvetitelj.
ultra, prĕdl. onkraj, prěko.
ultro, prisl. diagovoljno.
ulŭlo, 1. zavijati, tuliti.

Ulysses, is, m. glasovit i lukav vladar u Itaci.
umbra, ae, ž. sěna.
umbracŭlum, i, s. sěnasto město.
umbrōsus, a, um, sěnovit, sěnast.
una, prisl. skupa, zajedno.
unda, ae, ž. val.
unde, prisl. odakle, zato, odatle.
undecunque, prisl. odkud god.
undĭque, prisl. svigdě, od svib stranah, odasvud.
ungo, xi, ctum, 3. mazati.
unguentum, i, s. mast.
unguis, is, m. nokat; pandje.
ungŭla, ae, ž. kopito.
unĭcus, a, um, jedini.
universus, a, um, sav, ukupan.
unquam, prisl. igda.
unus, a, um, jedan, jedini, cigli.
urbs, urbis, ž. grad.
uro, ussi, ustum, 3. goriti, peći.
urna, ae, ž posuda, lonac.
ursus, i, m. medvěd.
usquam, prisl. igdě, ikad.
usurpo, 1. rabiti.
usus, us, m. poraba, korist.
ut, vez. kako, da.
uter, utris, m. měh.
uter, tra, trum, ko od dvojice.
uterque, utraque, utrumque, oba.
uti = ut.
utĭlis, e, koristan.
utilĭtas, ātis, ž. korist.
utĭnam, vez. dao Bog, da bi.
utor, usus sum, 3. rabitj, imati.
utrimque, prisl. odasvud.
utrum, upitna čest govora.
uva, ae, ž. grožđje.
uxor, orĭs, ž. žena.

V.

Vacca, ae, ž. krava.
vacillo, 1. kolebati se, teturati se, klimati se.
vaco, 1. biti prost, imati kad, posvetiti se, obavljati.
vacuus, a, um, prazan.
vado, (vasi, sum), 3. ići.

vadimonium, i, s. jamstvo.
vadum, i, s. gaz.
vae, uzkl. joj.
vagina, ae, ž. korica.
vagitus, us, m. ridanje.
vagor, 1. klatiti se, skitati se.
vagus, a, um, skitalica.
valde, prisl. jako, veoma, vėrlo.
valedico, xi, ctum, 3. oprostiti se.
valeo, ŭi, ĭtum, 2. biti zdrav,
    moći; vale, zdravstvuj
valetūdo, ĭnis, ž. zdravlje.
valĭdus, a, um, zdrav, jedar.
vallis, is, ž. dolina.
vallum, i, s. bedem, nasip.
valva, ae, ž. vratnice.
vanĭtas, ātis, ž. taština, ništet-
    nost.
vanus, a, um, tašt, prazan, uza-
    ludan, ništetan.
variĕtas, ātis, ž. različitost.
vario, 1. mėnjati, različito uči-
    niti.
varĭus, a, um, razan, različit,
    šaren.
vas, vasis, s. posuda.
vasto, 1. opustošiti.
vastus, a, um, pust, samotan,
    golem.
vates, is, m. prorok, pėsnik.
ve, vez. ili (prilėpak).
vecors, rdis, lud, bedast.
vectīgal, ālis, s. danak, porez
vehĕmens, ntis, žestok.
vehĭculum, i, s. voz.
veho, xi, ctum, 3. vući, vezti,
    tėrp. voziti se (curru), jahati
    (equo), broditi (nave).
vel, vez. ili, dapače.
velamentum, i, s. koprena, za-
    stor, pokrivalo, odėća.
vellicatio, onis, ž. pukanje.
vellus, ĕris, s. vuna, runo, koža.
velo, 1. zasloniti, pokriti.
velocĭtas, atis, ž. bėrzina.
velox, ōcis, bėrz.
velum, i, s. jidro.
velut, veluti, kano, poput.
vena, ae, ž. žila.
venabŭlum, i, s. oružje za lov.

venālis, e, kupiv, podmitiv.
venatio, ōnis, ž. lov.
venator, oris, m lovac.
venatus, us, lov.
vendo, dĭdi, dĭtum, 3. prodati.
veneficium, i, s. trovanje.
venēno, 1. trovati.
venēnum, i, s. otrov.
venerabĭlis, e, častan, vrėdan
    štovanja.
veneratio, ōnis, ž. štovanje.
venĕror, 1. štovati.
venia, ae, ž. oproštjenje, dopust.
venio, veni, ventum, 4. doći.
venor, 1. loviti.
venter, tris, m. tėrbuh.
ventus, i, m. vėtar.
venumdo, dĕdi, dăium, 1. pro-
    dati.
Venus, ĕris, ž. božica Venera.
venustas, atis, ž. krasota, lė-
    pota.
venustus, a, um, krasan, lėp.
vepres, is, m. ž. tėrnjak.
ver, veris, s. prolėtje.
verax, ācis, istinit.
verbēna, ae, ž. sveto bilje, sveta
    grana.
verber, eris, s. udarac.
verbĕro, 1. šibati, tući.
verbum, i, s. rėč.
verecundia, ae, ž. stid, stidlji-
    vost.
verecundus, a, um, stidljiv.
vereor, ĭtus sum, 2. stiditi se,
    bojati se.
vergo, si, 3. skloniti se.
verisimĭlis, e, vėrojatan.
verĭtas, ātis, ž. istina
vermis, is, m. cėrv.
vermicŭlus, i, m. cėrvić
vernus, a, um, prolėtan.
vero, vez. ali, no.
Verres, is, m. lakomi i okrutni
    namėstnik u Siciliji.
versicŏlor, šaren.
versor, 1. boraviti, desiti se.
versus, us, m redak, stih.
versus, predl. prama.
vertex, ĭcis, m. tėme.

11

vertīgo, ĭnis, ž.vėrtoglavica.
verto, ti, sum, 3. okrenuti, pretvoriti, prevoditi.
verum, vez. ali.
verus, a, um, istinit.
vescor, 3. jesti, hraniti se.
vesper, ĕris, m. ⎫
vesper, ĕri, m. ⎬ večer.
vespĕra, ae, ž. ⎭
vespertilio, onis, m. šišmiš, ljiljak, pirac.
Vestālis, is, ž. Vestalica.
vester, stra, strum, vaš.
vestibŭlum, i, s. prag, pridvor.
vestigium, i, s. trag.
vestīgo, 1. u trag ići, iztraživati.
vestimentum, i, s. odėća.
vestio, īvi, ītum, 4. odĕti.
vestis, is, ž. odėća.
veto, ŭi, ĭtum, 1. zabraniti.
vetŭlus, a, um, star.
vetus, ĕris, star.
vetustas, ātis, ž. starina, davnost.
vetustus, a, um, davan, star.
vexo, 1. bockati, mučiti, nznemirivati.
via, ae, ž. put, cesta, srėdstvo.
viatĭcum, i, s. poputina.
viator, ōris, m. putnik.
vibro, 1. mahnuti, zamahnuti, tėrgnuti.
vicinia, ae, ž. susėdstvo.
vicīnus, a, um, susėdan, samost. susėd. [jamno.
vicissim, prisl. medjusobno, uza-
vicissitūdo, inis, ž. promėna.
victĭma, ae, ž. žėrtva.
victor, ōris, m. pobėditelj.
victoria, ae, ž. pobėda.
victrix, icis, ž. pobėditeljica.
victus, us, m. hrana.
vicus, i, m. selo, cesta.
videlĭcet, naime, dašto.
video, vidi, visum, 2. vidėti.
vidŭa, ae, ž. udovica.
vigeo, ui, 2. biti jak, jedar.
vigil, ilis, budan, oprezan.
vigilantia, ae, ž. pažljivost, opreznost.

vigilia, ae, ž. bdėnje, straža.
vigĭlo, 1. bdėti.
vilis, e, neznatan, podao, jevtin.
vincio, vinxi, vinctum, 4. sputati, vezati.
vincŭlum, i, s. vez, okovi, uza, zatvor.
vindex, ĭcis, m. ž. osvetitelj.
vindĭco, 1. prisvojiti, zaokupiti, osloboditi, osvetiti.
vindicta, ae, ž. osveta.
vinĕa, ae, ž. tėrsje.
vinolentus, a, um, pijan, ma muran.
vinum, i, s. vino.
viŏla, ae, ž. ljubica.
violentus, a, um, žestok.
viŏlo, 1. prekėršiti.
vir, i, m. muž.
vireo, ŭi, 2. zeleniti se.
virga, ae, ž. šiba.
virgo, ĭnis, ž. dėvica, dėvojka
virgultum, i, s. šibarje.
virĭdis, e, zelen.
virīlis, e, mužki.
virtus, ūtis, ž. muževnost, hrabrost, krėpost, zasluga.
vis, (vim, vi, višeb. *vires, ium),* ž. snaga, jakost, vlast, dėlovanje, upliv.
viscĕra, um, s. drob, crėva.
viso, si, sum, 3. viditi, posėtiti.
Visurgis, is, m. Vezer rėka.
visus, us, m. vid.
vita, ae, ž. život.
vitālis, e, životan, životonosan.
vitiōsus, a, um, pogrėšan, sakat.
vitis, is, ž. tėrs.
vitium, i, s. mana, pogrėška.
vito, 1. kloniti se.
vitrĕus, a, um, staklen.
vitrum, i, s. staklo.
vituperabĭlis, e, vrėdan ukora.
vituperatio, onis, ž. ukor.
vituperātor, ōris, m. koritelj.
vitupĕro, 1. koriti.
vivĭdus, a, um, živahan.
vivo, xi, victum, 3. živiti.
vivus, a, um, živ.
vix, prisl. jedva, težko.

vocabŭlum, i, s. ıĕč.
vocālis, e, imajući glas, govor, govoreći.
vocifĕro, 1. vikati, govoriti glasno.
vocĭto, 1. zvati.
voco, 1. zvati.
volātus, us, m. let.
volĭto, 1. poletati, pĕršiti.
volo, 1. letiti.
volo, volui, velle, hotĕti.
Volsci, orum, m. Volsci, puk u Laciju.
volŭcer, cris, cre, krilat, samost. ptica; volŭcris, ž.
volūmen, ĭnis, s. smótak, sve žanj, svezak, knjiga, pismo.
voluntarĭus, a, um, dragovoljan.
voluntas, ātis, ž. volja.
volupe, prisl. ugodan.
voluptas, ātis, ž. razkoš.
volūto, 1. valjati.
vomer, eris, m. lemeš.
voracĭtas, ātis, ž. poždĕrljivost.
vorāgo, ĭnis, ž. vir.
vortex, ĭcis, m. vir.
votīvus, zavĕtan.
votum, i, s. želja, zavĕt.
voveo, vovi, votum, 2. zavĕćati se.

vox, cis, ž. glas, mnenje.
Vulcanus, i, m. bog Vulkan.
vulgāris, e, prost, svakdanji.
vulgo, prisl. obično.
vulgo, 1. razglasiti, oglasiti.
vulgus, i, m. s. puk.
vulnĕro, 1. raniti.
vulnus, ĕris, s. rana.
vulpecŭla, ae, ž. lisičica.
vulpes, is, ž. lisica.
vultur, ŭris, m. jastrĕb.
vultus, us, m obraz, pogled.

X.

Xanthippe, es, ž. Sokratova žena.
Xanthus, i, m. rĕka u Frigiji.
Xenocrātes, is, m. gĕrčki filosof.
Xenŏphon ontis, m. gĕrčki vodja i povĕstnik.
Xerxes, is, m. kralj perzijanski.
Xystus, i, m. hodnik.

Z.

Zama, ae, ž. grad u Africi.
Zelotypĭa, ae, ž. ljubomornost.
Zeno, ōnis, m. gĕrčki filosof.
zephyrus, i, m. zapadni vĕtar.
Zeuxis, is, (ĭdis, ĭdos), m. glasovit gĕrčki slikar.
zona, ae, ž. pâs, pojas.